培育工匠精神系列丛书

高等职业院校学生思想政治教育创新与实践

李昌锋　著

北京理工大学出版社
BEIJING INSTITUTE OF TECHNOLOGY PRESS

图书在版编目（CIP）数据

高等职业院校学生思想政治教育创新与实践／李昌锋著．—北京：北京理工大学出版社，2017.10

ISBN 978－7－5682－4935－5

Ⅰ.①高…　Ⅱ.①李…　Ⅲ.①高等职业教育－思想政治教育－研究－中国　Ⅳ.①G711

中国版本图书馆CIP数据核字（2017）第254556号

出版发行／北京理工大学出版社有限责任公司
社　　址／北京市海淀区中关村南大街5号
邮　　编／100081
电　　话／（010）68914775（总编室）
　　　　　（010）82562903（教材售后服务热线）
　　　　　（010）68948351（其他图书服务热线）
网　　址／http：//www.bitpress.com.cn
经　　销／全国各地新华书店
印　　刷／保定市中画美凯印刷有限公司
开　　本／710毫米×1000毫米
印　　张／14.5
字　　数／225千字
版　　次／2017年10月第1版　2017年10月第1次印刷
定　　价／49.00元

责任编辑／李慧智
文案编辑／李慧智
责任校对／周瑞红
责任印制／王美丽

前　言

当前，中国的经济社会发展已经开始进入一个全新的阶段，供给侧改革成为我国经济发展领域的重要话题，大国工匠及工匠精神引起全社会广泛关注。随着经济增长方式、产业结构、产品质量等方面的改进与提高，思想文化领域的变革、发展成为一种必然趋势，对人才标准也提出了新的要求。高等职业院校由于其人才培养目标是为国家培养技术技能人才，因而高等职业院校思想政治教育工作与工匠精神的培育契合度更高。高校思想政治教育工作有其特定内容、自身规律，还需要针对发展变化的学生思想行为特点，采取灵活多样的方法、途径开展工作，才能取得预期效果。

思想政治教育工作从来都是一个庞大的系统工程，教育者、教育对象、教育环境、教育方法等是其基本要素，并且每一个要素都是处在动态变化之中。当前，最为突出的影响因素来自社会。改革开放深入推进，外来思潮、价值观念、生活方式等对我国的青少年产生了较大影响，社会现实对于学生世界观、人生观、价值观的形成也无时无刻不在发生着作用。学校教育与社会现实之间的冲突是影响高校思想政治教育工作效果的最大因素，为当前的思想政治教育工作提出了一系列课题。作为实施思想政治教育工作的教育部门和教育者必须廓清这些问题。

在教育中，必须始终坚持“内容为王”这一根本原则。高校思想政治教育工作要力求务实，避免空洞说教。创新是发展的动力来源，但方法途径都不比内容更重要。思想政治教育工作要扎根于中国传统文化的土壤里，高举马克思主义伟大旗帜，坚持中国特色社会主义道路自信、理论自信、制度自信、文化自信，用科学的理论武装大学生头脑，指引青年大学生健康成长。思想政治教育工作既要结合学生实际，但又不能一味地迎合学生口味。学生爱学的、想学的，只是应当学习的内容的一部分。另外一部分，甚至一大部分需要教育部门、教育者教给学生。思想不可能凭空产生，学习的方法可以是讨论、研究，但学习的内容一定离不开教育者的灌输。教育过程应当体现主体性要求，即以学生为本。同时，教育又不能放任学生。尤其作为学校教育，一定不能离开办学宗旨、育人理念而空谈教育和教学。

高职院校的思想政治教育工作，要排除各种干扰，一心一意做教育。任何工作本身的不足并不可怕，但是作为教育对象的学生，如果存在思想政治素质方面的瑕疵，教育部门和教育者是无法补救的。可见，教育工作是具有高度责任心的一项工作，既要对受教育者尽责，更要为国家、为社会、为民族尽责。

思想政治教育工作是一个庞大的系统工程，需要各方面要素协调一致，更需要教育者守正笃实、久久为功。教育作为一项公共事业，利在当代、功在千秋。然而，教育绝不能功利化。尤其是大学生的思想政治教育工作，要尊重人的主体性，更要遵循教育本身的规律。毕竟受教育者不是待加工的产品，思想政治教育工作的理念、思路、方法、途径需要不断创新并通过实践加以完善。

李昌锋
2017. 7

目 录

第一篇　立德树人

一、培育工匠精神

近年来，针对经济发展中存在的问题，国家陆续做出“中国制造2025”行动纲领和供给侧改革等一系列重要部署。李克强总理在政府工作报告中提到，要“鼓励企业开展个性化定制、柔性化生产，培育精益求精的工匠精神，增品种、提品质、创品牌”。新的国际国内形势与社会发展要求，对高职学院提升人才培养水平、培育学生的工匠精神提出了新的课题。

工匠精神是指工匠对自己的产品精雕细琢，精益求精的精神理念。工匠精神包含两部分：追求极致的精神和独具匠心的创造力。职业教育的属性要求我们的教育教学必须围绕“工匠精神”的培育展开，只有让精益求精、追求卓越的“工匠精神”在职业院校学生身上生根发芽，才能实现“中国制造”升级为“优质制造”。

职业院校要通过校园文化建设塑造工匠文化，开展主题活动培育工匠精神，扶持专业社团打造工匠内涵，举办技能大赛提升工匠技能，通过社会服务历练工匠作风，利用互联网＋提升工匠影响力，要分年级、分主题、按计划开展工匠精神培育工程。

职业院校的育人工作应围绕以培养具有工匠精神的技术人才为目标，邀请劳模、大师、能工巧匠进校园，营造崇尚技能、尊重工匠的文化氛围；邀请中学生、社区百姓进校园，感受职业教育的魅力；依托技能竞赛活动，打造技艺切磋平台，提升学生崇尚技艺、强化技能、追求卓越的职业精神；组建学生专业社团，开展社会服务，利用互联网技术，搭建工匠精神传播新平台，全面提升学生职业技能水平。具体做法如下：

（一）通过校园文化建设塑造工匠文化

为将工匠精神转化为具体的“文化行为”融入学生工作之中，在教师办公室和学生教室内陈列历届学生自制的工艺模型；在校园里打造体现技能特色的道路文化和广场文化；建立技能大师事迹展览馆和行业发展史馆；在教学楼道、公寓楼道设计企业文化长廊、校友风采长廊，使学生时时、处处都能受到浓郁的技能文化环境的熏陶；营造崇尚工匠精神的校园文化氛围，砥砺师生厚德强技、奋发有为。

（二）开展主题活动培育工匠精神

邀请职业教育研究机构、学会等进校举办论坛、讲座、展览等，展示工匠精神的历史沿革、创新成果、典型案例，教育学生坚定理想信念、崇尚劳动、敬业守信、精益求精、敢于创新，掌握中高端技术技能，成长为中国制造走向优质制造、精品制造的主力军。邀请劳模、大师、企业家、技术能手和优秀毕业生走进校园，传播前沿施工技术、交流成功经验，激励在校学生尊重职业、尊重技术技能、尊重工匠。邀请有条件的企业面向学生开辟实训基地。职业精神往往要通过实践才能内化为从业者的职业素质。当工匠精神与具体的职业场景相关联时，学生会更真切地体会工匠精神的实质与价值，并将其作为自己的职业信仰与追求。为此，组织学生参观相关公司的实训基地，让学生体验观摩工作流程、与工匠大师切磋技艺绝活，在实践中培育学生的职业意识、精品意识、创新意识。

（三）扶持专业社团打造工匠内涵

工匠精神的拓展离不开专业技能的提升，而专业社团往往是学生专业技能提升的平台。为此，辅导员和各专业教研室主任结对子，共同帮助学生成立突出技能培养和工匠精神传承的学社，并为学生专业社团提供充足的活动经费。教研室主任任社团的指导老师，辅导员老师任专业社团的组织老师，实施分类指导、全员育人、共同管理学生社团，发挥专业社团的育人功能，拓展工匠精神的文化内涵。

（四）举办技能大赛提升工匠技能

技能竞赛是检验学生技能水平的试金石，是工匠技艺比拼的舞台。辅导员团队通过校内建“舞台”、校外搭平台，引导学生崇尚技能、精益求精、追求卓越。一是在技能竞赛月为中学生、家长和社区居民设立观赛通道、项目体验和成果展示区域，传播职业教育和工匠精神的正能量、好声音、新形象。二是积极开展技能大赛获奖学生优秀典型宣讲团，进班级、进教室、进宿舍巡回宣讲其经验和事迹，在校园内形成“榜样引领学技能、切磋交流共提升”的文化氛围。三是完善奖励制度，对于技能竞赛中获奖学生在评奖评优工作中予以优先考虑。

（五）利用互联网+提升工匠影响力

当前高职学生接收信息的能力随着互联网技术的发展而不断提高。他们独特的学习方式、大量的信息来源对工匠精神的传播提出了新的课题。为此，辅导员团队紧扣强化技能培养，弘扬工匠精神的主题，充分利用新媒体强大的信息传播功能，致力于建设官方微信、微博等平台，将工匠精神在学生中进行广泛传播。学生利用网络可以随时随地地进行学习，从而强化了培育学生工匠精神的效果。

职业院校应在学生工匠精神培育、工匠文化营造、工匠技能训练和竞赛、工匠精神传承等方面做系统的探索。在全社会弘扬劳动光荣、技能宝贵、创造伟大的时代风尚的背景下，职业院校崇尚技能培养、弘扬工匠精神的事业必将硕果累累，为中国经济社会的发展，为民族振兴、国家富强贡献不竭力量！

二、思想政治教育创新思路

创新发展作为五大发展理念之一，向高校思想政治教育工作提出了新的课题。新时期，高校思想政治教育工作面临着新的挑战。尤其根据形势与需要，高校思想政治教育工作必须努力探索新机制、新方法、新模式、新平台、新局面，并且在实践中不断完善，为高校实现立德树人根本任务，为社会培养高素质人才贡献力量。

（一）创新顶层设计，构建全员育人工作新机制

大学生思想政治教育工作，需要高校教学部门、学生教育管理部门、宣传部门等全体部门的通力合作，形成有效的全员育人机制。在思想政治教育工作的主导因素中，有两支队伍具有关键性作用：一支是思想政治理论课教师队伍，一支是辅导员队伍。思想政治理论课教师的主要职责是政治宣传、理论教学和科学研究等；辅导员与学生朝夕相处，主要负责学生的思想教育、身心健康、日常管理、政策咨询、辅导答疑、素质培养，还包括帮助学生解决思想和生活中的实际困难等。二者对学生的影响作用都很大，并且缺一不可。陕西铁路工程职业技术学院党委高度重视大学生思想教育工作，着重从思想政治理论课教师和辅导员两支队伍的融合上下功

夫，为全员育人工作机制做好顶层设计。

为了做到在大学生思想政治教育工作中各部门齐抓共管，有力配合，学生工作部、学生工作处、团委、思想政治理论教学科研部、武装部合署办公，在工作中有分工、有协作，既有各自经费独立、业务独立的对立性，又有学生教育管理工作的统一部署、步调一致、互相参与的统一性。在机构设置上，学生工作部作为大学生思想政治教育工作的牵头部门，其副部长由思想政治理论教学科研部主任和团委书记兼任。做到了学生的思想教育、日常管理、理论教学和科学研究的有机统一。

在政策保证上，学院要求思想政治理论教师担任班主任，为教师了解学生思想动态、加强与学生的沟通与联系、提高理论教学与科学研究的针对性和实效性提供了制度保证。从实际运行情况看，大部分辅导员的专业背景为思想政治教育或者研究方向为马克思主义学科，他们均为思想政治理论教学科研部的兼职教师。辅导员讲授思想政治理论课更接地气，这样，就做到了思想政治理论课教师队伍和辅导员队伍的融合，有力地推动了工作，增强了大学生思想政治教育工作的实效性。

（二）坚守主阵地、用好主渠道，不断创新思想政治理论课教学方法

在思想政治理论课教学中，针对当前学生知识碎片化等学习特点和大班授课的课堂组织特点，创新教学方法，建构课堂专题实践教学模式，对于发挥思想政治理论课主渠道、主阵地的作用而言，意义重大。课堂专题实践教学模式的运用，有效地提高了课堂教学的吸引力和实效性。

课堂专题教学模式，是在研究国内外学校思想教育经验的基础上创建的。从国外来看，许多国家没有“思想政治教育”这个学科和专业。却在“公民教育”“国民精神教育”“道德教育”“宗教教育”和“历史教育”等的旗帜下悄无声息地进行思想政治教育。通过体验式、感悟式的方法和手段进行渗透和引导，使学生不知不觉就接受了某种思想。从国内来看，我国的思想政治教育历来偏重于理论灌输，追求理论体系的完整性。当然，中国的理论灌输在思想政治教育领域有着悠久的历史和强大的功能。马克思主义传入中国，就是以理论宣传的方式深入人心，进而建立丰功伟业的。由此可见，不论是体验式，还是灌输式，二者各有优势。

课堂专题教学模式就是从这一认知出发的：一是紧紧围绕课程组织教师开展从教材体系向教学体系转化，坚持灌输理论，用理论本身的魅力吸引学生、感染学生、教育学生，培养学生的逻辑思维能力、语言表达能

力，增强学生掌握知识的系统性。二是加强实践教学环节，学习国外思想教育的体验式、感悟式教育经验。这一环节是课堂专题教学模式的核心，通过课外实践、课内汇报的途径实现。学院建立了十几个校内外思想政治理论课的实践教学基地，为学生提供了许多真实的情境，供学生考察和体验，弥补虚拟道德教育情境的不足。课内汇报则有宣讲、辩论、讨论、角色扮演、情景剧等多种形式，深受学生欢迎。

值得一提的是，课堂专题教学模式与当前最流行的慕课（MOOC）是相同的原理，具有异曲同工之效。二者的相似之处在于：第一，二者均将教学切割为课堂和课外两个部分，分段进行。第二，其核心均为调动学生的学习积极性，发挥学生的主观能动性，教师的教授环节被压缩，学生的自学时间被延长。第三，均是通过完成任务，达到自我学习的目的。二者的区别在于：第一，课堂专题教学模式借助的是实践平台，而慕课借助的是网络平台。第二，课堂专题教学模式侧重的是获得感受和体验，慕课强调的是学习知识的自主性和学生接收到的信息量。第三，课堂专题教学模式是通过课外实践、课内汇报实现的，实践部分不占课时；而慕课则是通过线上学习和见面课实现，课堂教学的时数减少，存在割断教师与学生之间面对面接触的情况。因为课堂专题教学模式与慕课各有优势，结合课程内容，学院在《思想道德修养与法律基础》课程中使用课堂专题教学模式，在《毛泽东思想和中国特色社会主义理论体系概论》课程中探索慕课模式，效果均令人满意。

（三）多维度建构实践育人新模式

实践活动是思想政治理论课教学的延伸和拓展，是理论向实践转化的重要环节，是学生完成思想升华，做到真学、真懂、真信、真用马克思主义的重要途径。实践育人是高校人才培养的重要环节，也是全面落实党和国家教育方针的必然要求。通过开展多样化的课外活动和社会实践，还可以引导学生养成良好的行为习惯，不断提升综合素质，增强课堂教学与日常教育的效果。

维度一：以特色党团活动为载体，创新思想政治教育工作。在常规党团活动外，学院坚持开展特色党团日活动。通过主题鲜明、有针对性的特色党团日活动，加强对学生党员、团员的思想政治教育，加强学生的组织观念、奉献精神和服务意识。通过特色党团日活动，提高了党团活动的质量和水平，使学生党员、团员深受教育。

维度二：借助榜样的力量，加强典型引领。学院大力开展学习青藏铁路精神、“窦铁成精神进校园”等系列活动；定期邀请企业英模、优秀校友做励志报告激励学生立志成才；坚持在学生中开展自强自立、甘于奉献、乐于助人、刻苦学习、敬老孝亲的“青春榜样”评选活动，用身边的榜样引领青年学子健康成长。

维度三：强化专业实践，夯实学生专业技能。校内强化专题实训，以测量实训为例，学生每天早出晚归，徒步5公里到测绘实训基地进行测量实训；校外狠抓顶岗实习，三年级学生分布在全国各地的施工现场。此外，还通过各类专业技能比赛，让学生在苦练技能的过程中，增强综合素质，学生的专业技能、吃苦精神和心理素质等都得到了锤炼。

维度四：突出教育主题，丰富社会实践内容。学院定期组织学生骨干到延安革命圣地、习仲勋陵园、渭华起义纪念馆等接受革命传统教育；定期组织学生参加校内外各种公益劳动，如校内卫生、食堂服务、义务植树等；各社团、各班级深入敬老院、儿童福利院等献爱心；邀请留守儿童参观校园，一起感受大学生活等。学生在活动中，深入接触社会，了解社会，增强了社会责任感。

维度五：在辅导员中开展寒暑假“三走进”活动。每年寒暑假，学院组织辅导员开展主题为“走进家庭，走进企业，走进社会”的学习实践活动。通过走访打工学生，指导学生进行社会实践；通过走访学生家庭，进一步了解学生，在教育工作中可以更好地做到有的放矢；通过走访企业、接触社会，更好地了解企业、社会对人才的需求，使教育教学更贴近生活和实际，更加接地气。

维度六：加强社团管理，提高学生活动水平。在学生的社团建设和课外活动中，学院重视人文社科及社会公益类活动，旨在引导学生多参加文化熏陶、培养学生的学习兴趣，同时为全体学生提供良好的校园文化氛围。通过举办学生作品展，为学生提供了丰富的视觉大餐和文化享受；经典诵读、红色文化研读等活动成为一道亮丽的风景线；辩论赛、歌咏赛、演讲赛等学生喜闻乐见的活动形式，既丰富了学生的文化生活，同时也激发了学生的爱国热情，教育意义深远。

（四）建设素质教育平台，开创思想政治教育新途径

素质教育是当代中国教育改革发展的战略主题，也是教育机构和教育工作者的工作主题。素质教育平台立足高校立德树人的根本任务，以提高

学生的综合素质为出发点，以企业文化渗透为切入点，以强化职业素质培养为着力点，主动适应社会发展和企业需要，突出“吃苦奉献”教育这一主线，借助行业发展史教育基地、领军人物先进事迹展览馆、大学生心理健康教育中心、职业素质拓展基地、艺术教育中心、大学生创业孵化基地六大载体，着力培养学生的职业素养、社会适应能力及可持续发展能力，努力营造“全员育人、全方位育人、全过程育人”的素质教育格局。

学生综合素质教育平台的搭建与实施，对于大学生思想政治教育工作产生了显著的效果。首先，形成了职业特色的校园文化体系，加强了对学生的文化熏陶。以行业、企业文化元素为特征的学生综合素质教育平台，为学生的成长成才铺垫了道路。利用这个平台，学生可以较早地接触有关职业方面的认知和培训，有利于学生尽快适应职业、适应社会，从而提高企业对毕业生的认可度。其次，硬件方面的投入，丰富了教育教学资源，为人才培养提供了重要保障。行业发展史教育基地、领军人物先进事迹展览馆已经成为各班级开展入学教育、专业教育和思想政治教育的主要场所。最后，学生综合素质教育平台的建设，使学生教育管理工作更加系统化，通过参观、听讲、体验和实践，学生的认识水平不断提高，立志成才的决心更加坚定，服务社会的愿望更加强烈，关于未来的职业和有关企业文化的认识也更加系统，从而更能理解我院的半军事化管理的模式和各类社会实践、课外活动的意义。

（五）以人为本，环境育人，开创校园文化建设新局面

校园文化要以践行社会主义核心价值观作为主旨，通过建设，形成既符合我国高校办学宗旨，又彰显学校个性的校园文化氛围，为学生思想政治教育工作提供了良好的环境。校园建设应突出“环境育人”的理念。如校园基础建设的行业、企业文化元素丰富，建筑设计上以行业经典符号、形象为主；校园道路以国内知名企业命名；校内实训基地行业特色鲜明；学生技能大赛等活动以企业冠名；特色班级以行业领军人物姓名命名等，浓厚的企业文化氛围为学生适应职业、自觉培养职业精神等营造了良好的氛围。在校内还可建设红色文化长廊、科普知识长廊和历史文化知识长廊，教学楼、实训楼和办公楼内的走廊里是传统文化知识介绍和名家书画作品与极具审美价值的摄影作品等。在学生公寓，不仅用杰出校友、企业名人的先进事迹激励学生成长成才，而且楼梯台阶处还有各类名言警句，时刻提醒学生审视自己、超越自己。

中国互联网络信息中心（CNNIC）数据显示，青年学生是受新媒体影响最大的群体之一。据此，学校还应借助最新教育宣传媒体，如微博、微信、App 等平台，把握意识形态教育主动权，积极传播正能量。从教师到学生，人人都是宣传员。这些新媒体的广泛使用，实现了部门间无界化合作，密切了师生联系，拓展了教育时空。在学生的教育管理、成长成才，甚至在毕业生思想引领、业务指导和政策咨询等方面，均发挥了积极的作用，成效显著。

大学生思想政治教育工作，必须充分调动各方面要素的积极性，建立新机制、研究新模式、探索新方法、搭建新平台、开创新局面，形成“全员育人、全过程育人、全方位育人”的教育体系，推动高校思想政治教育工作再上新台阶。

三、高校马克思主义传播路径

新民主主义革命事业以及新中国成立 60 多年来的经验之一，就是坚持以马克思列宁主义作为我国革命和建设的指导思想。马克思主义在中国社会历史的发展中，功不可没。从新民主主义革命的胜利到社会主义改造的完成，从国民经济恢复、政权的稳固到改革开放的新局面，马克思主义始终是我们从胜利走向胜利的根本保证。马克思主义一经中国化，带给中华民族的福祉难以量化。毛泽东思想和中国特色社会主义理论体系不仅指导了中国的社会实践活动，而且丰富了马克思主义理论宝库，对人类社会的进步做出了不朽的贡献。在全面建设小康社会、推动中国经济社会又好又快发展的新阶段，坚持马克思主义更是我们坚定的政治立场，是党和国家以及人民永远坚持的行动指南。

当前，世界政治多极化、经济全球化趋势不断加剧，思想文化领域呈现出多元化的态势。在信息技术日新月异的情况下，各种主义和思潮不断侵袭，各种文化及价值观念激烈碰撞，使马克思主义作为一种崇高信仰，也面临着严峻的挑战和考验。物质方面的欠发达以及与发达资本主义国家在物质文化生活、人居环境条件方面的差距，对我们宣传马克思主义带来不利影响。同时，西方敌对势力依然对我国加紧西化渗透，他们通过种种手段在思想政治领域对当前青年人产生的负面影响越来越大。这使得我们在打赢马克思主义持久战方面必然面临更多的困难。另外，当前我国的改革正处于攻坚阶段，各种社会矛盾不断凸显，错综复杂，从客观上增加了民众对马克思主义及其中国化成果的接受难度。一些民族分裂分子披着宗教的外衣，蛊惑群众，制造事端；一些不法分子蠢蠢欲动，制造恐慌，扰乱正常的社会秩序，威胁中国安定团结的政治局面。因此，社会主义核心价值体系在被大多数人认同的情况下，依然存在一些与之不协调的方面。在坚持马克思主义的过程中，由于种种现实原因，使得马克思主义中国化的成果与普通民众之间还存在着一定的距离。要使民众对马克思主义中国化的成果真学、真信和真用，就必须推进马克思主义大众化。只有这样，才能使马克思主义及其中国化的成果被广大人民群众接受和认可，进而在社会中内化为人的行动，在社会发展、改革和稳定中实现其崇高的价值。

（一）高校是实现马克思主义大众化的重要阵地

思想政治教育工作历来是一个富有挑战性的庞大工程。尽管马克思主义大众化是社会发展的需要，在当前形势下，显得尤为迫切，但“全面开花”式的推进工作很难取得成效。革命早期的马克思主义大众化给予我们的启示之一就是首先应该找到解决问题的突破口，从一定范围内开始，再到全社会的普及。因此，借鉴五四运动和新民主主义革命中有关马克思主义大众化的经验，我们认为高校是当前推进马克思主义大众化的前沿阵地。我们应该充分利用高校的资源，将马克思主义大众化与高校思想政治教育结合起来，探求马克思主义大众化在新时期的最佳模式，以备推向社会，完成马克思主义大众化的光荣使命。

众所周知，高校是思想文化教育、科学技术创新的前沿阵地，是培养中国特色社会主义事业建设者和接班人的摇篮。高校在推进我国政治民主化程度、建设法治国家、构建社会主义和谐社会等方面具有重要的地位和作用。高校也是中国共产党进行思想政治教育，提高国民素质，形成良好社会风尚的主阵地。随着建设中国特色社会主义经验的丰富，马克思主义中国化成果也在不断丰富和发展。这些成果和经验需要进一步推广，转化为现实的生产力，指导社会各方面的工作。因此，马克思主义大众化必然成为一种趋势。由于当前的现实情况所限，如不同领域、不同社会阶级和阶层在理解和落实马克思主义中国化成果的过程中存在较大差异，因而，在全社会同时推进马克思主义大众化尚不现实，条件还不成熟。所以，只能以某一领域作为突破口，进而逐渐扩大到整个社会，最终实现马克思主义的大众化。而这个突破口，就是高校。

选择将高校作为推进马克思主义大众化的突破口，是因为高校具备推进马克思主义大众化的绝对优势。这些显著因素，使马克思主义大众化必然与高等教育结合起来。第一，丰富的资源。高校不仅拥有最全最新的马克思主义的文献资料，而且进行思想政治教育的最先进理念、教育模式、具体手段都出自高校，率先应用于高校。因此，在高校推进马克思主义大众化无须另外投入这些资源，而且这些资源往往也不能通过经费投入就能解决。第二，良好的师资。高校思想政治教育者理论水平高，教学经验丰富，工作热情高，责任心强。他们是社会主义建设者和接班人灵魂的塑造者，肩负着神圣的历史使命。马克思主义大众化必须紧紧依靠高校教师的力量，通过他们的言传身教，影响了一代又一代热血青年。第三，健康的氛围。大学校园素有“象牙塔”的美誉。抵御住来自社会主义市场经济的负面影响，校园依然是一方净土。严谨的教风，浓厚的学风，单纯的师生情和同学情使校园风气依然良好。在这样的环境下，思想政治教育才会产生预期的效果，马克思主义中国化必将在这里绽放出灿烂的花朵。第四，科学的评价机制。高校对大学生的评价导向与整个社会的价值观念存在着重大差别。在当前社会，功利主义是一部分人的价值取向，道德评判已经退居次要，甚至无关紧要。比如，许多企事业单位在评选“优秀”“先进”时，首先考虑甚至唯一考虑的是这个团队或个人给企事业单位做出的经济贡献或声誉上的贡献，但思想政治素质、道德水平、团队合作精神、人际关系等往往不在考虑之中。而高校中，不论是优秀学生评选还是入党，首先考虑的是思想政治素质、道德水平、团队合作精神、人际关系等因素。因而，这种科学的评价机制对学生而言是最佳的价值导向。这也使高校的思想政治教育工作的效果必然明显好于其他领域。这也为马克思主义大众化提供了良好的条件。

还有，目前我国高等教育大众化的趋势，也是在高校推进马克思主义大众化的有利因素之一。信息化时代要求国家的发展靠科技，科技的发展靠教育。随着我国高等教育改革的推进，我国高等教育已由精英教育转向大众化教育。因而，高等教育接受者范围的不断扩大，也为马克思主义大众化创造了良好的条件。通过高等院校传播马克思主义、进行马克思主义中国化成果的教育成为当前推进马克思主义大众化的必然趋势。

尽管改革开放使中国人的社会生活发生了深刻的变化，然而在高校教育中，马克思主义是唯一的世界观、价值观和方法论。在高校学习中，大学生接触的可能有多种观念，但最能接受的还是马克思主义。目前，在高校中开设的毛泽东思想和中国特色社会主义理论体系概论等课程，其内容就是马克思主义中国化的成果。就高校而言，进行思想政治教育本身就是推进马克思主义大众化。就此，我们能否得出结论：既然进行思想政治教育本身就是推进马克思主义大众化，那么高校就没有必要谈马克思主义大众化？事实上，由于种种的原因，诸如1999年以来的高校扩招导致生源及高校的教育质量不断下降、思想政治理论课的教学内容与方法陈旧等，使当前高校思想政治理论课在教学效果上尚不尽如人意，与预期存在一定差距。因此，高校思想政治教育并不能完全代替马克思主义大众化。二者的结合并不等于一个取代另一个。当然，思想政治理论课必须以马克思主义大众化为归宿，马克思主义大众化也需要借助高校思想政治教育工作来推进。当前，我国的高等教育，必须经过一系列的改革、创新，使二者更好地结合在一起。我们应该继续加强高校思想政治教育工作，通过多方面努力，既提高大学生思想政治教育水平，又推进马克思主义大众化，做到共同促进。

当前，高校思想政治教育工作已经成为全党、全社会关注的焦点。越来越多的人开始重视高校大学生思想政治教育工作。因而，选择将高校作为推进马克思主义大众化的主阵地，将马克思主义大众化与大学生思想政治教育工作有机地结合起来，是当前高校思想政治工作又一重要任务。这样做的效果，也将会事半功倍。马克思主义大众化与高校思想政治教育在内容上的一致性，是马克思主义中国化的必由之路。

根据上述分析，从高校的特点、教师的特点、学生的特点、高校的环境等方面来看，高校是当前推进马克思主义大众化的前沿阵地，是推进马克思主义中国化历史进程的首选领域。

首先，高校在资源及力量上，能够保证马克思主义大众化工作顺利推进。马克思主义大众化的推进需要一个有学习氛围、易开展多样化活动的环境，还需要一个有理论宣传和实践引导的知识分子梯队。高校在这两方面的条件，使高校拥有马克思主义大众化的绝对优势。

其次，高校的教育主体所具有的可塑性特点，是马克思主义大众化工作取得预期成绩的保证。大学生思想活跃，容易理解和接受新观念、新知识。在社会主义市场经济条件下，树立正确的荣辱观、社会主义核心价值体系，必须做好高校思想政治教育工作。青年是国家的未来，民族的希望，必须率先在高校开展马克思主主大众化工作。

思想政治教育工作解决的就是马克思主义理论及其中国化成果的宣传与运用问题。既然马克思主义大众化与高校思想政治教育在内容上有趋同性，在手段与方法上也有共性，因此，在高校开展马克思主义大众化工作便无须“另起炉灶”。借助高校思想政治教育的资源优势来推进马克思主义大众化进程，或者说在思想政治教育工作中进行马克思主义大众化，是高校开展马克思主义大众化工作的必由之路。马克思主义大众化过程中需要的学术专家、理论人才几乎全部汇集在高等院校，他们绝大部分为思想政治教育工作者；高校关于马克思主义的专著、期刊等图书资料也最为齐全；高校思想政治理论课是大学生的必修课，为马克思主义的普及提供了重要保证。

作为理论的推广与普及，没有开展活动的客观载体就容易成为一种“运动风”，有始无终，或者达不到理想效果。因此，高校的马克思主义大众化工作必须依靠加强和改进大学生思想政治教育工作。有了思想政治教育这个主阵地，就可以稳步推进马克思主义大众化，取得这项工作的实效。高校的资源、育人机制、环境氛围为马克思主义大众化提供了必要的条件和可靠的保证。而马克思主义及其中国化理论成果的推广与普及必须以高校思想政治教育工作为载体，否则这项工作就落不到实处，很难实现。在高校，马克思主义大众化有两个渠道：一是思想政治理论课，这是宣传、学习马克思主义理论的主阵地。二是课外的教育与引导，通过学生的第二课堂（以下简称“二课”）活动、主题班会、公寓管理、平时的养成教育等，使学生在实践中体会、理解和接受马克思主义及其中国化理论成果。社会主义市场经济条件下，中国社会在取得巨大进步的同时也出现了许多前所未有的问题，如道德滑坡，少数人存在信仰缺失、金钱至上的价值取向等，只有高校依然被称为“象牙塔”。这一对比说明了高校思想政治教育工作对于坚持马克思主义功不可没。以思想政治教育为载体，必将更好地推进高校的马克思主义大众化工作。

综上，高校是实现马克思主义大众化的前沿阵地。马克思主义大众化作为一项伟大工程，在当前只能将高校作为突破口。利用高校资源优势，积极调动各方面因素，率先实现马克思主义及其中国化理论成果的普及和应用。与此同时，高校的特点和思想政治教育的内容方式等决定了在高校推进马克思主义大众化工作，就必须与大学生思想政治教育工作有机结合起来。

（二）高校推进马克思主义大众化的紧迫性

尽管高校在推进马克思主义大众化方面有着得天独厚的优势，但从目前高校的情况来看，要推进马克思主义大众化也面临着许多实际问题。高校思想政治教育要承载马克思主义大众化工作，自身的状况尤为重要。思想政治教育工作的好与坏是马克思主义大众化成败的关键。因此，必须认清形势，开拓创新，为马克思主义大众化创造良好的条件。

改革开放以来，我国高校思想政治教育工作取得了辉煌的成绩。目前，在我国高校的思想政治教育工作中，中央非常重视，多次下发关于加强大学生思想政治教育的文件、指示。对高校思想政治工作的开展提出许多要求，做出重要部署。在高校从事一线教育教学工作的思想政治课教师、辅导员、班主任同样热情高涨。然而，在我们的教育管理层中，还存在一些不容乐观的现象，相当数量的领导只看到品牌专业带给学校的“商机”与经济效益，几乎无视思想政治教育的社会效益与根本价值。加之社会主义市场经济的影响和刺激，学校的权威、校园生活的吸引力已在学生那里悄悄起了变化。对于少数学生来说，教材中的理论不管用了，学校的规章制度不管用了，教师的说教也不管用了。

这些困难与挑战，大大影响了高校思想政治教育工作的实效性。当然，党中央的高度重视与细密部署，使上述问题有了解决的坚强后盾。随着中国高等教育事业的不断发展，很多制约教育教学的瓶颈终将消除。

与应试教育不同，高校思想政治教育从性质上来说应该属于素质教育。但事实上，当前许多高校的思想政治教育并非素质教育。评判一件事情往往是从两个方面进行，即动机和效果。当前高校思想政治教育的动机无可争议，就是要提高学生的思想道德及政治素质，这与中学的应试教育有着明显的区别。高校不存在诸如升学率等方面的问题，因此，高校的思想政治课也没有理由去搞应试教育。但从效果上来说，高校的思想政治教育与应试教育并无太大差异。尤其在高校思想政治理论课的性质上目前尚无定论，高校思想政治理论课究竟是要突出学科性，还是应该突出其教育性？定性问题没有搞清楚，课程改革也只能纸上谈兵。

在社会主义市场经济条件下，个别人为金钱所迷醉，一切“向钱看”，认为思想政治教育工作无足轻重，甚至认为高校思想政治理论课不必开设。他们的理由一般是高校应该为学生传授专业知识或专业技能，学生将来是靠专业吃饭的，因此其他知识用处不大；自高校扩招以来，教学资源紧缺，压缩公共基础课甚至取消这些课程，就可以为学校减少开支，“节源增效”。这种以功利主义为价值观的人，违背了社会主义核心价值观，无视当前形势，缺乏民族责任感，必须批判。然而，这种声音的存在，也正好反映了目前高校思想政治教育工作的困难与挑战。

因此，我们必须充分认识到这一问题的严峻性，必须通过多方面努力，切实加强思想政治教育工作，为中国的教育事业取得新成果、为中华民族的伟大复兴做出更多贡献。

（三）当前高校思想政治教育工作的现状对马克思主义大众化的内在要求

高校是全面提高国民素质、实现人的全面发展、净化社会“空气”、构建和谐社会的主要阵地。搞好大学生思想政治工作，事关国家的兴衰荣辱。从当前高校思想政治课的教学上看，课时的要求和各种德育活动的安排，庞大严密的组织和众多的人员投入，可以说我们国家已经非常重视德育教学。但是显而易见的是，我们的德育教学实效还没有达到预期目标，效果还不能令人满意。据此，马克思主义大众化在高校的推进工作必须从高校思想政治教育工作的经验出发，取长补短，获得实效。因此，在高校推进马克思主义大众化需要按照以下 4 方面要求进行：

第一，内容和形式切合当前学生特点，不能远离学生生活实际。马克思主义大众化本身就属于思想政治教育的内容，思想政治教育工作如果操作不当，就会让人产生枯燥、乏味，甚至空洞说教的感觉，因此，马克思主义大众化必须使内容和形式切合当前学生特点。否则，就是不成功的思想政治教育工作的再重复，起不到积极的作用。所以，在高校推进马克思主义大众化就必须立足学生特点，贴近学生生活。让学生在受教育的过程中能够有所收获，感觉到思想的变化所带来的快乐。

第二，以课堂教学为主，“二课”活动为辅，全方位影响学生，推进马克思主义大众化在高校的进程。马克思主义大众化在高校的推进离不开思想政治理论课及学生的二课活动。思想政治理论课是大学生思想政治教育的主阵地。当前，高校思想政治课的课程体系已经比较完善。能够从哲学、政治学、经济学、伦理学、法律、历史、时政等不同角度、不同层面对大学生进行思想政治教育，内容丰富，体系成熟。但由于思想政治课本身具有政策性强、理论性强的特点，从大部分高校的教学情况来，传统的以讲授为主教学方法依然是教师采用的主要方法。另外，当前高校思想政治课的教学内容在一些方面与学生的知识结构和心理特点存在脱节现象，高校思想政治课的教学效果差强人意。因此必须结合“两个课堂”，实施全面育人，立体式地推进高校思想政治教育工作。“二课”活动是学生参与实践、深化理论知识的重要环节，目前大学生的课余文化生活丰富多彩。以学生喜闻乐见的形式为载体进行思想政治教育，其效果自然较好。除此之外，还要为思想政治教育创造良好的环境。校园文化是一个学校的“软实力”。在大学生思想政治教育中，校园文化发挥着不可替代的作用。一个学校的校风、校貌如何，教师、工作人员的精神风貌如何，学校规章制度建设情况如何，校园各校活动开展情况如何，都会影响学生的综合素质。例如，有些高校要求教师每天穿不同的服装，始终保持干净、整洁的仪表，通过自己的切身行动深刻影响学生，引导学生树立健康的审美观，培养良好的生活态度。这种教育，比起那种苦口婆心、不厌其烦的说教更加有效。

第三，发挥思想政治理论课教师的力量，师生共同进步，营造良好氛围。教师是主导、学生为主体，这是教育的一对常规因素。在教育过程中，必须充分发挥二者的作用，使教与学能够相得益彰。师生相长规律是高校思想政治教育的规律之一。所谓师生相长规律，是指在思想政治教育工作中，教师与学生相互联系，共同促进，二者既有对立性，又有统一性。其表现有两个方面：第一，教与学相互依存，共处于同一个教育环境中。第二，教与学相互转化，教师与学生能够在教学过程中共同发展、共同进步。师生相长规律要求在思想政治教育工作中，教师与学生必须相互尊重，通过“情感对称”体现情感效应，增强教育效果。在此，班主任、辅导员必须深入学生生活，做学生的知心朋友。同时，在思想政治教育工作中，教师与学生必须相互学习，使教育由单向型向双向型转化。教师学习学生，可以更加全面地了解学生，有效消除“代沟”，改进教育教学方法，提高教育水平。师生相长规律还要求高校的思想政治教育工作坚持可持续发展。教育者的工作方法不断创新，以便适应学生实际。学校的规章制度、队伍培养方案必须紧跟时代步伐，使教师与学生具备共同发展的制度保障。

第四，效果的测评方式应灵活多样，不局限于考试的形式。对于高校思想政治理论课成绩的考核应该遵循 3 个原则：符合人的主体性的原则、符合人的全面发展原则和符合可持续发展原则。在现行的教学过程中，大多院校重理论成绩、轻过程考核和日常道德行为实践。这种“学”“用”

分离的做法必须从根本上改变。为此，必须从以下几方面开展工作：增加考核的主体（除教师在教学过程中进行考核外，学校、家庭、社会也可以参与对学生的评价，使学校、社会、家庭对青少年学生教育的“三张皮”变为“一张网”，形成合力，加以落实；扩大考核内容的范围）；改变考核的形式（在原有纸笔测试的基础上，引进一些其他的考核形式）。总之，思想政治课成绩考核办法应该呈现出多元化的特点。这样，才能衡量大学生的思想政治理论水平和实践转化能力。而且能够有效地促进高职生的全面发展，使高校思想政治教育工作再上新的台阶。

（四）高校推进马克思主义大众化的原则与路径

高校马克思主义大众化是一项伟大而又复杂的工程，必须在一定原则的指导下开展工作。具体来说，在高校推进马克思主义大众化必须坚持四项原则：

第一，工作理念的学生为本原则。

所谓学生为本原则，是指在高校的马克思主义大众化过程中必须体现学生主体性的要求，一切从学生实际出发，从学生需要出发，培养学生可持续发展的能力，把学生的成才、成长作为学校工作的出发点和归宿。学生为本原则是教育教学的一般原则，在马克思主义大众化的过程中同样适用。这既要求在教育教学和开展活动中根据大学生的特点来采取行之有效的措施和方法，还要求在高校推进马克思主义大众化一定要以学生的知识水平为参照，不能将马克思主义大众化搞成通俗化。否则，过于通俗的东西往往对大学生产生不了吸引力，影响效果。

第二，工作过程的要素协同原则。

所谓要素协同原则，是指要实现高校马克思主义大众化的有效性，必须使思想政治教育的诸要素，在空间上保持一致性，在时间上保持连续性。在这里，马克思主义大众化与思想政治教育在内在要素上具有一致性。思想政治教育的要素包括：教育者与被教育者、教育目的与教育内容、教育方法、教育组织形式、教育效果的检验与评价等。在高校的马克思主义大众化过程中，各要素之间的协同与优化直接关系到教育活动的效果，因此，要素协同规律要求各要素之间必须协同一致，达到最优化配置。要素协同原则要求在马克思主义大众化过程中诸多关系的处理上，要做到顾全大局，充分考虑矛盾双方的共同价值，不能偏废任何一方。这是思想政治教育工作的基本要求，也是马克思主义大众化的基本要求。

第三，工作主体的师生相长原则。

所谓师生相长原则，是指在高校的马克思主义大众化过程中，教师与学生相互联系，共同促进，二者既有对立性，又有统一性。其表现有两个方面：第一，教与学相互依存，共处于同一个教育环境中。第二，教与学相互转化，教师与学生能够在教学过程中共同发展、共同进步。师生相长原则要求思想政治教育工作坚持可持续发展。教育者的工作方法不断创新，以便适应学生实际。学校的规章制度、队伍培养方案必须紧跟时代步伐，使教师与学生具备共同发展的制度保障。

第四，工作方式的立体交互原则。

所谓立体交互原则，是指在高校的马克思主义大众化过程中必须积极调动一切因素，共同作用，共同促进，营造教育环境，全方位地对学生进行思想政治教育。这一规律要求“四个结合”：教育与教学相结合；理论与实践相结合；课内教育与课外教育相结合；正面教育为主与社会思潮批判为辅相结合。立体交互原则要求在推进马克思主义大众化过程中要充分利用各方面积极因素，开展立体式教育活动，全面育人，全方位影响学生。

在上述 4 项原则的指导下，高校推进马克思主义大众化的具体路径表现在以下 7 方面。

路径一：切实加强理论教育，以科学理论武装当代大学生。

马克思主义大众化的目的就是要使当代中国人对于马克思主义及其中国化理论成果做到“真学、真懂、真信、真用”。为此目的，首先就要加强思想政治理论教育工作。只有先掌握一定的理论基础，才能使人明确方向、坚定立场，才能进一步谈及运用和实践。马克思主义及其中国化理论成果的基本常识是高校推进马克思主义中国化的理论基础。没有这一理论基础，就不能系统科学地把握马克思主义及其中国化理论成果的内涵和精髓，就做不到马克思主义的大众化。即没有“真学”，就做不到“真懂、真信、真用”。马克思主义大众化绝不能抛开理论空讲运用。因此，加强高校思想政治理论课的教育工作，实现“真学”，是推进马克思主义大众化的基础。在这里，“真学”的关键不在学生，而在于教育者。教育部门必须增强理论教育的意识，改进理论教育的方法。同时还需要创新教材及相关的出版物，以适应学生的特点与要求，易于学生领会和掌握。

《中共中央关于加强党建若干重大问题的决议》提出要“推进马克思

主义中国化、时代化、大众化”。为此指出：“深入实施马克思主义理论研究和建设工程，建设充分反映马克思主义中国化最新成果的学科体系和教材体系，培养造就一大批马克思主义理论家特别是中青年理论家，推动中国特色社会主义理论体系进教材、进课堂、进头脑，增强科学理论教育引导群众作用。”

马克思主义大众化若要取得预期的效果，必须积极改进教育方式。改进教育方式不是要取消灌输，而是要充分考虑不同对象的实际理解能力和思维方式，从统一灌输形式向多层灌输形式转变。在理论教育中，要实现理论与实践相结合，要把握学生的兴趣和特点，引导学生独立思考、真正理解和接受马克思主义中国化理论成果。通过理论学习，使学生掌握马克思主义基本原理，能够科学分析现实问题，明辨是非，坚定信念，对建设中国特色社会主义充满信心，增强社会责任心和历史紧迫感。通过革命传统教育和爱国主义教育，使学生为投身社会主义建设事业做好准备。通过科学理论体系，整合政治、历史、哲学、经济学、心理学、教育学等一系列相关学科，使学生的政治素养得到提高，从思想和行动上拥护中国共产党，顾全大局，报效祖国，为人民服务，奠定马克思主义大众化的思想基础。

路径二：积极推进思想理论课课程改革，增强马克思主义大众化的实效性。

在高校，思想政治理论课是大学生思想政治教育的主阵地。一直以来，我国在高等教育中十分重视大学生的思想政治教育工作。但是由于思想政治理论课本身具有政策性强、理论性强的特点，从大部分高校的教学情况来，粉笔加黑板，教师一言堂的教学方式仍然是一些高校的惯用做法。目前，依然有很多教师扮演“留声机”“传话筒”的角色。另外，当前高校思想政治课的教学内容在一些方面与学生的知识结构和心理特点存在脱节现象。因此，高校思想政治课的教学效果差强人意。一些学校的学生在学习过程中，不能全面理解所学知识，为了应付考试，进行机械背诵，虽然马克思主义中国化理论成果进了“课堂”，但不能做到“进大脑”。

这些问题的存在，要求高校必须把思想政治理论课的课程改革作为当前的重要工作。在当前的课程改革中，尽管部分学校取得了可喜的成绩，但依然处在摸索阶段，并且尚未形成成熟的体系。究其原因，是高校重视不够。因此，高校思想政治课的研究与改革任重而道远。根据目前的情况，从教学到管理，从学生到教师，从课堂到课外，从实践到考核，思想政治课都必须大胆创新，既顺应社会发展的需要和学生的特点，又能够坚守“阵地”，全面育人。只有提高思想政治理论课的学习效果，才能吸引学生，使学生对马克思主义及其中国化的理论成果产生浓厚兴趣，使马克思主义大众化具备情感基础，使思想政治理论课成为对学生切实有用，深受学生喜爱的课程。

路径三：加强大学生的实践教学活动，使他们用切身体会感受马克思主义中国化的理论魅力，从而真学、真懂、真信、真用马克思主义。

马克思主义大众化需要把马克思主义与中国广大人民群众的日常生活实践结合起来，赋予当代中国马克思主义鲜明的实践特色。马克思主义大众化的最终目的不仅是为了使人掌握马克思主义的理论知识，更重要的是将理论应用于实践，用理论来指导人的活动。在学习马克思主义的过程中缺少实践环节，必然导致学习的不深刻、不全面，只有在实践中学习和运用马克思主义，才能真正掌握马克思主义，才能做到活学活用，才能使学习达到好的效果。这是马克思主义处理理论和实践的基本观点。因此，在高校的马克思主义大众化进程中必须加强实践环节。

在马克思主义大众化的过程中，必须实现大学生的理论学习与社会实际紧密结合。通过实践环节，让学生体会马克思主义及其中国化理论成果的真谛与力量。思想政治教育工作中的实践可分两类：课内实践和课外实践。课内实践是思想政治理论课实践教学的一个方面，强调在课堂上发动学生，引导学生进行思想政治理论课的学习活动。它的实践场所是教室，它的参与主体是全体受教育学生，它的具体方法简单易行，不受条件限制，如研讨会、辩论赛、演讲、红歌颂、影视教学、原著解读、时事评议、优秀作业评选与推介等。在资源不足、条件有限的情况下，开展课内实践教学是提高思想政治理论课教学效果的最佳途径。课外实践是指各类社会实践活动，包括“二课”活动、参观、访问、社会实践、社会调查等形式。这种实践活动受条件的限制较多，如人力、资金、时间、安全性等，但这样的活动学生参加一次往往可以达到终身受教育的效果。总之，通过适当的实践活动，让学生真切体会马克思主义及其中国化理论成果的内容与精神，使学生在生动活泼的实践活动中真正接受马克思主义，从而真学、真懂、真信、真用马克思主义，实现马克思主义的大众化。

马克思主义的最大特点就是实践性。离开实践谈马克思主义大众化是不科学的，离开实践不可能实现马克思主义大众化。实践活动本身就是对马克思主义的另一种诠释。因此，各级教育部门应充分重视思想政治教育工作的实践教学活动，从政策支持、经费支持、人员支持、检查督促、评价考核等各方面给以重视。这样的话，中国的思想政治教育工作必将取得丰硕的成果，马克思主义大众化必将取得更大的成就。

路径四：发挥学生党支部战斗堡垒作用，通过先进分子影响马克思主大众化的进程。

在高校推进马克思主义大众化，除了需要借助学校、思想政治教育工作者的力量之外，还可以发动学生党员，发挥基层党组织战斗堡垒作用。学生党员的教育是马克思主义大众化的第一步。学生党员的思想政治素质与马克思主义理论成果的践行是马克思主义大众化的基础。学生党员要发挥模范带头作用，用切身行动影响周围的同学，用马克思主义武装头脑，做新时期社会主义事业的建设者和接班人。

学生党支部作为基层党组织，要发挥战斗堡垒作用。通过党内民主生活会，使学生党员掌握马克思主义理论知识、提高党性修养、明确历史使命、增强危机意识。通过学生党支部的活动，影响和带动普通同学，使学生了解党的历史，加深对党的感情，增强对党的信仰。马克思主义大众化需要借助学生党员的力量，他们是高校推进马克思主义大众化的领军人，以他们的实际行动影响其他同学是必然的要求。因此，高校要搞好学生党支部的建设，使学生党支部发挥战斗堡垒作用，将高校马克思主义大众化工作推向前进。

《中共中央关于加强党建若干重大问题的决议》指出："党的基层组织要适应新形势新任务的要求，创新活动内容方式，找准开展活动、发挥作用的着力点。"因此，学生党支部的各项活动要与当前的形势和学生的特点紧密相结合，不断创新活动方式，适应学生心理需求，不断更新观念增强党组织活动的效果。学生党支部的活动除了学习马克思主义中国化理论成果、关注国内外大事，还应与学生的实践活动相结合，将马克思主义大众化融于学生的现实生活，避免理论和现实相脱节、言语和行为不一致的现象。支部生活要丰富多彩，既要坚持严肃性、纪律性、科学性、系统性，又要体现灵活性和实效性。党支部的学习生活是学生党员的第二课堂，有助于学生的健康成长，也有利于增强马克思主义大众化的深刻度。

路径五：加强"二课"活动的引导与建设，开辟马克思主义大众化的新渠道。

学生的“二课”活动是学生强化知识、践行理论认识的重要途径。在“二课”活动中增加马克思主义理论成果的内容是马克思主义大众化的新渠道，在“二课”活动中进行马克思主义教育具有现实的可操作性。因为除了政治、经济等有关思想，马克思主义及其中国化理论成果中还有着文化、科技、社会等内容。帮助学生树立科学的世界观、人生观、价值观、爱情观，是马克思主义大众化的题中应有之义。因而，在内容丰富、形式多样的“二课”活动中进行马克思主义大众化，不仅能够打破传统的政治学习的模式，而且会因与学生兴趣相结合而效果倍增。

“二课”活动是加强大学生思想政治教育工作的最佳环境，也是高校推进马克思主义大众化最自然的途径。当代大学生追求自我，张扬个性，他们喜欢自由、轻松的活动方式。开展积极健康的“二课”活动能使思想政治教育工作产生事半功倍的效果，还能陶冶学生的情操，充实他们的生活，提高他们的综合素质。因此，学校应在制度建设、经费投入等方面重视学生的“二课”活动。

目前，大部分学校都能够重视学生的“二课”活动，学生的课余文化生活丰富多彩。但有些活动由于自身特点或者不适应学生的心理需求，参加者有限，甚至响应者只有寥寥数人，不能产生好的效果。还有个别学校在组织“二课”活动时未考虑活动的教育性特征，致使一些活动产生了不该产生的负面效应。因此，“二课”活动开展，既要考虑到学生的心理需求，又要考虑活动本身的教育意义，不能一味迎合学生口味。

路径六：借助榜样的力量，用真人真事影响青年大学生的思想与行动。

大学生由于心理方面的特点，尽管主张标榜自我、张扬个性，但还是容易深受环境和他人的影响。榜样，尤其是身边鲜活的人和事，将会对大学生产生强烈且持久的影响。在校园中评选道德模范和学习标兵，不仅对当选学生是莫大的鼓舞与鞭策，更重要的是能够带动身边的大学生向榜样学习，还能通过了解模范事迹加强社会主义荣辱观教育。这种教育方式不需要太多的语言，也无须复杂的过程，通过适当的宣传就能达到理想的目的。现在整个社会已经掀起了一场学模范人物的新浪潮。在许多大学校园里，也开展每年一度的模范人物评选活动。这对于社会风气的好转、国民素质的提高有着特殊的贡献。通过这些模范人物及其先进事迹的介绍，让越来越多的人间接地去感悟马克思主义的伟大力量，让校园中马克思主义的“代言人”越来越多地被发现和了解，让马克思主义理论借助人的形象而鲜活起来。

路径七：丰富大学生学习生活，营造良好校园文化氛围。

学校的灵魂不在于面积的大小和建筑物的数量，而在于校风校貌。学校不仅仅是一个传授知识和技能的场所，更应该教给学生如何做人的方法和如何处世的态度。无论处于何种时代背景下，学校的宗旨都不应该发生根本性的变化。教育事业是事关一个民族存亡、国家兴衰的大事业，不能成为促进经济增长的产业。马克思主义中的教育活动绝不是直接的经济活动。教育是社会公共事业，评价学校教育工作的应该是社会效益，而非经济效益。因此，必须体现这一思想，发展健康校园文化。当前，社会主义市场经济对校园文化的影响广泛而深远，各种文化产生的负面效应对大学生思想政治工作提出了新的挑战与要求。目前，在“工、学、研”相结合、“校企合作”等理念的影响下，一些高校引进企业文化丰富校园文化。这种文化熏陶的方式也应能够为马克思主义大众化及高校思想政治教育工作提供参考。若能受到真正的重视，马克思主义在校园文化中一定比企业文化更有生命力。

在马克思主义大众化工作中，建设校园文化并不需要刻意规划。其实，马克思主义大众化指导下的校园文化并不复杂。校园的一草一木，都可以陶冶学生的情操，都可以提高学生的审美观，都可以使学生保持舒畅的心情和良好的精神面貌。每一处温馨提示，都会让大学生在感到受尊重的同时接受深刻教育。

要推进高校马克思主义大众化工作，就必须进一步加强高校思想政治教育工作，营造一个立体式育人机制，积极调动各方面基础性因素，尊重学生主体性要求，不断开拓创新，整合高校有利条件，用马克思主义中国化理论成果武装大学生，用马克思主义中国化理论成果及其与时俱进的理论品质鼓舞大学生，用马克思主义中国化理论成果指导大学生的实践活动。

总之，马克思主义大众化不是一个抽象的概念，也不仅是一个学术名词，它既有着崇高的价值和深远的意义，也有着丰富的内容和灵活多样的形式。在社会主义市场经济条件下，中国社会的精神文明、中国人的精神世界与中国的经济建设同等重要。中国社会的核心价值体系关系到国家的安危与民族的未来，推进马克思主义大众化，从这些意义上来讲显得重要而迫切。

高校拥有完备的条件和良好的环境，在马克思主义大众化工作中，必然成为前沿阵地。高校的马克思主义大众化工作将为整个中国社会的马克思主义大众化提供经验和酝酿力量。就当前全社会的思想政治教育工作而言，高校最为专业；从受教育者角度来看，大学生最具可塑性，最容易接受新知识，并能很快应用到实践中去。因此，整个中华民族的马克思主义大众化之路必然要以高校为突破口。只有率先在高校取得成果，才能保证马克思主义及其中国化理论成果成为全社会普遍掌握的理论武器，才能真正实现马克思主义大众化。

在高校中，马克思主义大众化并不是陌生的新运动，但要在高校取得马克思主义大众化的真正成果，必须既坚持一直以来高校在思想政治工作方面好的做法和经验，又需要不断创新、与时俱进，推进高校的马克思主义大众化工作要与高校思想政治教育工作有机地结合起来。通过加强和改进大学生思想政治教育工作来推进高校马克思主义大众化，将这项工作真正落到实处，借助思想政治教育工作，促进高校的马克思主义大众化工作。

高校要充分利用自身的优越条件，从理论、实践、师资、教育对象、组织、环境等各方面着手，构建一个立体育人机制，使马克思主义中国化理论成果“进教材、进课堂、进头脑”，使大学生积极践行社会主义核心价值体系的内容。通过推进高校的马克思主义大众化，为中国特色社会主义事业提供强有力的思想保证，为实现中华民族的伟大复兴做出积极的贡献。

四、思想政治教育的立体模式

当前，高校思想政治理论课的课程改革工作正在紧锣密鼓地进行中。改变以前传统的依靠教师的“教”，激发学生的学习主动性和探索新的教学方法是众多高校课程改革的重点问题。这种改革，主要依靠的仍然是课堂教学，尽管也有对实践性教学活动的研究，但还是以教师和学生两方面的力量为主。这种改革之后，由于没有改变原来大学生思想政治理论课力量单一、教育环境狭小等因素的限制，依然产生不了太大的实际效果。因此，“全员育人”“立体式教学法”是弥补此类改革不足之处的重要途径。

思想政治理论课的立体式教学法，就是发挥大学生思想政治教育基础性因素的作用，分层次、宽领域、多渠道地对大学生进行思想政治理论课的教育，利用好两个课堂，相互影响、相互促进，提高大学生思想政治理论课的教学质量。

（一）大学生思想政治教育基础性因素概述

在高校的思想政治理论课教学中，影响教学效果的基础性因素包括：课堂教学、集体生活、“二课”活动、辅导员班主任队伍建设、教师队伍建设和校园文化等。

第一，课堂教学。思想政治课是大学生思想政治教育的主阵地。由于思想政治课本身具有政策性强、理论性强的特点，从大部分高校的教学情况来看，传统的教学方法依然是教师采用的主要方法。另外，当前高校思想政治课的教学内容在一些方面与学生的知识结构和心理特点存在脱节现象。因此，高校思想政治课的教学效果差强人意。一些学校的学生在学习过程中，不能全面理解所授知识，为了应付考试，进行机械背诵，不能做到思想政治理论“进大脑”；而一些学校不重视思想政治课，将其作为考查课，导致学生不够重视相关课程。这就要求，高校必须把思想政治课的课程改革作为当前的重要工作。从当前高校思想政治课的教学情况来看，思想政治课的课程改革正在推进之中。尽管部分学校取得了可喜的成绩，但由于思想政治课本身具有政策性强、理论性强的特点，加之各校的情况不同，因此，尚未形成成熟的体系，每所高校基本上是“八仙过海，各显神通”。因此，高校思想政治课的研究与改革任重而道远。根据目前的情况，从教学到管理，从学生到教师，从课堂到课外，从实践到考核思想政治课都必须大胆创新，既顺应社会发展的需要和学生的特点，又能够坚守“阵地”，全面育人。

第二，集体生活。对大学生而言，课外自由支配的时间远远多于课堂学习的时间。绝大部分大学生学习目标明确，态度端正，但个别大学生由于缺乏必要的自我控制能力，上网成瘾、逃学厌学已成为一大顽疾。这些学生中，有些认为学校活动较少或者他们对学校活动缺少兴趣，因此只能选择上网或逃学。在一些学校，同一院系同一年级相同专业的不同班大学生之间彼此完全陌生，表示从未有过接触。可见，院系活动在一些学校也严重缺乏。

第三，“二课”活动。当前，大部分学校都十分重视学生的“二课”活动。学生的课余文化生活丰富多彩，但这些活动由于本身特点的局限或不适应学生的心理需求，参加人数有限，甚至响应者只有寥寥数人，不足以产生好的效果。另有个别学校在组织“二课”活动中未考虑活动的教育性特征，致使一些活动产生了不该有的负面效应。

第四，辅导员班主任队伍建设。目前，由于编制、待遇等方面的原因，辅导员班主任队伍尚不稳定，经验丰富、管理能力较强者随时可能另择他路。在这种情况下，辅导员班主任的思想、对待工作的热情和态度存在较大差异，这使得个别班级的学生工作，尤其是学生的思想政治工作很难产生良好效果。尽管大学生的学习要靠主动，生活也较独立，但毕竟他们尚未完全成熟，他们的学习、生活、甚至情感问题都需要有人来正确引导。因此，目前的一些情况依然令人担忧。

第五，教师队伍建设。高校思想政治课教师在大学生思想政治教育中发挥着重要作用，是进行思想政治教育的主力军。当前大部分学校都较重视思想政治课，使得思想政治课及其教师的地位有所提高，但仍有一些高校只是做到了理论上的重视，形式上的重视，而思想政治课教师的一些基本要求得不到应有重视，教师的热情便逐渐冷却下来。目前，在高校思想政治课课程改革方面，仍有一些教师持观望态度。

第六，校园文化。校园文化是一个学校的“软实力”。在大学生思想政治教育中，校园文化发挥着不可替代的作用。一个学校的校风、校貌如何，教师、工作人员的精神风貌如何，学校规章制度建设情况如何，校园活动开展情况如何，都会影响学生的综合素质。

（二）充分调动基础性因素，构建立体式教学模式

目前，高校思想政治理论课的改革多立足于课堂教学。长期以来，我们所积累的经验都是侧重于微观方面，如案例教学法、问题教学法、参与式教学法、研讨式教学法，等等。这些改革，依然建立在学生和教师这种二元结构上。立体式教学模式从宏观角度，注重从学生的学习、生活、社会活动等方面全方位地对其进行教育。因此，立体式教学法是多元化结构，这种多元结构中，教师依然是主导，学生依然是主体。与传统教学方法不同的是，立体式教学法是多主体参与，对学生多层次影响、多角度考察、立体式熏陶。

立体式教学法是在受到国内一些研究的影响和启发的基础上通过实践不断完善，逐渐形成的。众所周知，人类早期的教育就是在生活中进行的，当时教育与生活浑然一体。后来的专门性教育机构尽管有很多优势，

但毕竟存在理论与现实相脱节等缺陷。尤其像思想政治理论课这样的课程，如果所学在生活中不能运用或得不到检验，这样的教育教学活动是没有意义的。所以，按照马克思主义哲学的基本观点“具体问题具体分析”，对于高校思想政治理论课的教学还是必须有别于其他课程，应密切联系生活实际，以生活为本，围绕学生生活实际，设置教学内容、教学方法。

高校思想政治理论课中立体式教学法的内容是利用好两个课堂，积极调动高校思想政治教育的基础性因素，使教学、管理、队伍建设、校园文化等有机结合起来，使各方面力量汇聚在一起，立体式交互影响，提高高校思想政治理论课的教学效果。

高校思想政治理论课中立体式教学法的实质是思想政治理论课与高校思想政治教育工作的紧密结合。高校思想政治理论课的教学不能局限于课堂教学，应该从传统的第一课堂拓展到第二课堂乃至社会大课堂。这样一来，就实现了思想政治理论课与高校思想政治教育工作的紧密结合。

（三）积极建设两个课堂，实践立体式教学方法

首先，思想政治课是大学生思想政治教育的主阵地。当前，高校思想政治课的课程体系已经比较完善，能够从哲学、政治学、经济学、伦理学、法律、历史、时政等不同角度、不同层面对大学生进行思想政治教育，内容丰富，体系成熟。因此，进行大学生思想政治教育，必须主要依靠思想政治课进行。为此，各高校必须做到以下几方面：

（1）从学校领导层的角度出发，将重视大学生思想政治教育工作落到实处

党和国家要通过各种会议、培训不失时机地加强高校领导干部对当前思想政治教育工作的重视。高校领导层必须要有危机感、紧迫感，不能对大学生思想政治工作有半点懈怠。首先，高校领导干部必须认识到自己也是推动整个社会，至少是推动自己所在学校思想政治教育工作的核心。领导干部必须将社会效应当作教育工作的价值评判尺度，而不能只看经济效益。始终要认识到，那种主张取消思想政治课、削弱思想政治课地位的观点是大错特错的。学校应该舍得对思想政治教育工作增加一些投入。搞好高校大学生的思想政治教育工作，提高当代大学生的思想政治素质，进而改善当前的社会风气是所有教育者的责任，更是高校领导干部的责任。高校是特殊的事业单位，高校不是企业，更不是外资企业，它的特殊性就体现在教书育人。忘记这一点，我们的工作就失去了意义。其他方面做得再

好，最终都无成绩可言。其次，领导干部还要大力支持思想政治教育工作，关心和关注思想政治课的教学、改革情况，在必要的时候，应尽自己的力量满足教师、学生基本的教学要求。

（2）不断提高教师队伍的整体素质

教师是教育活动的主导者。教师能够对学生产生最大的影响力，教师自身的思想政治素养对于教学效果具有决定性作用。因此，加强大学生思想政治教育工作，必须加强教师队伍建设。通过准入制度，学习、培训、评价、考核等途径，切实提高思想政治课教师队伍的整体水平是当前的又一重要工作。学校应该在教师的素质拓展、社会考察、优化知识结构、提高学历等方面给教师提供平台、创造条件，使教师乐于从事教学事业，甘于奉献。

作为教师，应该有大局意识、长远意识。教师要承担起教书育人的神圣使命，要做名副其实的“灵魂工程师”。作为思想政治课教师，应该勤奋学习，潜心钻研，努力提高自己的业务水平；应该密切关注学生的思想动态，研究大学生的心理状况，研究大学生的特点，探索新时期思想政治教育的最佳途径和方法；应该关心青年大学生，关心他们的学习与生活，关心他们的心理健康状况，关心并帮助他们克服在成长中遇到的各种困难。思想政治课教师应该经常深入学生中去，做学生的良师益友，做学生的引路人，为高校思想政治教育工作奉献自己的力量，为构建和谐校园、和谐社会做出应有的贡献。

（3）教学方法改革

针对当前部分高校思想政治课教学方法陈旧、难以吸引学生兴趣的现状，教师应根据学生特点，研究适合学生的教学方法，大胆进行教学改革，使思想政治教育工作水平再上新台阶。教学改革应根据不同学校、不同专业、不同学制采取不同的方式进行。教学改革一定要充分考虑各方面因素，尤其是新的教学方法是否能够真正提高教学效果。不能只注重形式上的革新，而忽略其时效性，不能将教学改得面目全非，不伦不类。教学改革应该既有坚持又有创新，教学改革的内容可涉及教学内容、教学方法、考核方式等几方面。只要能够提高教学效果，能够对当前思想政治教育工作产生积极的影响，这样的改革成果就有效，就应该坚持，甚至推广。

其次，加强大学生“二课”活动、校园文化的引导与建设。

（1）加强班主任、辅导员队伍建设

基于因编制、待遇等方面的原因，辅导员、班主任队伍存在尚不稳定的情况。各高校应该克服困难，在提高待遇、合理编制等方面给予班主任、辅导员较大倾斜。毕竟，队伍不稳定，工作就很难开展，效果就要受到影响。在高校思想政治教育工作中，班主任、辅导员发挥着重要作用，他们与学生朝夕相处，最了解学生的思想动态和心理活动。他们掌握每一个学生的基本情况，处理学生问题能够做到有的放矢，效率高，效果好。因此，学校必须给予班主任、辅导员更高肯定与支持。只有这样，才能留住人，留住有才能的人。另外，高校在班主任准入、考核等方面也应加大力度。有些学校偶尔会发生学生投诉班主任、辅导员的情况，究其原因就是个别班主任、辅导员缺乏责任心、耐心和爱心，不能胜任该工作，在学生中产生了较大的负面影响，使大学生思想政治教育工作的整体水平大打折扣。因此，必须加强班主任、辅导员的队伍建设。

（2）开展丰富多彩的“二课”活动

“二课”活动是进行大学生思想政治教育工作的最佳环境。当代大学生追求自我，张扬个性，他们喜欢自由、轻松的活动方式。开展积极健康的“二课”活动能使思想政治教育工作产生事半功倍的效果。开展丰富多彩的“二课”活动，还能陶冶学生的情操，充实他们的生活，提高他们的综合素质。因此，学校应在制度建设、经费投入等方面重视学生的“二课”活动。另外，在“二课”活动安排中，切忌大搞形式主义。有些学校的“二课”活动看似“花团锦簇”，但开展中要么仓促了事，要么一拖再拖。这样的活动依然起不到任何教育意义。所以，学生工作者，一定要根据学生的实际情况，结合当前的形势，安排好学生的“二课”活动，利用独特的优势，不失时机地加强大学生思想政治教育工作。

（3）建设健康的校园文化

健康的校园文化包括两方面：硬件和软件。学校不仅要有先进教学设备、宽敞舒适的教学场所和学生生活的条件，而且应该有漂亮整洁的校园面貌，校园的一草一木，都可以陶冶学生的情操，都可以提高学生的审美观，都可以使学生保持舒畅的心情和良好的精神面貌。大学生思想政治工作必须借助优美的校园环境。同时，健全的规章制度、良好的校纪校风、科学的校园橱窗建设、先进的办学理念、良好的教职员工素养等软件建设也是校园文化的重要组成部分。学生在健康的校园文化中，能够不断学习和提升。因此，我们要建设健康的校园文化，全方位影响学生的成才成长，为大学生思想政治教育工作提供良好的环境保证。

（4）加强大学生意识形态教育工作

要加强宣传思想阵地建设，提高新闻宣传舆论引导能力。借助最新宣传媒体（如微博、微信平台）积极传播社会主义先进文化和精神文明建设成果，主动把握意识形态教育主动权，时时处处传递正能量。从部门领导到辅导员、班主任，牢固树立阵地意识，加强宣传思想阵地建设，引导系部、班级、社团及各类校园媒体认清责任、牢记使命，努力把社会主义意识形态的要求贯穿到日常新闻舆论宣传的全过程，共同唱响社会主义意识形态的主旋律。

加强学生管理队伍建设，提升队伍政治素质，严把辅导员入口关，严格审查应聘者的资格和条件，重点考察其思想政治表现，加强学管队伍的政治学习，提升意识形态工作的认识水平。不断丰富和创新马克思主义理论武装的内容和形式，通过院系两级党员组织活动、政治理论学习、党群工作会议等不断强调意识形态管理的重要性，周密部署相关工作。加强政治理论学习不放松，加强辅导员培训，提高意识形态工作的工作水平。通过专题培训班、业务培训等形式，开展辅导员培训工作，不断提升加强意识形态工作的自觉性。

学生日常教育管理方面，借助周一升旗仪式、各类表彰大会、主题班会等形式，广泛开展意识形态教育工作。提升学生的政治素养，引导学生积极向上，开展丰富多彩的学生活动，帮助学生树立正确的世界观、人生观、价值观，如学雷锋活动、志愿者活动等。通过树立先进典型，影响和带动全体学生健康成长，通过评选青春榜样、优秀学生、优秀学生干部等，发挥榜样引领作用。通过困难学生帮扶工作，传递党和政府的温暖。加强感恩教育，鼓励学生努力学习、全面发展，将来回报社会。加强心理健康教育工作，关心每一位学生的身心健康，让每一位学生都成为国家的有用之才。学管系统要和教学系统紧密结合，在学校党委的正确领导和部署下，与各部门相互配合，思想上高度重视、工作上不断创新，形成全员育人、全方位育人、全过程育人的良好机制。坚守社会主义意识形态阵地，努力培养社会主义事业合格建设者和可靠接班人。

综上所述，加强大学生思想政治教育工作必须以科学发展观为指导，必须调动各方面积极因素，利用好两个课堂。在经济社会不断发展的情况下，高校应集中力量搞好思想政治教育工作，为构建和谐社会、实现民族复兴做出应有的贡献。

五、新时期大学生思想政治教育的方法

从国际社会来看，在经济全球化进程中，中国经济社会的快速发展，给西方国家带来了前所未有的压力。尽管中国早就表明了构建“和谐世界”的立场与愿望，但从近年来中外贸易摩擦频发的现状来看，西方国家的对华的遏制态度始终没有改变。不仅如此，西方国家对中国的西化、分化图谋和行径也正在加剧。当前，中国的改革开放深入进行，中国前所未有的开放程度在为中国社会赢得发展机遇的同时，也增加了被西化的可能性。加之信息时代，互联网的广泛应用，使西方敌对势力和敌对分子进行破坏活动比以往任何时期都更加自由和方便。来自西方国家的威胁和压力，使我们不得不加强自身的思想政治教育工作。从这个角度来看，思想政治教育活动已具有了深远的政治意义。

从国内形势来看，中国特色社会主义事业蓬勃发展，中国社会取得了举世瞩目的成就。这些成就应该归功于党的改革开放事业，归功于中国特色社会主义理论体系的强大威力。30 多年来，中国的经济体制、政治体制均发生了深刻的变化。这些变化反映在人们的生活中，更为直观的就是人的思想的变化。这些变化的主流是好的，是积极向上的。但是受西方文化的影响，当代中国人也出现了诚信缺失、利益至上、缺乏正确的荣辱观念等现象。尤其是广大青年，其人生观、价值观以及生活方式发生了更为显著的变化。在改革攻坚的关键时期，人们思想的变化，引起了社会局部领域的不和谐。因此，加强大学生思想政治教育工作迫在眉睫。

高校是思想文化教育、科学技术创新的前沿阵地。在推进政治民主化程度、建设社会主义法治国家、构建社会主义和谐社会等方面，高校具有重要的地位和作用。高校是培养中国特色社会主义事业合格建设者和可靠接班人的摇篮，是中国共产党进行思想政治教育，提高国民素质，形成良好社会风尚的主阵地。但是，在大学生思想政治教育方面，由于现实因素，高校的上述功能却大打折扣，令人担忧。

第一，社会环境的变化对大学生思想政治教育效果的影响。尽管高校对大学生的评价导向与社会上个别不良价值取向存在着重大差别，但是社会主义市场经济的负面效应对学校的冲击已经越来越大，对青年大学生的

思想已经产生了深远的影响。当前，功利主义是一部分人的价值取向。道德评判在一些领域已经退居次要地位，甚至变得无关紧要。例如，一些企事业单位在选拔或评优时，首先考虑甚至唯一考虑的是个人或团队给企事业单位带来的经济贡献的程度，思想政治素质、道德水平等往往只在形式上作为评选依据。这样的评价机制对高校大学生的影响越来越大。目前，在国内就业困难的形势下，许多学校的办学理念是“以就业为导向”。就业导向本身无可厚非，就业导向必然会使学生更多地去接触社会、了解社会。大学生与社会的距离感消失了，大学生从社会上获得的大量信息良莠不齐，真假难辨。于是，现在的大学生社会化的速度与程度越来越高，这使当前高校的教育水平出现了下滑，大学生思想政治教育的效果也差强人意。在学校与社会之间，大学生更多的是选择社会的理念和价值判断。

第二，思想政治理论课改革滞后，不能适应社会发展的现状。这一状况不仅表现在教学内容上，而且也表现在教育教学的方法途径上。在教学内容上，本科院校基本上比较全面，涉及马克思主义的哲学、政治经济学、科学社会主义三大领域，同时还有马克思主义中国化理论成果、中国近现代史、思想品德、法律基础等方面。高职高专院校的思想政治理论课的内容则比较单一，没有马克思主义基本原理和中国近现代史。即便是现有的科目，也因为课时少的原因，许多内容无法深入学习。同时，现有教材内容还存在个别领域理论与现实相脱节的情况，不利于教育教学。在教学方法上，传统的教学方法依然是主流。在物质条件匮乏的年代，这种教育方法别无选择，而且也发挥了积极的作用。现在，中国的经济实力与综合国力已有了较大提高，这为思想政治理论课教学方法的改革提供了强大的物质基础，现在流行的多媒体教学就是一例。但不论传统教学方法还是多媒体教学方法，都是“灌输法”的不同形式，学生要接受某些观点、理论，除了学习书本知识以外，更需要在实践过程中体会和升华。理论在实践中得不到验证，就缺乏说服力，就起不到教育人的作用，就是“纸上谈兵”。而当前高校思想政治理论课的实践教学仍然是难点，是影响思想政治教育工作效果的瓶颈。

第三，经费投入和政策支持的力度不够，致使学校对大学生思想政治教育的重视程度依然较低。进入新世纪以来，面对严峻的世情、国情，国家日益重视大学生思想政治教育工作，也增加了不少投入。但是，当前高校思想政治教育“两头热，中间凉”的局面依然没有彻底改变。国家和一线教师热情高涨，但学校在资金和政策上的不到位，使得大学生思想政治教育踟蹰不前。可见，在新的历史条件下，高校思想政治教育工作十分迫切。必须充分调动各方面因素，构建一个立体教育模式，创新方法，推进大学生思想政治教育工作。

思想政治教育的目的就是要使当代大学生“真学、真懂、真信、真用”马克思主义。对此，首要的就是要加强马克思主义理论的宣传教育工作。只有具备一定的理论基础，才能使人明确政治方向、坚定政治立场，才能进一步谈及马克思主义的运用和实践问题。因而，实现“真学”是加强高校思想政治教育工作的基础。“真学”的关键不在教育对象，而在于教育者。因此，教育部门必须增强理论教育的意识，不断创新理论教育的方法、教材及相关的出版物，以适应学生的特点与要求，增强大学生思想政治教育的效果。《中共中央关于加强党建若干重大问题的决议》指出：“深入实施马克思主义理论研究和建设工程，建设充分反映马克思主义中国化最新成果的学科体系和教材体系，培养造就一大批马克思主义理论家特别是中青年理论家，推动中国特色社会主义理论体系进教材、进课堂、进头脑，增强科学理论教育引导群众作用。”就高校而言，思想政治教育工作若要取得预期的效果，就必须积极改进教育方式。针对当前的教育教学方法，改进教育方式不是要取消灌输法，而是要充分考虑不同对象的实际理解能力和思维方式，从统一灌输形式向多层灌输形式转变。在理论教学中，要实现理论与实际相结合，要把握学生的兴趣和特点，引导学生思考。通过理论教学，使学生掌握马克思主义基本原理，能够运用所学知识正确分析现实问题，做到明辨是非、坚定信念，对中国特色社会主义事业充满信心，增强社会责任感和历史紧迫感。通过爱国主义教育与革命传统教育，使学生做好投身社会主义建设事业的思想准备。

思想政治理论课是大学生思想政治教育的主阵地。长期以来，我国在高等教育中十分重视大学生的思想政治教育工作。但是，从大部分高校的教学情况来，粉笔加黑板、教师一言堂的教学方式仍然是一些高校的惯用做法。目前，依然有很多教师扮演“留声机”“传话筒”的角色。加之当前高校思想政治课的教学内容和方法在一些方面与学生的知识结构和心理特点存在脱节现象，高校思想政治课的研究与改革任重而道远。根据当前的实际，不论从教学到管理、从课堂到课外，还是从教学到考核，思想政治课都必须大胆改革，要既能适应学生特点，又能坚守“阵地”，全面育人。

当前，高校思想政治教育的又一个工作重点是推进马克思主义大众化。马克思主义大众化需要把马克思主义与中国广大人民群众的日常生活实践结合起来，赋予当代中国马克思主义鲜明的实践特色。马克思主义大众化的最终目的是将理论应用于实践，指导人的活动。如果学习马克思主义的过程中缺少实践环节，必然会导致对理论理解的不深刻、不全面。只有在实践中学习和体会马克思主义，才能真正理解和掌握马克思主义。这也是马克思主义处理理论和实践的基本观点。因此，各级教育部门应当充分重视思想政治教育工作的实践教学活动。从政策、经费、人员、检查督促、评价考核等方面予以大力支持。这样，中国的思想政治教育工作必将取得丰硕的成果。

对学生党员的教育是思想政治教育工作的重要方面。学生党员的思想政治素质与马克思主义理论成果的践行，是高校思想政治教育工作的基础。学生党支部要发挥战斗堡垒作用，学生党员要发挥带头模范作用。通过党内民主生活会，使学生党员掌握马克思主义的理论知识、提高党性修养、明确历史使命、增强危机意识。通过学生党支部的活动，影响和带动普通同学，使学生了解党的历史，加深对党的感情，增强对党的敬意。大学生党员是高校思想政治教育工作在学生中的领军人，必然要求他们以实际行动影响其他同学。

学生的第二课堂是强化知识、践行理论认识的重要途径。在第二课堂中增加马克思主义理论成果的内容，是思想政治教育的新渠道。第二课堂是加强大学生思想政治教育工作的最佳环境，也是最自然的途径。当代大学生追求自我，喜欢展现自我。开展丰富多彩的“二课”活动，既能陶冶学生的情操、充实他们的生活，还能提高他们的综合素质。因此，学生工作者，一定要根据学生的实际情况，结合当前的形势，安排好学生的第二课堂活动，利用独特的资源优势，不失时机地加强大学生思想政治教育工作。

大学生尽管主张标榜自我、张扬个性，但由于心理方面的特点，还是容易深受环境和他人的影响。榜样，尤其是身边鲜活的人和事，往往会对大学生产生强烈且持久的影响。在校园中评选道德模范和学习标兵，不仅对当选学生是莫大的鞭策与鼓舞，更重要的是通过了解模范事迹加强社会主义荣辱观教育，带动大学生向身边的榜样学习。这种教育方式，不需要太多的语言，也无须复杂的过程。通过一定的宣传，就能达到理想的效果。学生中需要一些“带头人”，通过他们的实际行动影响和带动更多的人。通过他们的光环，照亮大学生思想政治教育的宽阔道路。当前，许多大学校园里，也开展每年一度的模范人物评选活动。我们要通过这些模范人物及其先进事迹的介绍，让越来越多的人间接地去感悟马克思主义的伟大力量，让校园中出现越来越多的马克思主义的“代言人”，让马克思主义理论借助人的形象而鲜活起来。

当前，社会主义市场经济对校园文化的影响广泛而深远。各种文化产生的负面效应对大学生思想政治工作提出了新的挑战与要求。校园文化对学生的人生观、价值观有着深远的影响。当前大学生存在的许多问题都与校园文化密切相关。高校必须始终铭记，教育事业是关乎民族存亡、国家兴衰的大事业，不能成为促进经济增长的产业。因此，必须发展健康校园文化。目前，在“工、学、研”相结合、“校企合作”等理念的影响下，一些高校引进企业文化丰富校园文化。这种文化熏陶的方式也能够为高校思想政治教育工作提供借鉴。必须不断丰富大学生生活，为他们营造出健康向上的文化氛围。

总之，要推进大学生思想政治教育工作，高校就必须创设一个立体式的育人模式，调动各方面积极因素，尊重学生的主体性要求，整合有利条件，开拓创新，用马克思主义中国化理论成果武装、鼓舞和指导大学生，培养社会主义事业合格建设者和可靠接班人。

六、创新创业教育

培养适应“大众创业，万众创新”时代浪潮的生力军，是高职院校服务于我国人力资源强国建设的重要责任担当。学校加强创新创业教育对于中国制造 2025、供给侧改革和弘扬工匠精神等意义重大，且影响深远。职业院校的创新创业教育应紧贴学生的思想行为特点，借助行业、企业文化，创新育人手段、多措并举开展工作。

首先，职业院校要立足课堂教学主阵地，将创新创业教育纳入人才培养方案，高度重视创新创业教育进课堂，充分体现创新创业教育全员参与的思路，将创新创业纳入人才培养方案和学分管理，把创新创业教育改革作为学院教育改革的突破口。通过必修课、选修课、讲座、培训等拓展创新创业教育渠道。开设“创新教育”必修课，引入“创业精神与实践”等多门网络课程作为限定选修课，开设“新技术、新工艺讲座”，部分专业增设“创作实践周”。联合企业组织学生参加创新创业教育参观、体验、实践等活动，开阔学生视野，培养学生创新思路，通过专业课、公共基础课多角度灌输创新理念。专业课渗透创新创业教育内容，教学中紧跟行业技术前沿，将土建专业新技术——建筑信息模型（BIM）引入教学，开设“建设项目信息化管理”专业，在交通土建类专业中增设“BIM 技术应用”课程。深入推进教学改革，所有专业的实践课时比例达到半数以上；百余门课程开展以实际工作为载体的“项目化”教学和采用突出过程性的考核方式改革，“工程测量基础”等多门技能课程实施“过关式”技能考核，突出专业技能和创新意识培养。重点突出“大学生职业发展与就业指导”课作用，在“大学生职业发展与就业指导”课程中将“创业”内容单独作为一章，突出创新创业教育的内容，并开发该课程的配套教材。

加强创业教育与就业指导教研室的建设，充分发挥教研室教学、科研等职能。加强教师创新创业教育的培训，增强广大教师投入创新创业教育的热情和能力。专业教师面对着深化创新创业教育改革的新形势、新任务，是实现创新创业教育改革目标的主力军。选聘思想活跃、创新能力强、经验丰富、与企业社会联系紧密的教师作为指导老师，指导和帮助学生的创新创业实践活动和创业项目。邀请知名企业家、创业典范和优秀校友来院开展创新创业培训和励志教育。以陕西铁路工程职业技术学院为例，每年邀请陕西省大学毕业生建功立业先进事迹报告团做报告，开阔学生的思路，激励学生大胆创新，形成向先进人物学习创新精神和能力的良好氛围。充分发挥课外活动的教育功能，组织的各类以创新为主题的社会实践活动、科技节活动、创新创业大赛和学生社团活动等。加强校际间学生交流，请进来、走出去，开展创新创业教育方面的分享、交流活动。加强校内各专业、各年级之间学生的交流，发挥系部、社团传帮带的作用，形成浓郁的创新创业校园氛围。

其次，要建设大学生创业孵化基地，为学生的创新创业教育提供实践平台。响应李克强总理“大众创业、万众创新”的号召，从学校层面支持并落实中国制造 2025、供给侧改革和弘扬工匠精神等工作，为进一步提高学生创业的积极性，给广大学生提供专门的实践平台和锻炼机会，更好地教育和服务学生，学校应建设大学生创业孵化基地，免费提供给学生个人或社团用于开展创业活动。陕西铁路工程职业技术学院“大学生创业孵化基地”建成于2016年7月，2016年9月启动，是创新创业理念和知识转化为实际能力的重要场所。学生的创意可通过该基地得以实践，综合能力可通过该基地得到锻炼。目前，运行中的学生创业项目有：创智模型工作室、衣家阁、Udea image创意工作室、格格show、校园e洗车工作室、Sf自行车租赁、义扶馨剪纸屋、喜来云快递、盾构模型工作室等，营业半年来收入已逾5万元。大学生创业孵化基地所含的3个模型创作室、7个学生服务社和10个创新创业工作室，以及与顺丰快递联办快递超市，提供创新创业实践岗位150个，为学生营造了创新创业的实践场地。创业基地为科技、商业、服务等提供创新的条件，学院不仅为学生的创业项目提供场地，还提供政策咨询、技术扶持和经费支持。该基地为学生提供了便利的实践条件和及时的指导、帮助，从而也成为学生创业活动的起点。通过开展创新创业教育和实践活动，学生的相关意识显著增强，综合素质得到进一步提高。创业孵化基地结合创新大赛，如通过组织、指导学生参加校内外技能大赛、创新创业成果展以及科技类学生社团活动，为培养学生的创新创业能力提供更多的机会。借助大学生创业孵化基地，学生的创新意识、动手能力、综合素质得到了锻炼和提高。在2016年8月1至2日举办中国－东盟轨道交通教育培训高峰论坛暨成果展上，学生制作的双刀盘土压平衡盾构仿真模型、拱桥缆索吊装施工演模型和高速铁路隧道实训基地模型3件作品，赢得了与会领导和各国国政要的高度评价。此外，通过校企共建创新平台。学院联合企业率先成立BIM技术应用中心，建设高铁、建筑、隧道生产性实训基地，获省发改委批准成立高性能混凝土工程实验室，集中优势资源成立陕西路通建筑工程公司，为学生提供创新实践岗位80余个，累计接受创新实践360余人次，为学生提供了良好的创新实践平台。学院连续5年举办科技创新节，开展学生科技作品竞赛、异想天开活动策划书大赛和学生专业技能大赛，在交流中学习，竞赛中提高。近3年，在“挑战杯”大学生课外学术科技作品竞赛、数学建模等赛事中获国家级奖5项，省级奖32项，在2015年陕西省“互联网＋”创新创业大赛中荣获一银两铜的优异成绩。

职业院校更应该高度重视创新创业教育工作，立足职业院校人才培养目标、专业设置、学生思想行为特点、就业去向等实际，将创新创业教育纳入人才培养方案，开设必修课、选修课，把握课堂教学主阵地；加强创业教育与就业指导教研室的建设，开展培训活动，提高教师队伍的学习能力，加强经验总结与理论创新，充分发挥学校和教师的引导作用；建设素质教育平台，扎实开展人才培养工作，将立德树人、创新教育落到实处，真抓实干，久久为功，构建立体育人模式，体现全过程育人理念；利用大学生创业孵化基地，增强学生的创业观念，为学生提供创新创业的实践条件；通过课外活动、创新实践活动、技能大赛、学习交流，全方位培养和锻炼学生；校企共建，加强优秀校园文化建设，积极弘扬工匠精神，营造创新创业教育的良好氛围。

第二篇 “高职”标签

一、高职院校思想政治教育工作规律综述

当前高职院校思想政治教育的动机无可争议，就是要提高学生的思想道德水平及政治素质，这与以前的应试教育有着明显的区别。从理论上来讲，因为高职教育不再需要用升学率来评判，因此，高职院校的思想政治课没有理由去搞应试教育。高职教育是要培养出高素质的技能型人才，知识的储备“够用”即可，行为评价才是最重要的方面。但从效果上来说，高职院校的思想政治教育与应试教育并无太大差异。从学生的素质方面可以清楚地看到这一点。高职学生的现实表现、走上工作岗位后在企业的受欢迎程度等都说明了我们的思想政治教育工作并未取得预期的成效。对受教育者来说，未产生根本的教育意义。因此，对高职院校的思想政治教育规律进行研究十分必要。

（一）高职院校学生特点

当前高职学院的学生，无论是学习基础，还是思想状况与普通本科高校的学生有着明显的差异，在教育教学中，我们不能采用本科教育教学的模式。所以研究他们的特点，是搞好思想政治教育工作的基础。

第一，文化知识基础差。高职院校的录取分数线均低于本科院校，因此，从学生的整体知识水平来看，文化知识基础差。这使学生在学习、思想等方面均表现出与本科院校学生之间有较大差异。这是影响思想政治教育成效的首要因素。

第二，与现实期望的落差，自卑心理较严重。很多学生选择上高职学校都是无奈之举，他们参加高考，却与心中的理想大学失之交臂。尤其是一年级学生，具有明显的自卑感。他们不相信自己所上学校的较高就业率，不愿意对亲人、同学提起自己所上高职院校的名字。这对于高职学生

的成长、成才极为不利。

第三，思想比较活跃，动手能力、专业技能、适应性比较强。适应高职生活之后，他们往往表现出积极活跃的一面。学习能力稍欠，但实际动手能力极强。能够更快更好地适应环境及社会是他们的最大优点。因此，高职院校的思想政治教育工作必须充分调动学生的积极性，使高职生的精神面貌大放异彩。

第四，知识缺乏系统性，隐性知识有待显化。在教学及管理工作中，我们往往发现许多高职生喜爱哲学、军事、心理学等方面的内容，但他们缺乏自学的持久性和连贯性。他们经常关注一些有益信息，很多知识、道理心知肚明却不懂得如何表达。因此，教育高职学生，还必须将其所掌握的隐性知识启发出来，增强学生的信心，提高学生的综合素质。

（二）确立高职院校学生思想政治教育工作的新理念

党的十八大明确提出了继续解放思想的要求，在新的历史起点上，作为教育工作者，如何结合本职工作理解解放思想，如何立足自己的岗位解放思想，努力工作，是教育工作者共同面临的课题。教育领域的解放思想，就是更新教育观念，树立现代教育观。

第一，解放思想，认识教育的本质。教育是人类特有的社会文化现象，不同的时代，教育思想是不一样的，教育思想的核心问题是对教育本质的认识。江泽民在十五大报告中曾经讲到，邓小平同志坚持实事求是的思想路线，其核心问题就是解决了对社会主义本质的认识。同样在今天，对教育的本质也有个认识问题。

教育的最终目的是推动人类社会不断地延续和发展，这一点是教育的社会价值。人接受教育，是为了更好地适应社会，更好地实现个人的社会价值，因此，教育的最终目的是推动社会不断地延续和发展并为社会服务。教育最本质的社会职能是培养人，这是教育区别于其他一切事物的最本质的特征。因此，人的培养、人的发展是教育活动的中心，社会的延续和发展只有通过培养人来实现。所以，培养人是教育最本质的社会职能，培养人的全面发展是教育活动的中心，教育的社会价值是教育价值的最终目的。因此，教育价值的核心是人本价值，教育活动的基础是文化的传递与创新。

教育具有上层建筑和经济基础的双重社会属性，是一种潜在的生产力。当前在我国，教育的生产力属性即经济基础的属性是主导的，因为当前国内的主要矛盾是“广大人民群众日益增长的物质文化需要和落后的社会生产力之间的矛盾”，解放生产力、发展生产力、提高生产力是当前国内的根本任务。在这种情况下，教育的生产力性质是教育的双重社会属性的主要方面，同时，教育具有相对独立性、主体性。教育有服务的一面，它强调为社会服务，为人的发展服务，为文化建设服务。但同时教育也有它主体性的一面，教育的本质是一种文化活动，它既可以适应社会发展，也可以引导社会发展。国外有许多大学都是国家的“思想库”，它的真知灼见常常被国家的领导阶层所采纳，成为推动社会前进的重要力量。

教育的工具价值和教育的理想价值。目前在教育问题上，争论最激烈的是教育的工具价值与理想价值之争。国家培养人是为巩固社会主义制度服务，所以要求学生树立坚定正确的政治信念，坚定社会主义信仰，为社会主义服务。学生上大学，是为了学得本事，将来能够找个好的工作。但现在的主要问题是功利主义倾向十分严重，忽视人的全面培养，忽视大学教育的理想价值。一个人没有理想，只有功利，是很难有大的作为的。办教育当然不能就事论事，不能只看眼前，一定要有教育理想，为最终实现教育理想而奋斗。但理想不是现实，不能代替现实，从当前的实际出发，当然要考虑到教育的功利性、工具价值，但是在考虑教育的工具价值时不能忘掉理想价值，最终要逐步为实现教育的理想而奋斗。

第二，解放思想，树立现代教育理念。美国哈佛大学校长 2007 年 5 月 4 日在北大校庆时有一段讲话，他说：“现代大学教育是一项十分昂贵的事业，因此给大学带来了压力，它就以追求直接的经济利益作为它教育的价值。教育为经济服务是无可非议的，教育为学生找到实用和令人满意的职业也是可以理解的，但是过度专业化和功利主义倾向是不可取的。现代大学教育的使命就是要提供一种无法用金钱衡量的最佳教育。”这段话讲得十分深刻，现代大学教育理念就是要提供一种无法用金钱衡量的最佳教育。

现代大学教育理念的核心是坚持人文、科学、创新的统一。人文、科学、创新的统一是现代人的基本特征，我们现代大学教育就要培养这样的国家和社会需要的现代人。我们的大学不管在哪一个层次，人文、科学、创新统一这一点是共同的。人文与科学的再度融合是时代的呼唤，创造力是人的价值所在，是人们适应社会发展的能力，现代社会的基本特征是人文与科学创新的统一。

人文精神。人文精神，就是要正确地认识和处理人与自然、人与社会、人与人、人与自己的基本关系。人与自然的关系经历了 3 个阶段，在人类处于愚昧时期，人们畏惧自然；在人类掌握了自然规律之后，开始掠夺自然、征服自然；当代，强调人与自然的和谐发展，可持续发展。人与社会的关系最根本的是要正确处理人生的社会价值与人生的个人价值之间的关系。既不能过度强调人生的社会价值，忽视人生的个人价值，也不能过分强调个人价值而忽视社会价值。人与他人的关系，本质上是道德观的体现。道德观在现代，关键是处理好竞争与合作关系，竞争是必然的，但同时要处理好合作，不能踩在别人的肩膀上掠夺别人的成果成长自己，要善于合作，善于处理人际关系。人与自己的关系就是要正确估计自己，正确对待自己，在复杂的多元化的价值面前能够控制住自己，把握住方向。

科学素养。科学素养的内涵主要有 4 点：①对科学知识的全面掌握。人文社会科学和自然科学最基本的东西，每个人都要掌握。学自然科学的人要有一定的人文知识和素养；学人文科学的要有一定基础的现代科学知识，这是现代教育的要求。②一定的分析、解决专门问题的能力。大学教育的本质是专门教育，它是培养专门人才的，不能因为强调一个人的素质而忽视了专业。③养成实事求是、追求真理、独立思考、勇于创新的科学精神，这是科学素养的重要组成部分。④良好的心理素质。现代社会节奏很快，竞争很激烈，造成了现代人的很多心理问题。所以，一个人的非智力因素非常重要，如处变不惊，在困难、挫折面前，能够冷静地处理问题的能力等。

创新能力。创新能力是一种综合能力，一个人没有创新的欲望，很难有创新。创新的能力必须在坚实的人文精神和科学素养的基础上，一个有高尚的人文精神和科学素养的人才能够很好地创新。综合的智能也是创新的一个重要的关键条件，综合智能的核心是自学能力、选择能力、思维能力、研究能力、表达能力等几条。现代学校要创造良好的条件和文化氛围，以便有利于学生创新能力的发展。

第三，教育理念的根本问题在于教育创新。社会处于转型时期的今天，我们的教育也处在转型时期。教育教学改革不是原有模式的修修补补，而是一次转型，要从继承教育为主，转向创造性教育为主。高等教育也应从继承性教育为主转向以创造性教育为主，大学教育是在继承中创新。一个是模式的创新。教育模式的目标是为将来培养人文科学、创新人才服务的，这个模式的重点是以创造教育为主，在继承的基础上，以创新为主点，以创造为主点。二是内容的创新。模式创新的实质是解决课程结构问题，为了培养人文科学创新统一的人才，必须进行教学体系和课程结构的改革，而内容的创新是落实模式创新的一个难点和重点，内容创新包括方法的创新、手段的创新等。三是管理的创新。怎样使教育管理适合于培养创新人才，适合于培养人文、科学、创新统一的人才，需要进行一系列的改革，包括学分制的实行、选修课的划分等。有教育家认为，美国教育强调个性，有一定长处，但缺点是不重视规范，他们中小学是没有毕业考试的。而我国的教育是过分地强调规范，不太注意个性，影响了学生的个性发展、创新能力、人文素质、人文精神的培养。所以，现在强调素质教育、创新教育。四是制度的创新。制度创新的核心是解放生产力，解放高等学校。高等学校是教育新产品的代表，高等学校的综合实力是国家教育生产力的代表，国家、社会的一切改革，都要有利于学校解放发展和提高生产力。模式创新、内容创新、管理创新、制度创新是一个长期的任务。

教育是为社会培养人的伟大工程，今天的社会需要勇于创新和善于创新的人才，而具有创新理念的教育是实现这一理想目标的前提。所以，教育领域的解放思想，就是更新教育观念，树立现代教育观。

（三）探索高职院校学生思想政治教育工作的新机制

1. 高职院校思想政治教育机制探析

高校思想政治教育是高校教育的重要组成部分，是完成我国教育方针的德育功能的必要途径。高校学生思想政治教育工作，党和国家非常重视，胡锦涛同志指出："培养什么人、如何培养人，是我国社会主义教育事业发展中必须解决好的根本问题。"高职教育是我国教育的一种类型，在高职教育占到半壁江山的今天，高职院校学生思想政治教育是高职高专院校所面临的一个重要问题。要搞好思想政治教育，首要问题是必须搞好思想政治教育机制的改革。建立起适应思想政治教育需要的组织、领导和管理机制，才能引导思想政治教育健康发展，使其达到预期的目的。近年来，在加强和改进思想政治教育的探索中，机制研究日益受到人们的关注。随着时代的发展，思想政治教育面临着全新的环境，这就从本质上要求思想政治教育工作不断优化自身机制，建立反映时代要求和思想政治教育内在规律的新机制。如何结合实际，构建高职高专思想政治教育的运行机制，是做好高职高专学生思想政治教育的基础和前提，也是新形势下加强和改进学生思想政治教育的现实需要。

（1）高职院校学生思想政治状况分析

目前，各层次学生的思想政治状况现状分析与对策也是一个热点问题，总体来说，开放经济条件下，高职院校的学生思想政治状况特点可以归纳为以下几个方面：

第一，积极的追求和消极的心理并存。高职院校学生大多处于从青年向成年过渡的时期，生理和心理日趋成熟。他们大多富有理想，有着积极的追求，并希望在这种追求中实现自身的价值，但由于身心尚未完全成熟，情绪波动较为明显。尤其是在经济全球化条件下，受市场经济和各项改革所带来的负面因素的影响，以及对自身现状的不满意，他们往往容易产生消极的心态，突出表现为3种情况：第一种是回避心理，不喜欢学习，学习动力不足，目标不明确，部分学生基础较差，无法跟上学习的进度，对学习失去兴趣。即使是学习兴趣高的同学，获取知识的目的性也很强，对于专业课较为重视，而对于思想政治理论课等塑造人的理想信念等人格方面的课程较为忽视，表现出很明显的短视行为。第二种是理想化心理，他们通常对社会现实带有挑剔的眼光，在现实与自己的理想相背离时，要么对现实进行批评指责，要么悲观地逃避社会现实，从而淡化了自己的热情和社会责任感。第三种是逆反心理，一些高职学生对于思想政治教育有一种逆反心理，对社会主导思想极为冷淡，对思想政治学习持厌烦与抵触情绪。

第二，思想的敏锐性和道德行为选择的多样性并存。道德行为选择是人们面对道德冲突，在特定的场景中依据一定的标准，确定自己的道德行为目的及其客观手段的过程。处于青年时期的高职院校学生思想十分敏锐，头脑十分活跃，他们容易接受新思想和新信息，比一般成人更容易体察到时代的变化。但由于缺乏丰富的理论水平，社会经验也很缺乏，在急剧变革的社会历史条件下，在错综复杂的矛盾面前，特别是面对随着经济全球化和改革开放而产生的不同道德体系之间的冲突和同一道德体系内的不同道德要求之间的冲突，他们不能完全正确地对各种社会思潮或观点进行批判吸收，容易迷茫甚至是迷失方向，因而他们的道德行为选择呈现出多样性，拜金主义、享乐主义问题较为严重。

第三，较强的自我意识和较弱的自律能力并存。自我意识是人对自身以及自身与环境之间关系的认识；自律能力是指人自己约束自己、并自觉地将自己的行为限制在一定的规范之内的能力。高职院校学生在离开中学的教育环境以后，要求摆脱学校和家庭的管教，寻求独立民主和自由平等，他们渴望他人和社会的关注与关心，追求自主的人格个性，独立性和主动性迅速发展。但由于西方价值观念和生活方式的冲击和影响，一部分学生追求享乐主义，甚至将享乐主义视为其人生的信条。当面临激烈残酷的竞争环境时，他们的斗志被逐渐瓦解，锐气不断被消磨，因而表现出较弱的自律能力。

第四，较高的自我期望值和较低的自我效能感并存。人的期望值属于人的心理学范畴。人的期望值就是指人们的追求目标以及心理愿望和人生理想。不同的人有不同的目标、不同的愿望和不同的理想。人的最大目标就是人们为之终生奋斗的最高目标；而小的目标包括日常生活中人们希望得到的某一件物品或完成某一个任务。人的自我效能感是人对自己是否能够成功地进行某一成就行为的主观判断。高职院校的学生和普通高等学校的学生一样，他们也希望自己能考上一所理想的大学，选择一个理想的专业，找到一份体面的工作，最大限度地实现自身的人生价值，自我期望值很高。但理想与现实的巨大反差使他们怀疑自己的真实能力，甚至使他们产生否定自己的感觉，并表现出较强的自卑感和较低的自我效能感。

（2）高职院校传统思想政治教育机制现状及存在问题分析

第一，思想政治教育地位有待进一步提高。随着社会的发展，全科型、实用型、事业型人才的需要十分迫切。加之毕业生分配制度的改革，学生和用人单位的双向选择，尤其是高职院校的学生，很难直接进入人才市场，需要学校出面与用人单位联系推荐就业，致使许多高职院校出现了重视专业教育、轻视思想政治教育，重视专业课成绩、忽视思想政治道德水平的现象。学生政治鉴定“贬值”，不论学生在校表现好坏，道德水平高与低，学校为学生的“就业”着想，均给予“最佳”的鉴定，误导用人单位，使其对学校“鉴定”失去信任度，单位录用时根本不看政治表现和思想政治教育成绩，仅以专业成绩为依据。因此，导致思想政治教育地位下降。

第二，思想政治教育管理机制多头化。学校思想政治教育不仅仅局限在思想政治理论课之中，它涉及学生在校的各个环节。但是，目前，大多数高校包括高职院校在这些环节之间都没有统一的组织、领导和协调机构。思想政治理论课教学由思想政治理论教学科研部承担；学生行为规范、校规校纪则由学生管理部门负责；校园环境建设是后勤部门等多头管理，各行其是。致使思想政治教育上，教学管理方面重在查看思想政治教育成绩，学生管理方面重在学生“不出问题”。教务、学工、团委对学生思想教育工作多头重复，甚至出现脱节。所以，需要一个统一的、互相联系的管理机构。

第三，思想政治理论课主渠道的教育功能不能有效发挥。思想政治理论课教育教学一直是高校思想政治教育的主渠道，但是，从思想政治教育的现状看，思想政治理论课主渠道的思想政治教育模式受到严峻挑战，主要表现在学生对理论课的认识和教育的实际效果上，高职院校尤其如此。据调查发现，高职大学生对思想政治理论课的认同呈现矛盾状态。有学生说“挺虚”“老师讲的离我们太远”“课程很重要，但又觉得学不到东西”“我喜欢邓小平理论、但学不进去”，等等。之所以出现上述问题和反映，其原因主要是思想政治理论课教育教学不适合学生思想实际，内容空洞，方法不灵活，教材问题也比较突出。高校理论课教材与初中、高中的政治思想课教材重复严重，教材的可读性较差；理论多实例少，讲党的部分多讲百姓部分少，政治学内容多社会学、历史学、心理学、伦理学内容少；某些教材内容陈旧，不能说明现实问题；教材与学生所学专业联系不紧密；对一些问题的阐释缺乏时代感。这种现状使大学生思想政治教育活动步入教师不愿教、学生不愿学的两难境地，而要改变这种现状，在改革教学内容、方法，提高教材质量的同时，还必须相应设计激励措施，调动教师、学生两方面积极性的有效的教育教学机制。

第四，思想政治教育目标过高，机制不灵活，内容不切合大学生思想实际。传统的思想政治教育目标在结构上不合理，把原本包括政治教育、思想教育、道德教育、心理教育四位一体的思想政治教育体系简化为政治教育为主导的模式。在教育实践中，我们过多地强调了政治教育的功能而忽视了思想、道德和心理教育的价值，用政治教育的尺度和标准评价大学生的思想、道德和心理，违背了思想政治教育的规律。受教育目标政治化的倾向，在教育内容的选择上也是高大空，远离现实生活和大学生的思想实际，必然造成大学生心理的逆反，失去教育效果。

第五，思想政治教育的方法简单，途径单一。现阶段的高职院校与普通高校一样，思想政治教育的主要途径是以课堂理论教学为主的活动，以灌输为主。这是有计划、有组织、有管理、有过程、有评价的系统。但是，有专家认为，道德是实践的产物，不是宣讲的结果。所以，除了这一主要途径外，党团组织活动、各种校园文化活动、社会实践活动等也是大学生思想政治教育的重要途径。可是在高职院校中，第二课堂和社会实践活动相对于课堂理论教学，还处于松散的状态，计划、组织、管理、评价处处缺位，有些只是学生自觉自愿的活动，缺乏教育的系统性和有效性。学生的日常思想教育与理论课教学甚至是脱节的，日常思想教育多是就事论事进行简单的教育，有时以管理替代教育，缺乏系统性和深入浅出的理性启迪。理论课则因教材陈旧、与社会现实和学生思想相脱节而难以达到应有的效果，两者不能实现有机地结合和有效地衔接，更达不到互促共进、相得益彰的理想程度。

第六，没有建立全员育人的有效机制。思想政治教育活动是管理者、教师和服务人员共同参与的结果，我国高校一直强调“三育人”工作，但一直比较薄弱。许多专业课老师育人观念淡薄，只关心自己的教学任务、科研项目和论文发表，很少关心学生的全面成长。有的甚至在教学过程中不投入精力，只是应付差事，这在学生中产生了非常不好的影响。很少有专业课老师在课堂上提到过思想教育。有学生说，大学生需要关爱，而老师讲完课就走了，辅导员带的学生太多，也经常见不着人，没人理解学生的感受，他们只有默默地自己选择人生了。因此，真正建立全员育人机制是当前高校思想政治教育活动中非常紧迫的任务。

（3）高职院校思想政治教育机制思考

机制的选择是一个动态的过程，不存在永远不变的模式，要根据经济社会发展、人的发展的客观现实，科学、主动地选择教育机制，实现机制的创新，才能保证思想政治教育目标的实现。高职院校要求工学结合、基于工作过程的教育模式新理念，也应在思想政治教育中结合高职院校的特点充分体现出来。

第一，提高对思想政治教育重要性的认识。“培养什么样的人”“怎样培养人”，这是高等教育的首要问题，也是大学生思想政治教育的重大课题。《国务院关于大力发展职业教育的决定》中提出：大力发展职业教育要以服务社会主义现代化建设为宗旨，培养数以亿计的高素质劳动者和数以千万计的高技能专门人才。高素质、高技能人才，既要有较高的科学文化素质和较强的专业实践动手能力，健康的身体素质和心理素质，更要有良好的思想政治素质。培养超越专业知识以外的知识对于大学生来说是非常重要的。因此，高校的教育工作者必须保持清醒的头脑，不能将思想政治教育流于形式。只有将高校的思想政治教育工作有效地、深入地、持久地开展下去，才能为社会主义现代化建设输入合格的建设者。

第二，建立健全思想政治教育管理机制。教育管理是落实思想政治教育的必要手段，思想政治教育管理机制如何，将直接影响到思想政治教育效果。学校思想政治教育应是一个多层次、结构纵横交错的复杂系统，建立一个以书记挂帅，全校师生齐抓共管，人人负责的管理体制，使思想政治教育工作的每项任务落到实处。人人都是思想政治教育工作的教育者，人人也都是受教育者。高校思想政治教育管理系统的纵向、横向机制，人员组织结构及其各个方面均是一个有机联系的体系，由此构成一个统一的整体。只有领导重视、相互配合、协调合作、全方位齐抓共管、对反馈信息认真研究、不断改变和创新教育形势和内涵，才能形成强大的教育合力，获得预期的教育效果。只有这样，才能使思想政治教育落到实处。

第三，健全课堂教育主渠道的思想政治理论课教育机制。胡锦涛同志在大学生思想政治教育座谈会上特别强调了“充分发挥大学生思想政治教育主阵地、主课堂、主渠道的作用”，按照中央要求认真落实好思想政治理论课教育教学、职业道德教育、法制教育、形势与政策教育。各专业课教师将思想政治教育内涵贯穿于每个课堂之中，根据大学生特点，采取形式多样、理论紧密结合实践、解决学生实际问题的原则，认真完成“主课堂”的任务。尤其是作为思想政治教育的理论课教学主渠道，需要在认真总结教育教学的成就、经验的基础上，研究高职院校面临的新形势、新问题、新情况，努力实现理论课创新，卓有成效地提高理论课教育教学的针对性、实效性、吸引力和感染力，这是一件意义重大而刻不容缓的工作。

第四，创建全员育人机制。高校“三育人”工作一直比较薄弱。“大学生的思想政治工作就是高校思想政治工作队伍的事”，这是长期以来各类高校反映最为突出和普遍的问题，高职院校由于强调技术性、实践操作性和动手能力的培养，更是如此。《中共中央、国务院关于进一步加强和改进大学生思想政治教育的意见》（中发〔2014〕16 号，简称中央 16 号文件）把全员育人提高到一个新高度，对构建高校思想政治教育的新机制提供了政策保障。高校要把育人作为至高的价值追求，这是全员育人的核心所在。因此，在高校要教书育人、管理育人、服务育人，使高校所有工作人员，无论处在什么岗位都要把育人作为自己的重要责任，齐抓共管，形成合力，创建全员育人新机制。为此，必须建立必要的激励和奖惩机制，引导全体教职员工把育人作为管理、教学、科研和服务的价值目标。要强调高校各门课程都有育人功能，要深入发掘各类课程的思想政治教育资源，形成全面配置思想政治教育资源的新观念。

第五，强化实践育人机制。在高校思想政治教育实践中，人们认识到加强实践环节的重要性。但是目前，大学生思想政治教育活动中最薄弱的环节仍然是品德实践环节。实践是任何教育教学活动的普遍特征，对思想政治教育特别是品德和心理教育尤其重要。目前，高校思想政治教育实践活动还是主要集中在校园里，以第二课堂活动等形式存在，它的确是大学生品德养成的重要环节，但仅有第二课堂活动是远远不够的。近年来，大量高校学生走向社会，在校外建立基地或联系点进行思想品德教育活动，也是一种很好的形式，对加强思想政治教育实践进行了有益的探索。

第六，建立和完善大学生思想政治教育的长效机制。建立健全大学生思想政治教育的长效机制，是做好大学生思想政治教育工作的动力和保障，是贯穿于思想政治教育活动全过程的基础性工作，如安排教育活动时配套要设计制度保障体系。活动运行时，要建立相应的考核评价奖惩激励机制，使思想教育活动更有成效，解决“干好干坏一个样”的问题。活动结束时还要建立相应的信息反馈调节机制等，及时总结和归纳。建立健全思想政治教育的长效机制对于完成思想政治教育目标、达到预期效果具有非常重要的作用，是搞好大学生思想政治教育不可缺少、不能忽视的一个重要方面。

加强高职院校思想政治教育机制研究具有重要的现实意义，思想政治教育机制是一个比较复杂抽象的理论问题，随着高校思想政治教育实践的不断发展，对思想政治教育一系列问题，特别是对教育机制创新问题研究的不断深入，再结合高职院校的实际情况和特点，一定会极大地促进高校思想政治工作的开展，为培育大批社会主义现代化合格人才做出更大贡献。

（四）高校德育教育教学机制的共建

高校肩负着为社会主义现代化建设事业培养可靠接班人与合格建设者这一重任，肩负着为和谐社会塑造知法、懂法、守法的合格公民之重托，而要完成这一历史使命，高校的德育教育与教学及其机制的建设显得尤为重要与迫切。

十年树木，百年树人。学校教育，重在育人；德、智、体、美，德育优先。育人工作本身是一项十分漫长而艰巨的系统工程，除了领导的高度重视以外，良好的体制建设与保障，相关部门之间的良性互动与有机配合，更是做好德育教育教学工作的可靠保障。

1. 课程资源连通机制

目前，高校所开设的课程主要有基础文化课、专业技术课、实习实训课以及选修课等。从表面上看，只有基础文化课里的德育课是对大学生进行思想品德修养教育的课程，而其他的课程则是向学生传授专业技能知识，进行技术素养与能力的培育，其实，这种认识是欠妥当的。培育培养人的工作是一项十分复杂而艰巨的系统工程，面对错综复杂的国际国内背景，面对思维活跃、个性迥异的当代大学生，开展德育教育教学工作仅仅靠一个部门、一个人、一门课单打独斗、独力支撑是难以完成的，也是不现实的。德育课教学这一宏大工程客观上需要各学科之间携手共进、相互配合、相互支持、协同作战，共同担当与完成培育一代新人这一历史重托。

德育课教学在高等学校教育教学中，主要肩负如下历史之重托：①传授与普及马克思主义理论知识，提高大学生的理论修养。②帮助学生树立正确的人生观，教会学生学会做人，提高学生道德操守和修养水平。③加强理想教育，坚定信仰，为党的事业培育可靠的接班人与合格的建设者。高校开设的专业课、实习实训课以及选修课，在传授专业技能知识的同时，同样也担当着传授职业道德与培养职业操守的重任，肩负着培育人与塑造人的历史使命，更要对大学生进行思想品德教育与熏陶。

专业有别，课程迥异，但“传道、授业、解惑”这一共同历史使命客观上要求建立课程资源的连通机制，需要思想政治理论课程与其他专业课程协调发展，形成合力，从而使各学科与课程之间携手共进，相互连通，相互配合，协同作战。

2. 校园文化互补机制

校园文化是一个内涵丰富而外延宽泛的宏大工程，它既包括硬件设施建设，也包括软文化建设；既包括校园整体布局与规划，也包括校园局部建设与美化；既包括学校文化建设，也包括班级文化建设；既包括教室文化建设，也包括公寓文化建设。各种文化之间内容有别，特点有异，但有一点是相通的，那就是为大学生的成长成才营造一个积极向上、健康进步、高雅舒适的学习氛围与成长环境。

校园文化及其建设与发展状况在大学生的成长与成才过程中发挥着至关重要的作用。校园文化既能使大学生身临其境、放松身心，也能使大学生陶冶情操、享受温馨，更能使当代大学生在文化熏陶中美化心灵、独善其身。当然，校园文化在提高大学生素质与能力，促进大学生全面、协调发展的同时，更为重要的是还要承载更多的育人功能。要完成这一重任单靠某一种校园文化活动是不现实的，也是不可能的，其效果也是事与愿违、差强人意的。这就要求校园文化之间相互学习、相互借鉴、互为补充、协同作战。校园文化虽然有各自的活动特点与开展方式，有各自的运行规律，但教育培育人这一历史使命客观上要求各种校园文化之间建立一种良性互动的补充机制。

3. 社团组织互动机制

当今的大学校园里社团组织五花八门种类繁多。这些洋溢着青春气息的社团组织隶属不同部门管辖，各自独立地开展工作。它们在活跃校园文化生活、推进大学生素质教育、提升大学生生活品质等方面发挥着重要的作用。

然而，隶属各部门管辖的社团组织各自为政，各行其是。它们独自开展工作，相互间缺乏沟通与往来。这种做法不仅阻碍社团组织自身的生存、发展与壮大，更为重要的是影响它们各自开展活动的品质与效率，也使高校的“二课”活动杂乱无章，缺乏整体性。这个问题非常严峻，若处置不当，将会使许多社团组织名存实亡。

肩负着培育时代新人这一历史使命的各种社团组织，只有加强往来，建立起互动机制，互通有无，良性互动，取长补短，相互学习，才能相互促进，相得益彰，共同谱写培育时代新人的新篇章。

4. 社会资源共享机制

人的一生要先后接受 3 种教育：家庭教育、学校教育与社会教育。家庭教育是启蒙教育，父母是我们的第一任老师；学校教育是系统教育，教师是我们的人生导航师；社会教育是终极教育，是人们行为的试金石，也是心灵的考验场。

家庭教育、学校教育与社会教育这 3 种教育之间内涵有异，侧重点也不尽相同，但有一点是相通的，那就是共同完成对一个人的心灵塑造与人格完善。共同的责任与使命要求 3 种教育间不仅要相互配合、相互补充、相互支持，更要建立一种社会资源的共享机制，这样才能收到良好的育人效果。

开放办学、开门办学，建没有围墙的大学。大学生走出书斋，融入社区与社会，同社会共享资源，不仅是办好一所大学的需要，也是大学生健康成长成才的需要，更是德育教育教学工作的需要。

大学属于社会，社会需要大学。学校的资源，如体育设施、文化资源与科技资源需要服务于社会；社会的资源，如旅游景点、爱国主义基地、山川河流以及农村工厂，也是大学生培育爱心、陶冶情操的好场所。

5. 实践活动联合机制

大学生的实践活动是丰富多彩的：既有校内实践活动，也有校外实习实践；既有生产实习、顶岗实习，也有工种实习，还有大学生的暑期社会实践以及参观考察等。诸多社会实践活动，在大学生的成长成才中发挥着重要的作用，它不仅使大学生学以致用，增长见识，更为重要的是让其体恤民情、了解社会，在社会熔炉中经风雨、见世面、长才干。

大学生的社会实践活动，在提升大学生自身能力素养的同时，更要对其进行思想品德修养的磨炼与熏陶。这一切不仅要求我们以工学结合为载体，不断拓展德育工作的外延，把德育工作与诸多实践活动相结合，学生走到哪里，德育工作就做到哪里，更要建立实习单位、学校、学生与社会四方紧密结合的联合机制以及各种实践活动之间的联合机制，只有这样，高校才能完成塑造人、培育人这一神圣使命。

总之，高职教育的方式方法应该有别于普通本科高校。研究高职学院学生思想政治教育工作规律是进一步落实中央关于加强和改进大学生思想政治教育工作会议精神的关键，也是目前高职院校思想政治教育工作的重点和难点所在。我们研究问题的根本就在于要发现事物的内在规律，为解决问题创造良好条件。

高职学院学生思想政治教育工作规律的研究主要从思想政治课教学、学生管理、学生“二课”活动、社会实践、校园文化等方面入手。通过研究，整合各方面因素，找出高职学院学生思想政治教育工作的规律。

第一，利用好“两个课堂”，积极推进高职院校思想政治教育工作。要充分利用好大学生思想政治教育的主阵地，同时还要以“二课”活动为载体，通过课外活动巩固大学生思想政治教育工作的效果。

第二，辅导员、班主任在大学生思想政治教育工作中的作用。基于因编制、待遇等方面的原因，辅导员、班主任队伍尚不稳定的情况。各高校应该克服困难，在提高待遇、合理编制等方面给予班主任、辅导员较大倾斜。毕竟，队伍不稳定，工作就很难开展，效果就要受到影响。在高校思想政治教育工作中，班主任、辅导员发挥着重要作用。他们与学生朝夕相处，最了解学生的思想动态和心理活动。他们掌握每一个学生的基本情况，处理学生问题，能够做到有的放矢，效率高，效果好。因此，学校必须给予班主任、辅导员更高的肯定与支持。只有这样，才能留住人，留住有才能的人。另外，高校在班主任准入、考核等方面也应加大力度。有些学校偶尔会发生学生投诉班主任、辅导员的情况。究其原因就是个别班主任、辅导员缺乏责任心、缺乏耐心和爱心，不能胜任该工作，在学生中产生了较大的负面影响，使得大学生思想政治教育工作的整体水平大打折扣。因此，必须加强班主任、辅导员的队伍建设。

第三，思想政治教育的实践性环节研究。实践性教育对学生的影响深远，教育效果好。当前这一问题已经成为研究的重点。因此，搞好大学生思想政治教育工作，必须注重思想政治教育的实践环节，通过研究，积累经验，推进高职院校的思想政治教育工作。

第四，校园文化建设与高职院校大学生思想政治教育工作。健康的校园文化包括两方面：硬件和软件。学校不仅要有先进的教学设备、宽敞舒适的教学场所和学生生活条件，而且应该有良好的校园面貌。校园的一草一木，都可以陶冶学生的情操，都可以提高学生的审美观，都可以使学生保持舒畅的心情和良好的精神面貌。大学生思想政治工作必须借助优美的校园环境，同时，健全的规章制度、良好的校纪校风、科学的校园橱窗建设、先进的办学理念、良好的教职员工素养等软件建设也是校园文化的重要组成部分。学生在健康的校园文化中，能够不断学习和提升。因此，我们要建设健康的校园文化，全方位影响学生的成才成长，为大学生思想政治教育工作提供良好的环境保证。

附件1：

高职学生思想状况问卷调查表

基金项目：第二批陕西高校思想政治教育研究项目　高职院校思想政治教育规律研究

（陕教工宣〔2008〕16号）

学校：________________年级________性别____填表时间__________

1. 作为一名中国人，你自豪吗？（　　）

A. 是　　B. 否　　C. 不知道

2. 你为什么而学习？（　　）

A. 找到一份满意的工作　　B. 被父母逼迫

C. 实现自己的价值　　D. 为中华民族的复兴

3. 你是否经常关心国家大事？（　　）

A. 是　　B. 偶尔　　C. 从不　　D. 认为没必要

4. 你是否有靠拢党组织的愿望？（　　）

A. 是　　B. 否　　C. 不知道

5. 你对社会上邪教组织及“藏独”分子活动的态度是什么？（　　）

A. 赞成　　B. 反对

C. 保持中立　　D. 不清楚，无所谓

6. 你认为你所在学校学生的思想政治素质如何？（　　）

A. 很好　　B. 一般　　C. 很差

7. 你对加强大学生思想政治教育的态度是？（　　）

A. 认为非常必要，刻不容缓　　B. 认为没必要

C. 无所谓

8. 你认为以下哪些方法对提高大学生的思想政治素质较有效？（　　）

A. 通过班级开展相关主题会　　B. 通过网络论坛进行教育

C. 通过开放讲座　　D. 通过思想政治理论教育课

E. 通过丰富多彩的“二课”活动　　F. 其他

9. 你对学习的兴趣如何？（　　）

A. 浓厚　　B. 一般　　C. 无兴趣　　D. 厌学

10. 你对自己的体型、容貌是否满意？（　　）

A. 非常满意　　B. 满意　　C. 无所谓

D. 不满意　　E. 很不满意

11. 你是否对自己的身体健康状况感到担忧？（　　）

A. 经常有　　B. 偶尔有　　C. 较少有　　D. 没有过

12. 你与班上及宿舍同学相处如何？（　　）

A. 很好　　B. 还可以　　C. 不太好　　D. 很不好

13. 你所学专业的就业前景会给你带来压力吗？（　　）

A. 特别大　　B. 很大　　C. 一般

D. 不太大　　E. 不知道

14. 你对自己的前途感到困惑或担忧过吗？（　　）

A. 经常　　B. 偶尔　　C. 很少　　D. 无

15. 你在宿舍进行各项活动时，是否顾及他人感受？（　　）

A. 是　　B. 否　　C. 没注意

16. 你是否在别人休息或进餐时给对方打电话？（　　）

A. 经常这样　　B. 偶尔这样　　C. 没注意　　D. 从来没这样

17. 去老师办公室时，你是怎样进去的？（　　）。

A. 看见要找的老师便直接走进去

B. 先敲门，听到“进来”，再进去

C. 站在门口等老师出现

18. 走在大街上，遇到认识的老师，你会（　　）。

A. 主动打招呼　　B. 老师看我时再打招呼

C. 低下头或假装看别处　　D. 不做任何掩饰直接不打招呼

19. 夏天在教室里穿拖鞋，你认为（　　）。

A. 很正常，这是个人的事　　B. 不应该　　C. 无所谓

20. 一对恋人在教室里举止不雅，你认为（　　）。

A. 应该谴责　　B. 不应该谴责　　C. 无所谓

附件 2：

2009 年高等职业院校学生思想状况问卷调查统计分析

陕西铁路工程职业技术学院 2008 年承担了陕西省教育工委思想政治教育立项课题《高职院校思想政治教育规律研究》，课题组于 2009 年 7 月制定了《高职学生思想状况问卷调查》，在高职院校中进行了相关调查。现将调查情况分析如下：

一、调查的目的与意义

本项调查的目的是通过了解学生的思想特点把握高职学生的基本特征，以探求高职院校大学生思想政治教育工作的规律。本调查涉及的内容包括思想状况、心理特点、学习情况、生活常识等方面。从调查的情况来看，较之本科院校的大学生，高职学生具有鲜明的特点。掌握高职学生群体性特征，对于进行思想政治教育工作具有深远的意义。

二、调查对象的基本情况

本项调查主要分布在陕西省 5 所高等职业院校：陕西铁路工程职业技术学院、陕西工业职业技术学院、西安铁路职业技术学院、杨凌职业技术学院、陕西航空职业技术学院。参与调查的有一年级、二年级学生。调查

问卷发放 1 500 份，收回 1 252 份。

三、调查内容及统计分析

本项调查涉及的内容有：思想政治素质、学习状况、心理健康情况和生活常识 4 个方面。

1. 思想政治素质

调查中，100% 的同学因自己为中国人而骄傲。80% 的同学表示经常关心国家大事，其他 20% 的同学为偶尔关心国家大事。80% 的同学有靠拢党组织的愿望。100% 的同学强烈反对诸如 2009 年 7 月 5 日发生的新疆打砸抢烧事件的分裂分子及其活动。

分析：从平时的表现来看，高职生能够积极主动地关注国内外大事。具有强烈的民族自豪感和自信心，对于分裂祖国、侵犯中国主权、危害社会的行径强烈不满。对于诸如汶川等受灾地区和群众他们能够慷慨捐赠，伸出援助之手。高职学生普遍地认同社会，能够积极面对来自社会的各种影响，尤其是负面影响。但一些同学因受社会上的实用主义、功利主义的影响，思想很现实，轻视政治和道德的修养，社会公德意识薄弱；有些同学对各种社会思潮缺乏辨别能力；有的同学缺乏正确看待问题的态度，容易以偏概全，产生偏激情绪，存在着一些模糊认识和不良的倾向。但总体看来，高职学生比本科院校的学生更加单纯。

2. 学习状况

在“你为什么而学习”的选项中，69% 的学生是为找到一份满意的工作而学习的，11% 的学生是为中华民族的伟大复兴而学习，还有 20% 的学生是因为父母要求才来上学的。64% 的学生学习兴趣一般，8% 的学生学习兴趣浓厚，还有 28% 的学生对学习无兴趣。

分析：高职学生文化课基础较差，学习能力一般。大多数学生的学习主动性比较欠缺，对于理论课学习，缺乏信心，积极性不高。由于中学时期未能形成良好的学习习惯，学习缺乏毅力，不能刻苦钻研，只求“够用”，因此，高职学生的成绩普遍较低。但同时，高职学生思想活跃，动手能力强，又深得赞誉。他们在实践课程中的动手操作能力，学生社团的工作能力以及在校园“二课”活动中所表现出的热情和能力也同样值得肯定。许多学生在课堂上萎靡不振、昏昏欲睡，但课外又生龙活虎、精神百倍。因此，他们在课内与课外往往判若两人，令人称奇。

3. 心理健康准状况

在“你对自己的身体状况是否感到担忧”的调查中，表示“偶尔担心”的占60%，“没有过”的占12%，“较少有”的占20%，“经常有”的占8%。在“你与班级及宿舍同学相处得如何”的调查中，87%的学生认为相处得很好，9%的学生认为还可以，相处不太好的占4%。在“你对自己的前途感到困惑和担忧过吗”的调查中，75%的学生表示“偶尔担忧或困惑”，10%的学生从未担忧或困惑过，15%的学生经常担忧其前程。

分析：从学生平时表现以及问卷调查来看，高职学生的心理素质往往好于本科学生。近年来，大学生自杀等严重事件本科院校的发生率远远高于高职院校。由于长期以来，大部分高职学生在中小学时一直都是被忽视的群体，他们对自己、对他人、对社会的要求并不高。在学业、就业、情感、人际关系等方面，他们都能坦然自若。尽管高职学生中也不乏有理想、有追求者，但他们没有“天之骄子”的优越感，具有较强的抗挫折能力，对于外界的要求始终比较客观实际。因此，高职学生在处理各方面问题时，更为务实，更为理性，他们的社会适应能力更强。

4. 生活常识

调查中，70%的学生表示在宿舍进行各项活动时能够顾及他人感受，20%的学生表示自己没注意，10%的学生表示不能顾及他人感受。80%的学生表示偶尔会在别人休息或进餐时打电话给对方，20%的学生表示没注意，选择从未在别人休息或进餐时打电话给对方的为0。80%的学生认为夏天不应该在教室穿拖鞋，20%的学生认为无所谓。80%的学生认为一对恋人在教室里举止不雅应该谴责，10%的学生认为不应该谴责，还有10%的学生认为无所谓。

由于家庭教育、前期教育等方面问题，高职学生的生活常识、公德意识有待提高，尤其需要加强自制能力和养成教育。

本项目组从调查中还了解到，高职院校有相当数量的学生来自单亲家庭、父母离异家庭或从小家庭教育缺失。这一因素使得高职生在学习、生活常识、心理健康等方面均呈现出鲜明的特点，是需要全社会尤其是学校教育特别关注的群体。

《高职院校思想政治教育规律研究》课题组

2009年7月21日

附件3：

2017年高等职业院校学生思想状况问卷调查统计分析

自2008年承担陕西省教育工委思想政治教育立项课题《高职院校思想政治教育规律研究》以来，课题组持续关注高职学生思想状况，在2009年7月制定的《高职学生思想状况问卷调查》的基础上，根据社会热点问题的变化，对原有调查问卷内容做了微调。2017年4、5月分别在多所高职院校学生中进行了相关调查。现将调查情况分析如下：

一、调查的目的与意义

本项调查的目的有两个：一是通过了解学生的思想特点把握高职学生的基本特征，以探求高职院校大学生思想政治教育工作的规律；二是与2009年高职学生思想状况进行对比，研究高职学生思想的发展变化。本调查涉及的内容包括思想状况、心理特点、学习情况、生活常识等方面。掌握高职学生群体性特征，不仅对于进行思想政治教育工作具有深远的意义，而且对我国的基础教育也有一定的参考价值。

二、调查对象的基本情况

本项调查主要分布在全国10所高等职业院校：陕西铁路工程职业技术学院、陕西工业职业技术学院、西安铁路职业技术学院、杨凌职业技术学院、陕西国防职业技术学院、浙江金融职业学院、新疆农业职业技术学院、中山职业技术学院、辽宁铁道职业技术学院、南京工业职业技术学院。参与调查的有一年级、二年级学生。其中，男生占59.26%，女生占40.74%；一年级学生占62.96%，二年级学生占37.04%。调查形式采取网上答题的形式开展，软件自动统计，每一位参与调查的学生的状况都涵盖在统计数据之中。

三、调查内容及统计分析

本项调查涉及的内容有：思想政治素质、学习状况、心理健康状况和生活常识4个方面。

1. 思想政治素质

调查中，98.94%的同学因自己为中国人而自豪。53.44%的同学表示经常关心国家大事，43.39%的同学偶尔关心国家大事，3.17%从不关心国家大事。92.06%的同学有靠拢党组织的愿望，3.70%的同学没有加入党组织的意愿，还有4.23%的同学对此问题的认识比较模糊。93.12%的同学强烈反对邪教组织及民族分裂活动。学生关于加强思想政治教育的态度情况，94.18%的学生认为“认为非常必要，刻不容缓”，3.70%的学生认为“无所谓”，另有2.12%的学生认为“没有必要”。关于提高大学生思想政治素质的有效途径，20.05%的学生认为“通过班级开展相关主题会”是提高大学生思想政治素质的有效途径，17.00%的学生认为可“通过网络论坛进行教育”，19.65%的学生认为可“通过开放讲座”，17.80%的学生认为可“通过思想政治理论教育课”，19.65%的学生认为可“通过丰富多彩的课外活动”，5.84%的学生认为可采取其他途径。

分析：高职学生在思想政治方面素质高，有强烈的爱国情感和高度的社会责任心，对于涉及政治因素的国际国内事件，比较理性，是非分辨能力较强。从日常表现来看，高职学生对社会的认同度高，坚决拥护中国共产党的领导。坚持“一个中国”，强烈反对“台独”分子的反动言论，能够自觉维护国家利益。

2. 学习状况

在“你为什么而学习”的选项中，42.86%的学生是为找到一份满意的工作而学习的，16.40%的学生是为中华民族的伟大复兴而学习，39.15%的学生是为实现自己的价值而学习，还有1.59%的学生是因为父母要求才来上学的。48.15%的学生学习兴趣一般，49.21%的学生学习兴趣浓厚，还有1.06%的学生对学习无兴趣，有厌学情绪的占1.59%。

分析：从以上数据结合2009年调查结果，可以发现，高职院校的学风日渐浓厚。当前学生的学习态度、学习兴趣比2009年有较大进步。2017年为找工作而学习的是42.86%，比2009年69%的数据有所下降；而2017年为中华民族伟大复兴而学习的是16.40%，比2009年11%的数据有所上升。2009年，有20%的学生是因为父母要求才来上学的，而2017年由于父母因素而学习的只占1.59%。同时2017年调查中，有学习兴趣的学生共占97.36%（包括学习兴趣浓厚和一般两种情况），2009年这方面的数据是72%。并且2009年对学习有浓厚兴趣的学生占8%，2017年的数据为49.21%。出现以上变化的原因是多方面的，除了高职院校办学水平不断提升之外，与近年来部分高职院校停招或少招五年制学生（初中起点）也有关系。

3. 心理健康状况

关于心理健康方面的调查，主要是通过有关自我认知、自我评价等方面的问题开展。如对自己的身型、容貌的满意度，26.46%的学生表示“非常满意”，47.62%的学生为“满意”，13.76%的学生“无所谓”，11.11%的学生“不满意”，1.06%的学生对自己的体型、容貌“很不满意”。关于自己身体健康状况，8.99%的学生表示“经常担忧”，38.62%的学生“偶尔担忧”，27.51%的学生很少担忧，24.87%的学生从不担忧。对于前途感到困惑和担忧的情况是：26.98%的学生为“经常”，58.73%为“偶尔”，12.17%为“很少”，2.12%为“从无”。关于就业压力，压力特别大的占17.46%，“很大”的占33.86%，“一般”的为40.21%，“不太大”的为7.94%，没有这方面感知的为0.53%。调查数据显示，57.67%的学生与班级、宿舍同学关系很好，40.74%的学生同学关系“还可以”，1.59%的学生同学关系“不太好”，“关系很不好”的人数为0。

分析：高职学生的心理健康状况较好。在日常表现中，绝大部分学生心理健康，乐观向上，充满青春活力。但是有心理问题的学生比2009年有所增加，心理异常学生的人数也呈增加趋势，患心理疾病或精神障碍的学生比例也有所提高。这是当前高职院校，乃至所有高校必须认识到的一个现实，也是加强大学生心理健康教育工作的现实依据。

4. 生活常识

调查中，97.35%的学生表示在宿舍进行各项活动时能够顾及他人感受，1.06%的学生表示自己没注意，1.59%的学生表示不能顾及他人感受。51.32%的学生表示偶尔会在别人休息或进餐时打电话给对方，5.29%的学生经常在别人休息或进餐时打电话给对方，11.64%的学生表示没注意，选择从未在别人休息或进餐时打电话给对方的为31.75%。84.66%的学生认为夏天不应该在教室穿拖鞋，7.41%的学生认为无所谓，7.94%的学生则认为“夏天在教室穿拖鞋很正常，这是个人的事”。67.72%的学生认为一对恋人在教室里举止不雅应该谴责，10%的学生认为不应该谴责，还有23.81%的学生认为无所谓，8.47%的学生认为“不应该谴责”。去老师办公室时，3.17%的学生“看见要找的老师便直接走进去”，96.83%的学生“先敲门，听到叫进来，再进去”。走在大街上，遇到认识的老师，82.01%的学生选择“主动打招呼”，15.34%的学生“老师看我时再打招呼”，2.65%的学生“低下头或假装看别处”。

分析：由于家庭教育、基础教育阶段养成教育等方面的原因，高职学生的生活常识、公德意识有待提高。但是，与2009年相比，许多方面的提高与改进还是十分显著的。当然，在本科院校中，学生的生活常识、社会公德等同样存在类似的现象。这些问题，与独生子女的家庭环境有关，也与家庭教育的缺失或不当有关。因为随着经济发展和社会节奏加快，家庭教育已经成为影响青少年成长成才的突出因素。父母无暇顾及子女教育、离异家庭增多、留守儿童等问题，已经成为值得关注的社会问题。不过，影响高职学生的新因素也层出不穷，比如，智能手机对于高职学生的“诱惑”也是2009年调研时所没有的问题。

《高职院校思想政治教育规律研究》课题组

2017年5月23日

二、我国高职学生群体特点及成因分析

只有了解学生的特点才能“因材施教”。当前高职学院的学生，无论学习基础，还是思想状况都与普通本科高校的学生有着明显的差异，在教育教学中，我们不能采用本科教育教学的模式。所以研究他们的特点，是搞好思想政治教育工作的基础。本文研究的总体目标是要通过掌握高职学生的特点，探求高职院校大学生思想政治教育工作的规律。高职学生的特点要求我们在教育教学工作的实践中，必须改变方法，不断适应形势，以取得良好的效果，推动我国高等教育的发展。

（一）我国高职学生的主要特点

为掌握高职学生的特点，除了深入学生中把握和感受外，研究者还在高职学生中开展了广泛的调研。从调研的情况来看，高职学生具有鲜明的特点。掌握高职学生群体性特征，对于进行思想政治教育工作具有深远的意义。本文涉及的高职学生的主要特点包括思想特点、心理特点、学习特点、行为特点等方面。相关数据，除了实地考察外，还来自几份问卷调查：《高职学生思想政治素质问卷调查》《高职学生心理健康状况问卷调查》和《高职学生生活常识与公德意识问卷调查》。

1. 思想政治素质高，对社会认同感高

调查中，98.94%的同学因自己为中国人而骄傲。53.44%的同学表示经常关心国家大事，43.39%的同学为偶尔关心国家大事。92.06%的同学

有靠拢党组织的愿望。93.12%的同学强烈反对邪教组织及民族分裂活动。从平时的表现来看，他们能够积极主动地关注国内外大事，具有强烈的民族自豪感和自信心。对于分裂祖国、侵犯中国主权、危害社会的行径强烈不满。对于诸如汶川等受灾地区和群众他们能够慷慨捐赠，伸出援助之手。高职学生普遍地认同社会，能够积极面对来自社会的各种影响，尤其是负面影响。从这方面来看，高职学生比本科院校的学生更加单纯，更加冷静。

2. 学习能力一般，动手能力强

高职学生文化课基础较差，学习能力一般。大多数学生的学习主动性比较欠缺，对于理论课学习，缺乏信心，积极性不高。由于中学时期未能形成良好的学习习惯，学习缺乏毅力，不能刻苦钻研，只求“够用”，因此高职学生的成绩普遍较低。但同时，高职学生思想活跃，动手能力强，又深得赞誉。他们在实践课程中的动手操作能力、学生社团的工作能力以及在校园“二课”活动中所表现出的热情和能干也同样值得肯定。许多学生在课堂上萎靡不振、昏昏欲睡，但课外又生龙活虎、精神百倍。因此，他们在课堂与课外往往判若两人，令人称奇。

3. 心理素质过关，社会适应能力强

从学生平时表现以及问卷调查来看，高职学生的心理素质往往好于本科学生。近年来，大学生自杀等严重事件本科院校的发生率远远高于高职院校。由于长期以来，大部分高职学生在中小学阶段一直都是被忽视的群体，他们对自己、对他人、对社会的要求并不高。在学业、就业、情感、人际关系等方面，他们都能坦然自若。尽管高职学生中也不乏有理想、有追求者，但他们没有“天之骄子”的优越感，具有较强的抗挫折能力，对于外界的要求始终比较客观实际。因此，高职学生在处理各方面问题时，更为务实，更为理性，他们的社会适应能力更强。

4. 生活常识一般，自制能力稍差

调查中，70%的学生表示在宿舍进行各项活动时能够顾及他人感受，20%的同学表示自己没注意，10%的学生表示不能顾及他人感受。80%的学生表示偶尔会在别人休息或进餐时打电话给对方，20%的学生表示没注意，选择从未在别人休息或进餐时打电话给对方的为0。80%的学生认为夏天不应该在教室穿拖鞋，20%的学生认为无所谓。80%的学生认为一对恋人在教室里举止不雅应该谴责，10%的学生认为不应该谴责，还有10%

的学生认为无所谓。由于家庭教育、前期教育等方面的原因，高职学生的生活常识、公德意识有待提高，尤其需要加强自制能力和养成教育。

总之，高职院校思想政治教育最鲜明的特色是：实践性与职业性。这与本科院校的学生存在着重大差别，因此，二者不能采用同一评价标准。从本科院校评价学生的角度来看，高职学生有太多缺点；但从社会评价角度来看，高职学生有具备太多优点。可见，高职学生具有其独特的人格，鲜明的特点，成为高等教育中的特殊群体，应该备受社会关注。尤其在进行思想政治教育工作方面，不能与本科院校采取同样的模式、方法和途径。

（二）高职学生特点成因分析

高职学生独特的人格特点，主要与高职院校的办学的宗旨、所学专业、生源状况等因素有关。

1. 高职院校的办学宗旨

高职院校的办学宗旨为：以就业为导向，以服务为宗旨，培养面向生产、建设、管理、服务一线的高素质技能型人才。高职院校的人才培养原则为“能力为主，需要为准，够用为度”，即注重学生技能的培养，对理论知识要求“够用”即可。因此，学生的理论学习能力一般，动手能力较强，在学校不受老师喜爱的学生，走上工作岗位却大受用人单位欢迎。这一点也是符合高职学院的特点，可作为高职院校的优点之一。从高职院校理论与实践教学的课时分布也可以找到高职学生动手能力强的原因。高职院校的实践教学占据极其突出的地位，在课程设置中实践教学环节要求占到总学时数的1/2。学生接受的理论学习比较少，运用抽象思维的机会也较少、直观教学、现场操作的学习方式使得他们对生动、活泼的教学方法更为感兴趣，也造就了高职学生独特的人格特征。

2. 根据社会需求和市场导向设置的专业

这是一些学生在学习上出现惰性，学习兴趣不浓的主要原因。学生选择高职院校主要看中的是当前高职院校较高的就业率。因此，他们所选择的专业并非他们感兴趣的。而高职院校在专业设置方面必须立足社会需求和市场导向，因此，不可能照顾到学生的兴趣。同时在课程设置方面，高职院校往往以职业综合能力而不是以学科能力为目标设计教学内容和课程体系。因此，在高职学校的教学过程中会发现学生存在严重的两极分化现象。有的学生对本专业有兴趣，他们的各门功课成绩就好；相反，对专业缺乏兴趣的学生，每门课程对他们而言都一样，许多课程尚未开课，已经产生排斥心理，不断的心理暗示，使得成绩越来越差。

3. 高职学生在高考中属于第三批录取的大专层次，综合素质相对较差

素质教育在中国尚处于发展阶段，从实际情况来看，中国教育在很大程度上依然属于应试教育。在这种情况下，成绩是衡量学生的唯一尺度。尽管这是不科学的评价体系，但成绩往往能说明许多问题。比如，学习努力程度、学生的意志力、家庭教育的质量、学生的思维特点及行为方式、学生的知识基础、学习效率、学习方法以及学生的心理状态和人文素质，等等。这些内容都可从学生的成绩中找到答案。高职学生可以说是高考中最后一批被录取的对象，他们的成绩一般偏低，尽管也有自身的优点（如前文所述），但综合素质相对于本科学生来说存在着一定的差距。在长期的接触中不难发现一种现象：单个的高职学生都很优秀，但放于群体当中，学生的缺点很多，问题很多，这是一种特别现象。因此，通过问卷调查，也只能反映部分问题，而不能反映全部。

4. 生源的区域性较强

大多数高职院校的生源以省为界，甚至以市为界，学生的心理、文化特征趋同。更重要的一点是，高职院校的学生多数来自农村，在待人接物，言行举止方面需要引导和关注。如与人打交道，他们往往羞于主动打招呼，尤其是对于老师或长辈。他们不善表达自我，性格内倾性较为严重。个别学生缺乏个人卫生与公共卫生意识，个人形象、宿舍卫生等方面较差。加之中学时期学习成绩不佳，少受家长及学校关注，因此，大部分学生表现出缺乏自信的心理特点。

（三）高职学生特点对思想政治教育工作的启示

高职学生群体特点对高职院校的思想政治教育工作有着深远的意义。我们应该根据高职学生所面对的培养目标的特点、课程设置的特点以及自身的心理、综合素质特点，探索高职思想政治教育工作规律，构建突出实践性、职业性的高职思想政治教育工作体系。

1. 高度重视高职院校的思想政治教育工作

高职教育是我国高等教育的一部分，高职学生队伍庞大，关系到我国高等教育的质量，也关系到民族的未来。尤其他们存在的一些不足，使得高职院校的思想政治教育工作重要而迫切。学校应该充分认识到这一点，要从民族的高度、国家的高度、社会的高度以及长远的角度来看待这一问

题，不能仅仅看到思想政治教育工作目前的效果，甚至只看重经济效益和对学校的贡献。面对当前大学校园存在的一些状况，如学生的理想信念缺乏、正确的价值观有所欠缺、个人修养欠佳、人际关系紧张、心理素质不过关、审美观畸形化等问题，与学生朝夕相处的教师忧心忡忡。全国高校近年来的学生自杀事件，令人触目惊心。然而，在一些学校往往以经费紧张、人员不够等为由，平淡处理大学生思想政治教育工作，使中央的要求和倡导无法落实，使教师的热情日渐冷却，为大学生思想政治教育工作制造了障碍，延误了时机，恶化了形势。在我们的教育管理层中，还存在十分消极的现象，相当数量的领导者认为高校开设思想政治课毫无意义，非但没有经济效益，反而“很浪费资源”，个别从沿海地区考察回来的领导甚至做出高校思想政治课迟早会取消的判断。在社会主义市场经济条件下，人们的价值观发生了重大变化，“以经济建设为中心”被一些人当作放诸四海而皆准的信条和评价尺度，一切向钱看，用经济效益衡量一切的现象大量存在，这是这一问题存在的根本原因。毕竟教育不能产业化，它是国家的上层建筑，是执政党兴衰成败的关键因素。尤其是思想政治教育工作更不能产业化，不能用经济效益来评判。因此，必须从根本上重视高职院校的思想政治教育工作。

2. 围绕实践性、职业性开展思想政治教育工作

进行思想政治教育不能离开高职学生的特点。在高职院校进行思想政治教育，就必须围绕学生实践性、职业性的特征，改革教学方法，适应学生特点。本科院校的思想政治教育方式在高职院校很难产生效果。高职学生的学习主动性较差，全面发展的意识不够。因此，理论灌输和自由发展只能使高职学生的综合素质越来越差。高职院校的思想政治教育工作必须抛开本科院校的模式，突出实践性和职业性，减少理论课时，增加实践课时；或者开发课内实践环节，通过直观、生动的方式教育影响学生。同时，在思想政治教育过程中，必须要给学生灌输相关的职业常识，引导学生关注今后从事的职业，使思想政治教育工作除了使学生保持正确的政治方向、具备良好的道德素质外，还能对学生的职业、人生产生实际的指导和帮助作用。

3. 坚持正面教育为主，科学引导高职学生健康成长

前文中提及，高职学生思想政治素质高，对社会认同感高。据此，在思想政治教育工作中，应坚持正面教育为主，使学生在思想政治方面保持

乐观向上，引导学生关心国家发展和社会进步。从职业性角度不断鼓励学生、引导学生，培养他们的自信心，用高职学生受用人单位欢迎的事实教育学生，使他们克服自卑心理，在认同社会的同时也能够认同自己。同时，就学生存在的问题，如生活常识欠缺、自控能力较低等，学校和教师也应该从正面进行教育，使他们养成良好的生活习惯，培养健全人格，不断完善自我，成为社会的有用之才。

4. 利用好两个课堂，全面育人

思想政治理论课是大学生思想政治教育的主阵地。由于思想政治课本身具有政策性强、理论性强的特点，从大部分高职院校的教学改革情况来，进展缓慢。根据目前的情况，从教学到管理，从学生到教师，从课堂到课外，从实践到考核，思想政治课都必须大胆创新，既顺应社会发展的需要和学生的特点，又能够坚守“阵地”，全面育人。

对高职学生而言，课外自由支配的时间远远多于课堂学习的时间。当前，大部分学校都十分重视学生的“二课”活动。学生的课余文化生活丰富多彩，但这些活动由于本身的特点或不适应学生的心理需求，参加人数有限，甚至相应者只有寥寥数人，不足以产生好的效果。有些学生认为学校活动较少或者他们对学校活动缺少兴趣，因此只能选择上网或逃学。另有个别学校在组织“二课”活动中未考虑活动的教育性特征，致使一些活动产生了不该有的负面效应。因此，在“二课”活动开展过程中，既要有教育性，又要考虑学生的心理需求，要把握学生的主体性要求。不能把学生的活动，搞成领导感兴趣的活动，应付上级单位检查的活动。

另外，校园文化是一个学校的“软实力”。在大学生思想政治教育中，校园文化发挥着不可替代的作用。一个学校的校风、校貌如何，教师、工作人员的精神风貌如何，学校规章制度建设情况如何，校园各校活动开展情况如何，都会影响学生的综合素质。

综上所述，基于高职学生的群体性特点，我们在高职院校的思想政治教育工作中必须大胆改革，探索适合高职院校的教育教学模式，掌握高职院校的思想政治教育工作的规律，为我国高等教育的发展贡献力量。

三、高职院校思想政治教育四条规律

众所周知，在当前的高职教育中存在一种普遍现象，即在很大程度上照搬本科模式进行教育教学工作。其实，高职学生无论是学习基础，还是思想状况与普通本科高校的学生有着明显的差异，因此这样的教育教学效果可想而知。立足高职学生的特点，研究高职院校思想政治教育规律是一项迫切的任务，它对于推进和落实中央关于加强和改进大学生思想政治教育工作有着深远的现实意义。

（一）高职学生特点对思想政治教育的新要求

实践性与职业性是高职院校思想政治教育最鲜明的特色。高职学生具有其独特的人格、鲜明的特点，使高职学生成为高等教育中的特殊群体，应该备受社会关注。从多年的研究情况来看，高职学生的特点集中表现为：思想政治素质高，对社会认同感高；学习能力一般，动手能力强；心理素质过关，社会适应能力强；生活常识一般，自制能力稍差。

高职学生的这些特点，要求在思想政治教育工作必须做到围绕实践性、职业性开展思想政治教育工作和坚持正面教育为主，科学引导高职学生健康成长。我们在高职院校的思想政治教育工作中必须大胆改革，探索适合高职院校的教育教学模式，掌握高职院校的思想政治教育工作的规律。基于高职学生的群体性特点，高职院校的思想政治教育工作的规律中必然突出学生的主体性，体现教育内容的职业性和实践性，包含工作方法的灵活多样性等。

（二）高职院校思想政治教育规律的内容

高职院校思想政治教育的规律归纳起来有 4 点：学生为本、要素协同、师生相长、立体交互。

1. 教育理念的学生为本规律

所谓学生为本规律，是指在教育中必须体现学生主体性的要求，一切从学生实际出发，从学生需要出发，培养学生可持续发展的能力，把学生的成才、成长作为学校工作的出发点和归宿。学生为本规律是教育教学的一般规律，尤其适合高职院校的思想政治教育。因为高职院校学生的特点决定了高职院校的思想政治教育必须加强，而且必须把关心学生的发展与成长作为高职院校教育工作的根本。

学生为本规律是高职教育的生命线。对于综合素质参差不齐的高职学生，有人总结说："是矿石，我们就要把它炼成钢铁；是泥巴，我们就要把它烧成砖。"高职院校不仅要不断调整专业设置及人才培养方案，更应该深入学生，了解特点，关注生活，努力提高学生的思想政治素质。随着 20 世纪 90 年代高职教育在中国的兴起和发展，到目前，高职院校在校生、毕业生的人数均占整个普通高等院校总人数的50%以上。每年有上百万走向社会，他们的思想政治素质对于国家建设、社会发展有着举足轻重的作用。因此，学生为本规律是高职思想政治教育的根本规律。

学生为本规律要求高职院校的思想政治教育工作必须贯彻落实《中共中央国务院关于进一步加强和改进大学生思想政治教育的意见》，要充分发挥课堂教学在大学生思想政治教育中的主导作用，引导学生深入开展社会实践，大力建设校园文化，主动占领网络思想政治教育阵地，开展深入细致的思想政治工作和心理健康教育，以及解决大学生的实际问题等。

2. 教育过程的要素协同规律

所谓要素协同规律，是指要实现思想政治教育的有效性，必须使思想政治教育的诸要素，在空间上保持一致性，在时间上保持连续性。思想政治教育的要素包括：教育者与被教育者、教育目的与教育内容、教育方法、教育组织形式、教育效果的检验与评价等。在高职院校的思想政治教育过程中，各要素之间的协同与优化直接关系到教育活动的效果，因此，要素协同规律要求各要素之间必须协同一致，达到最优化配置。

首先，教育者与被教育者的协同。教育者与被教育者的协同表现为"三个对称"，即信息对称、情感对称、适应对称。所谓信息对称，是指二者有共同关注的领域，无"代沟"造成的沟通障碍，能够准确把握对方的特点、容易形成合力。尤其是教师必须了解学生，掌握学生的思想特点，在教学中能够做到有的放矢，切实做好教育工作，达到教育目的。所谓情感对称是指师生之间相互认可、彼此信任、相互热爱，教师与学生同处于一个快乐轻松的氛围中，师生之间能够良好沟通，教育效果显著。所谓适应对称是指学生适应教育教学方法，教师适应学生的特点、能够采用适当的教育教学手段。

其次，教育目的与教育内容的协同。教育目的与教育内容的协同是指在思想政治教育过程中，教育目的和内容必须保持一致性。如要引导学生关心国家大事，坚定政治立场，正确判断社会问题，就必须开设有关形势与政策教育方面的内容，让学生在"象牙塔"内，既能够学到专业知识，将来造福社会，同时也能够使学生思想紧跟时代步伐，以正确的价值观、是非观看待和处理现实问题，更好地回报社会。

再次，教育方法与教育组织形式的协同。在实践中，思想政治教育的方法多种多样，而其组织形式也千差万别。方法与组织形式的协同要求二者双向选择，实现教育效果的最优化。在目前高校的党员发展与教育中，就存在着教育方法与组织形式不协同严重问题。当前，由于入党条件的宽松和大学生入党积极性较高两方面原因，许多高校发展党员的方式可称之为“批发式”。大规模的党课培训，程式化的党员发展方式，入党后缺乏有效监管与教育，这些现实问题使得由“群众”到“党员”只是实现了“身份”的转变，而未实现质的提高。因此，党员的教育方法与教育组织形式的不相适应，出现了一些学生所谓的“党员不一定都先进，群众不一定都落后”的情况。

最后，教育活动与教育效果的协同。教育活动与教育效果的协同是指教育活动必须以实效为指针，效果评判的方法必须科学，能够促进思想政治教育的深入开展。在社会主义市场经济条件下，“功利主义”“实用主义”容易成为人们的评价标准，必须充分认清形势，理性定位思想政治教育工作，绝对不能以是否有“经济效益”或“社会反响”作为衡量思想政治教育工作的尺度。尤其是高校思想政治教育，应该有一套独立的评价标准。

各要素在相互协调的同时，在时间上还必须与时俱进，做到既有连续性，又能够适应新情况、新特点。只有协调性、连续性与科学性相结合，才能体现思想政治教育过程的要素协同规律。

3. 教育主体的师生相长规律

所谓师生相长规律，是指在思想政治教育工作中，教师与学生相互联系，共同促进，二者既有对立性，又有统一性。其表现有两个方面：第一，教与学相互依存，共处于同一个教育环境中；第二，教与学相互转化，教师与学生能够在教学过程中共同发展、共同进步。

师生相长规律要求在思想政治教育工作中，教师与学生必须相互尊重，通过“情感对称”体现情感效应，增强教育效果。在此，班主任、辅导员必须深入学生生活，做学生的知心朋友。同时，在思想政治教育工作中，教师与学生必须相互学习，使教育由单向型向双向型转化。通过相互学习，教师可以更加全面地了解学生，有效消除“代沟”，改进教育教学方法，提高教育水平。

师生相长规律还要求高职院校的思想政治教育工作坚持可持续发展。教育者的工作方法不断创新，以便适应学生实际。学校的规章制度、队伍培养方案必须紧跟时代步伐，使教师与学生具备共同发展的制度保障。

4. 教育方式的立体交互规律

所谓立体交互规律，是指在高职院校的思想政治教育中必须积极调动一切因素，共同作用，共同促进，营造教育环境，全方位地对高职学生进行思想政治教育。这一规律要求“四个结合”：

第一，教育与教学相结合。思想政治教育工作不仅仅是思想政治理论课教师的工作，也不仅仅是班主任、辅导员的工作。《中共中央国务院关于进一步加强和改进大学生思想政治教育的意见》指出“高等学校各门课程都具有育人功能，所有教师都负有育人职责”。课堂教学是主阵地，实践、“二课”活动及校园文化是重要依托。教育与教学相结合，才能增强思想政治教育的效果。

第二，理论与实践相结合。在教学法中，灌输法有着目标明确、简单明了、理论效果显著等优点。但倘若理论不能用于实践，理论的价值也将失去。因此，思想政治教育需要理论与实践相结合，通过理论指导实践，通过实践巩固理论、深化理论。

第三，课内与课外教育相结合。认识与实践、知与行的结合是马克思主义一贯倡导的科学的方法论。在思想政治教育中必然需要理论与实践的结合。而社会实践是课内课外相结合的重要形式和载体，为了避免社会实践课有形式无内容，或者有活动而无效果的弊病，必须把高职学生的社会实践纳入科学的管理和学科建设中来。

第四，正面教育为主与社会思潮批判为辅相结合。高职学生乐观向上、社会适应能力强的特点决定了正面教育的效果以及高职院校思想政治教育以正面教育为主的要求。同时社会思潮对学生的冲击力也不容轻视，在以正面教育为主的同时，还必须针对一些社会思想的负面作用加以批判，在批判的过程中，引导学生明辨是非，培养学生正确的世界观、人生观和价值观。

当前，随着经济社会的发展，信息渠道多样化、人的思想活跃化必然要求高职院校的思想政治教育方式遵循立体交互规律，这是时代发展的需要，也是人才发展的需要。

（三）把握学生特点，运用基本规律，探索高职院校思想政治教育的新途径

高职学生职业性、实践性的特点要求在思想政治教育中必须遵循规律，探求高职院校进行大学生思想政治教育的新途径。

1. 多方协作，全面育人

目前，高校思想政治理论课的改革多立足于课堂教学。长期以来，我们所积累的经验，都是侧重于微观方面。如案例教学法、问题教学法、参与式教学法、研讨式教学法等。这些改革，依然建立在学生和教师这种二元结构上。针对高职学生的特点，必须创建多方协作、立体教育的环境。立体式教育模式从宏观角度注重学生的学习、生活、社会活动等方面全方位的教育。因此，立体式教育法是多元化结构，这种多元结构中，教师依然是主导，学生依然是主体。与传统方法不同的是，立体式教育法是多主体参与，对学生进行多层次影响、多角度考察、立体式熏陶。

立体式教育法是在受到国内一些研究的影响和启发的基础上，通过实践不断完善，逐渐形成的。众所周知，人类早期的教育就是在生活中进行的。当时教育与生活浑然一体，后来的专门性教育机构尽管有很多优势，但毕竟存在理论与现实相脱节等缺陷。尤其像思想政治理论课这样的课程，如果所学在生活中不能运用或得不到检验，这样的教育教学活动是没有意义的。所以，按照马克思主义哲学的基本观点“具体问题具体分析”，对于高校思想政治理论课的教学，还是必须有别于其他课程，应密切联系生活实际，以生活为本，围绕学生生活实际，设置教学内容、教学方法。

高校思想政治理论课中，立体式教育法的内容是利用好两个课堂，积极调动高校思想政治教育的基础性因素，使教学、管理、队伍建设、校园文化等有机结合起来，使各方面力量汇聚在一起，立体式交互影响，提高高校思想政治理论课的教学效果。

高校思想政治理论课中立体式教育法的实质是思想政治理论课与高校思想政治教育工作的紧密结合。高校思想政治理论课的教学不能局限于课堂教学，应该从传统的第一课堂拓展到第二课堂乃至社会大课堂。这样一来，就实现了思想政治理论课与高校思想政治教育工作的紧密结合。

2. 适应学生特点，开发课内实践教学

所谓课内实践是思想政治理论课实践教学的一个方面，强调在课堂上发动学生，引导学生进行教学。它的实践场所是教室，它的参与主体是全体受教育学生，它的具体方法简单易行，不受条件限制，如研讨会、辩论赛、演讲、红歌颂、影视教学、原著解读、时事评议、优秀作业评选与推介等。在资源不足、条件有限的情况下，开展课内实践教学是提高思想政治理论课教学效果的最佳途径。但由于以下 3 方面原因，使得当前思想政治实践教育存在严重弊端：第一，现有的师资力量严重不足，导致教师的工作量大，无法积极实施实践教学活动。第二，思想政治理论课的实践教学具有的特殊性，使得实际操作起来难度较大。第三，思想政治理论课的教学内容往往不能投学生所好，并非所有的实践环节都能产生良好的效果。开发课内实践教学方法显得既重要又迫切。

高职院校的思想政治教育必须遵循自身的规律，在借鉴本科教育模式的基础上，应该探索适合高职院校思想政治教育的新途径、新方法。只有立足现实，不断创新才能进一步做好高职院校的思想政治教育工作，为人才培养、民族复兴做出应有贡献。

四、高职院校思想政治教育创新模式

当前，高校思想政治教育工作是高等教育的重点和难点。高职院校作为高等教育的重要组成部分，由于自身的特殊性，其思想政治教育更是当前探索的热点。高职院校需要一个适合自身特点的思想政治教育模式，有助于培养中国特色社会主义建设的合格建设者和可靠接班人。

（一）新时期高职院校思想政治教育的环境分析

目前，高职学生的受教育环境是贯穿在“全球化”“网络化”和“现代化”过程之中的。“全球化”“网络化”与“现代化”是历史发展的必然趋势，同时，这种客观必然性带给人们思想的冲击、价值观念的变化也是显而易见的，尤其是对正在成长中的年青一代。

1. 全球化背景对学生价值观的影响

在新的历史时期，全球化进程将使中国与国际社会的联系广泛而紧密。尤其是经济领域的进一步开放和变革，不仅深刻影响了我国社会的生产方式和生产关系，而且，对于中国社会意识形态的影响也越来越明显。全球化对中国及中国人的意义不言而喻，而带给中国及中国人的挑战与负面影响也不容小觑。在当前中国人的信仰与追求中，存在着自然主义与人道主义背离、公正伦理与关怀伦理疏离、只顾追逐个人利益而忽视集体利益、权利与义务的分离等现象。对青年大学生来说，不断加剧的经济全球化无疑使他们的国家观念、民族意识和政治信念受到冲击；西方价值观的渗透使延续几千年的中国式道德观念受到挑战；西方文化的全面攻入，极大地提高了大学生在新奇的感觉引领下淡化本土文化概念，从人格到思维彻底被西化的可能性。从一定程度上来讲，当前高校的思想政治教育工作已经不仅仅是教育问题，而是上升到严肃的政治层面的问题。

2. 网络化时代对学生生活方式的影响

当前，网络对大学生的影响位于各要素之首。尤其是学习基础薄弱、自我管理能力稍差的高职学生，网络的负面影响更加明显。高职学生在网络化时代的一切活动均受网络的巨大影响，最直接的变化就是高职学生的生活方式。第一，西方资产阶级思想通过网络途径侵蚀大学生的思想，影响大学生人生观和价值观。第二，网络世界的虚拟性特征致使学生沉迷网络，厌弃真实生活。第三，高职学生的语言、行为和兴趣也进一步“网络化”。

3. 现代化过程中家庭教育及公众教育的变化对学生人格的影响

高职院校有一个共同现象：单亲家庭、父母离异的学生较多。家庭教育的缺失或失当是高职学生状况不佳的深层次原因。在中国社会法制化和改革开放的双重进程中，中国人的自我意识、自我追求不断提升，随之而来的婚姻家庭变化也越来越明显。许多高职学生从小就生活在缺少关爱的环境中，没有持续健康的家庭教育，在社会、家庭、婚姻、异性、人际关系、生活方式、人生态度上存在不正确的看法，严重影响到学生人格形成。与此同时，市场经济条件下的公众冷漠，对于少儿教育也产生了诸多不利，公众教育的功能也随之弱化。在家庭教育和公众教育双重缺失的情况下成长起来的青年大学生必然在人格上存在一定缺陷。

（二）高职学生群体特点对思想政治教育模式的新要求

1. 高职学生群体特点

新的成长环境与生活环境造就了高职学生四方面的典型特征：第一，思想政治素质高，对社会认同感高。高职学生比本科院校的学生更加冷静，更能适应社会。第二，学习能力一般，动手能力强。大多数学生的学习主动性比较欠缺，对于理论课学习，缺乏信心，积极性不高。但高职学生思想活跃，动手能力强。第三，心理素质过关，社会适应能力强。尽管高职学生中也不乏有理想、有追求者，但他们没有“天之骄子”的优越感，由于经历过更多挫折，对于外界的要求始终比较客观实际。第四，生活常识一般，自制能力稍差。由于家庭教育、前期教育等方面问题，高职学生的生活常识、公德意识有待提高。尤其需要加强自制能力和养成教育。随着 20 世纪 90 年代高职教育在中国的兴起和发展，到目前，高职院校在校生、毕业生的人数均占整个普通院校的 50% 以上。高职学生具有其独特的人格，鲜明的特点，成为高等教育中的特殊群体，应该受到社会更多的关注。在思想政治教育工作方面，不能与本科院校采取同样的模式、方法和途径。

2. 学生特点对当前思想政治教育模式的新要求

在国内外环境深刻变化的今天，我国高校的思想政治教育模式依然保持了相对的稳定性。传统的教育模式脱离了学生的实际，未能做到尊重学生特点、满足学生需求。因此，思想政治教育模式的创新必须以学生的特点为基石。

第一，加强人文关怀，促进学生全面发展。在新的教育模式中，必须兼顾学生的社会价值与个人价值、对学生的外在灌输与内在需求、共性培养与个性培养、客体性与主体性等要素。从操作层面来说，教育教学必须贴近学生心理，必须根据高职学生的心理的特点和思维特点，“量体裁衣”，创新教育方法，提高教育活动的针对性。

第二，加强学生养成教育。由于高职学生多为家庭教育缺失或在校被长期冷落的群体，因此，存在不良习惯、不健康爱好、自控能力差以及消极倦怠等问题是许多高职学生的共性。因此，高职院校的思想政治教育工作依然要围绕“是什么?”“为什么?”“怎么办?”展开。

第三，突出实践教育，改变教育方式。当前，高职学生已经习惯了形象思维的方式，所以思想政治教育也应适应学生的思维特点，更多地采用直观的方法进行教育、教学。同时，从当前我国经济发展的水平来看，突出实践教育已经具备了物质保证。

第四，教育紧贴学生生活，既要使学生树立远大理想，又要使学生短期受益。受市场经济的影响，当前部分大学生的价值判断标准正在由原来的的理想型变为务实型。因此，思想政治教育在帮助学生树立正确的世界观、人生观、价值观的同时，也应该使学生在教育、教学中获得显性收益。

（三）高职院校思想政治教育新模式三要素

基于新的时代背景、环境特点以及高职学生的主要特征，高职院校的思想政治教育新模式必须具备三方面要素：开放性、人本性和实效性。

1. 开放性

开放性是指适应全球化与网络化的时代特点，打破现行思想政治教育的体系，扩大教育主体的范围、改革现有的教学体系、增加对受教育者的考核、评价渠道，通过多种方式引导学生成才、成长。新的思想政治教育模式，不仅要打通思想政治理论课与学生管理二者界限，而且要将学校教育、家庭教育、社会教育三方面紧密结合在一起。在一个开放的系统内完成对高职学生的培养、塑造。在新模式里，思想政治理论课依然是高职学生思想政治教育的主渠道，不同的是，教学内容更加丰富，与国际事件、网络信息联系得更为紧密。应当通过以正面教育为主与社会思潮批判为辅相结合的方法，引导学生、规范学生，把思想政治教育放在一个广阔的现实空间里，打破理想主义的教学情境，使学生更好地适应社会，健康地成长。

2. 人本性

即突出学生的主体性，对学生倾注人文关怀，以学生思想特点为基础，以学生需求为源泉，从塑造健全人格出发，以提高高职学生素养为目的进行思想政治教育工作。教育现代化为高职学生的发展提供了很好的外部条件，促使高职学生形成了自我实现的积极的主体意识。高职学生已不是毫无个性特点的、纯粹的思想政治教育内容的“接收机”，他们有自己的人格特性。思想教育工作者应运用人本性的教育理念，对高职学生的人格进行修复，对习惯进行规范，人生观、价值观进行矫正。思想政治教育过程中无微不至的关怀和教导，将使高职学生如沐春风，一改当前思想政治教育模式中枯燥、乏味、远离学生实际的状况。

3. 实效性

增强思想政治教育的效果、提高大学生思想政治素质是长期以来思想政治教育工作者的努力方向和奋斗目标。但由于种种原因，高校的思想政治教育效果差强人意，不容乐观。在诸多原因中，既有教育本身的问题，也有教育活动以外的问题。增强实效性，依然是思想政治教育新模式中的重要因素。所谓实效性，是指思想政治教育既能够产生长远的社会价值，又能够在短期内显著提高学生的思想政治素质。要达到这样的效果，就必须变革现行的教育教学方法，教育教学的内容不宜过高过远。新时期高职学生的心理特点之一就是突出自我、强调感性与速效，高职学院的思想政治教育必须紧密结合学生实际，从细微入手，高度关注教育对象本身。

在新的历史条件下，在新的教育境遇中，我们必须以学生特点为出发点，努力创新高职院校思想政治教育的模式，切实提高高职学生思想政治教育的水平，为民族复兴、社会发展做出重大贡献。

五、拓展实践育人新渠道，坚持立德树人增实效

立德树人是高校的根本任务。学校教育除了传授知识和技能，更应该突出思想政治工作的教育功能。中国高等教育培养的是中国特色社会主义事业的合格建设者和可靠接班人。因此，作为高校，应该充分做好大学生思想政治教育和宣传工作，以立德树人为根本，提高人才培养的质量和水平。根据互联网时代学生思想行为特点，当前的大学生思想政治教育工作应该做到理论与实践教育相结合，并且突出实践性，在实践活动中增强教育的实效性。为此，高校应该围绕学生的学习和生活，立足学生的成长和发展，尊重学生的心理需求，以学生为本，以学生的教育管理工作为抓手，扎实开展思想政治教育工作。

（一）知行合一，把思想政治教育工作落实落细到实践活动中

广泛开展政治学习和实践活动，切实提高学生思想政治素质。学校应以学习践行党的重要会议精神为载体，以做好思想政治教育教学实践工作为切入点，广泛开展政治学习和实践活动。如通过主题班会、党的知识竞赛、公益活动等形式，组织、引导学生深入学习党的理论知识和会议精神，坚定理想信念教育，切实提高学生思想政治素质。高度重视入党积极分子培养、党员发展、党员政治学习、党支部民主生活会、特色党日、团日活动等学生党务工作。抓好“青马工程”，上好党课、团课，为党培育可靠接班人。通过社会实践活动，增强高校立德树人工作的实效性。

坚持思想政治教育的主渠道和主阵地，改革创新思想政治理论课的授课形式，增强课堂教学的实效性。根据新时期大学生的思想行为特点，改进大学生思想政治教育的方式。积极探索新时期网络背景下使用现代媒体手段加强思想政治教育的新方法、新途径。如开通思想政治教育及宣传工作的微信公众号、官方微博，学院及相关部门领导、全体辅导员密切关注网络舆情，积极传播正能量，适时地教育和引导学生。

挖掘地方和学校历史资源与发展成果，全面贯彻落实党中央、教育部等有关加强和改进大学生思想政治教育的精神。加强爱国主义、集体主义、民主与法制教育、革命传统教育、理想与信念、形势政策教育。组织学生到爱国主义教育基地进行现场教学活动；邀请全国道德模范、全国自强模范等为学生做主题报告。建设优秀校园文化成果，全面实现环境育人、过程育人和全员育人。

（二）教书育人，围绕学风建设推动学生教育管理工作

运用激励机制，促成优良学风建设。全面落实奖学金制度，激励、引导学生努力学习、全面发展，促成优良学习风气。在学生中开展以积极参详优秀学生、优秀学生干部、优秀团员、优秀党员、优秀班集体、文明宿舍等为主要内容的学风建设活动，促进优良的学风、班风、校风的形成，提高学生的思想政治素质、道德素质、文化素质和综合能力。

设立“刻苦学习”青春榜样类型，培养探索精神，引领学生成长成才。积极引导科学精神，广泛开展学习竞赛、科技作品竞赛、专业能力大赛等，引导、督促学生崇尚科学精神，刻苦学习，熟练技能，积蓄力量，为服务社会、报效国家打好知识和技术基础。

通过就业指导教育、形势与政策教育，提高学生对经济社会形势和职业生涯规划的认识，使学生明确学习目标、端正学习态度、树立终身学习的理念，将大学生思想政治教育融入学生的学习、生活和工作中。

（三）文化引领，全面提升学生的人文素养和综合素质

校园文化建设，是教育改革和学校建设的重要内容。因而，面对新形势、新任务和新要求，高校校园文化建设必须站在“立德树人”的高度。精心设计和组织开展内容丰富、形式新颖、吸引力强的校园文化活动，倡导“健康、活泼、高雅、时尚”的校园主流文化，结合专业优势开展学生活动，广泛开展精品多、特色鲜、品牌强的学生活动。以校园文化艺术节、大学生运动会和体育节、文艺晚会等活动为载体，关注青年文化热点，用活动营造氛围，用校园文化感染熏陶青年；以学生社团为依托，利用各种节日和纪念日，组织学生参加公益活动，增强广大学生的社会责任意识、服务意识、奉献意识。做到了主题活动月月有、精品活动周周有、校园活动天天有。通过举办内容丰富、健康向上的课外活动，占领学生业余生活的主阵地，培养广大学生积极健康的文化情趣。

开展素质拓展活动，推行大学生综合素质考评制度，以经典特色活动为载体，狠抓素质教育，加强学生人文素质、文化素养教育。组织各类报告会、讲座、专业技能大赛等，加强学生文化素养的教育。广泛发动、认真组织学生参加科技竞赛活动，积极开展假期社会实践、积极组织学生参加院内外举办的各类大学生竞赛活动。为激发学生全面发展的积极性，提倡每个学生至少要有一项特长。通过积极引导与悉心指导，学生的文体艺术活动蓬勃开展，文化生活极大丰富，综合素质显著增强。

（四）温暖传递，借贫困生资助平台深入开展感恩教育

高校要努力完善“奖、贷、助、补、减”助学体系，做好助学济困工作，解决学生实际困难，及时传递党和政府的关怀。通过为贫困生办理入学绿色通道手续，评定国家奖学金、国家励志奖学金、国家助学金，评定学校奖学金，认定贫困生，办理国家助学贷款、生源地贷款，发放各类奖学金，落实大学生平安互助、基本医疗保险政策等，让贫困大学生感受到社会的温暖。

拓展学生资助渠道，做好校内外勤工助学工作，积极争取社会资助。通过校友奖学金、企业奖学金等的评定和发放，让学生了解未来职业，体验企业社会责任等，更加深刻地认识和把握社会。正确认识社会收入分配中的问题，积极面对家庭的实际，立志成才，报效祖国，报答社会。

注重对家庭经济困难学生的教育引导，充分发挥资助工作的育人作用，将诚信教育、感恩教育融入日常资助管理工作中，培养家庭经济困难学生自立自强、关爱他人、回报社会的优良品质。资助工作不仅是要帮助学生顺利完成学业，还要通过落实有关政策体现党和国家对当代大学生的关爱，强大其精神，使其刻苦学习、乐观生活。

（五）榜样示范，用学生骨干的力量影响广大学生

学校通过挖掘学生身边的先进典型，树立学生心中的可亲、可敬、可信、可学的榜样，发挥榜样的模范引领作用，引导和激励广大学生树立远大理想，促使学生努力成长；通过树立道德模范、学习标兵、技能行家、爱心使者，形成人人崇尚美德、处处践行美德的良好氛围，培养学生把社会主义核心价值观转化为促进个人成长和奉献社会的能力。

加强学生干部队伍建设、加强学生会、学生社团的指导。发挥学生社团、学生组织、学生干部作用，举办学生干部培训班，提高学生干部的工作能力，组织学生开展“自我教育，自我管理，自我服务”教育活动。使学生干部不断提高自身素质，充分发挥学生干部的桥梁和纽带作用。

充分发挥学生党员、入党积极分子的作用。在党员发展中，应坚持思想入党和组织入党相结合、理论学习与社会实践相结合、培养工作和考察工作相结合、日常表现和工作成效相结合的原则创新培养途径。通过设置工作岗位，在工作中锻炼和提高学生党员及入党积极分子，发挥好党员的先锋模范作用。

优秀学生的事迹在教育影响全体学生的过程中更有说服力和带动性，

由此也可拓展至杰出校友、行业领军人物等对在校学生的影响。学校可开展校友报告会、建设知名人物事迹展览馆等，为学生树立可以企及的榜样，加强对学生的教育和影响。

（六）服务育人，转变教育管理理念，拓展思想教育渠道

服务育人是全员育人的重要体现。学校公寓管理应围绕制度管理精细化、内务整理标准化、氛围营造社会化、思想教育常态化、活动开展主题化、服务学生亲情化的“六化建设”。在日常教育管理中渗透企业精神，并且以公寓文化建设为依托，开展一系列特色鲜明的学生活动。学校要立足学生素质教育和养成教育，不失时机地加强校园文化的建设与渗透。开展“公寓文化节”“新生公寓内务美化大赛”等品牌活动，为校园文化建设开辟新路，为提升学校内涵建设拓宽渠道。

加强心理咨询，为广大学生及时提供有效的指导和帮助。完善运行机制，建立心理健康教育、咨询、治疗、危机干预等多项功能为一体学生服务体系，逐步完善心理委员制度，形成“宿舍—班级—院系学生工作办公室—学校”的四级危机干预体系，进一步加强心理健康教育咨询工作。通过心理健康状况普查，开通心理咨询热线，开展心理咨询服务、心理辅导工作，帮助学生解决学习、生活中的各种心理困扰。

还有，通过后勤保障、政策咨询、环境美化等服务，为学生提供无微不至的关怀。在学生所能接触到的方方面面，为学生提供高质量的服务，充分体现全员育人、全过程育人、全方位育人的思想。

综上，大学生思想政治教育工作是一个系统工程，需要一个漫长的过程。中国社会日新月异的发展变化，乃是立德树人的生动教材，是“实践育人共同体建设计划”的有机组成部分。高校作为教育机构，应该根据形势发展和学生特点，不断创新教育形式、拓展教育渠道、优化教育途径。尤其要尊重思想政治教育工作的实践性要求，在实践中教育和引导学生做德才兼备的有用之才。

六、新时期高职院校传承吃苦奉献精神的若干问题

高职院校的教育教学模式、目标与企业文化密不可分。在社会主义市场经济条件下，学校的一切活动均需将面向社会，面向市场，面向企业。企业在改革开放的大潮中有过全面而深刻的变化，但继承下来的优良传统却永不过时。虽然社会发展迅速，人民生活得到改善，但吃苦奉献精神却

值得永远传承，它是社会发展、国家强盛、人民富裕的重要保证。高职院校应将培养学生的吃苦奉献精神作为一项基本的工作任务。

（一）学校教育传承吃苦奉献精神的当代意义

1. 传承吃苦奉献精神是民族精神的继承和发扬

在漫长的历史过程中，中华民族形成了以爱国主义为核心的团结统一、爱好和平、勤劳勇敢、自强不息的伟大民族精神。在这一民族精神的感召下，人民群众一次又一次地将历史推向前进。中国的革命事业和改革开放事业的成功得益于人民群众发扬吃苦奉献、前仆后继的精神。这种吃苦奉献精神是民族精神的具体落实和体现。在具体的社会改造实践中，人民群众发扬吃苦奉献的精神，克服困难，不断前进，取得了一个又一个成功。当前，弘扬伟大的民族精神，落实到具体的学习工作和生活中，就是要发扬吃苦奉献的精神。因此，现时期，传承吃苦奉献精神乃是对民族精神的继承和发扬。

2. 传承吃苦奉献精神与时代精神内在统一

改革开放是当前中国社会最大的实际。这一时期，中国社会形成了以改革创新为核心的时代精神。不论是改革还是创新，都离不开脚踏实地，都离不开积累与付出。抛开吃苦奉献谈改革创新是不切合实际的形式主义。因此，只有在学习和工作中做到吃苦奉献，才能有所创新，有所作为。因此，吃苦奉献与当代的时代精神是内在统一的。作为教育机构，学校应从教书育人两方面努力着手吃苦奉献精神的落实，从而在具体的教育教学工作中弘扬时代精神。

3. 在浮躁的社会风气下传承吃苦奉献精神是社会可持续发展的内在动因

浮躁是当前社会的一个典型特征。受社会主义市场经济的负面影响，越来越多的人相信机会和运气，而将对于真才实学的追求束之高阁。“速成”成为当前一部分成功者的显著标签，相当多的人缺乏学习的内在动力和外部环境。倘若这一现象肆意蔓延，深入到人的世界观、价值观，则会产生长久的作用，贻害无穷。因此，在改革开放的成就日益凸显的形势下，中国社会的优良传统更需要传承和发扬光大。从未来国家的发展和社会的进步来看，吃苦奉献精神是我们立于不败之地的重要保证，是中华民族实现伟大复兴、实现社会主义现代化战略目标的重要保证。

4. 传承吃苦奉献精神有助于切实提高学校教育的质量与水平

从教育教学的角度而言，发扬吃苦奉献精神，有助于教育者积累尽可能多的知识、扩展教育者知识面和眼界、提升教育者的思想境界，更好地将知识传授给学生，为学生树立良好的榜样，帮助学生形成优秀的品质。从学生学习进步的角度而言，发扬吃苦奉献精神，有助于学生扎实地搞好学习，踏实地做好每一件事，在实践中锻炼和提高自己，把成功的希望寄托在自己身上，使学生树立科学的人生观、价值观和荣辱观。总之，通过教与学两个方面，切实提高学校教育的质量和水平，切实提高人才的质量，为社会发展做贡献。

5. 传承吃苦奉献精神有助于大学生成人、成才

大学生的综合素质包括坚强的意志和团队精神。作为高职学生，更应该具备吃苦奉献精神。在就业形势严峻的当前，只有注重自身素质的培养与提高才能适应社会的需求，为自己赢得更多的机会。同时，从做人、做事的角度看，有吃苦奉献精神的人才能深受他人欢迎，才能取得成功，才能被称为人才。

（二）高职院校传承吃苦奉献精神的优势分析

有别于本科院校，高职院校在学生吃苦奉献精神的培养工作中存在五方面的积极因素。

1. 人才培养目标

高职院校的人才培养目标是以培养应用型人才为基础，人才的培养模式中着重突出对学生动手能力的培养。在高职院校，不给学生教授深奥的理论知识，学生也无须研究深层次的理论问题，知识以“够用”为标准。高职院校要求培养的学生“下得去、留得住、用得好”，学生的就业方向是企业单位的一线岗位。因此，吃苦奉献是高职院校人才培养的题中应有之义。

2. 教育环境

不论是“做学合一”的教学理念，还是“行动导向”的教学方法，不论是“校企合作”活动，还是“顶岗实习”过程，均为高职学生提供了立足实践、突出应用、加强动手操作的机会和平台。因此，与本科院校不同，教学过程时时处处渗透着对学生吃苦奉献精神的培养。

3. 职业背景

高职院校一般是为企业培养技术人才，企业一线的岗位要求学生首先必须能吃苦。学生的入学教育、就业指导课等在学生入校的第一天就开始为学生介绍企业文化和职业素质要求。学生熟悉企业环境，了解岗位要

求。所以在学习过程中，能够立足实际；在职业规划中，能够接受现实；在校期间，能够培养自己的吃苦耐劳品质。职业背景还要求学生培养奉献精神。在社会高速发展的时期，在当前企业的运行体制下，职工被要求具有全局意识、长远眼光和奉献精神。而奉献精神是企业和个人发展的关键因素。在社会主义市场经济条件下，谈奉献并不过时。这是长期以来企业形成的自身文化的一个重要组成部分，这种精神代代相传，恒久不变。

4. 师资队伍

当前，高职院校的教职员工工作量饱满，工作任务繁重。作为教师，除了承担饱满的教学任务，还有科研工作及专业、学科建设等工作。教师吃苦奉献的行为本身对学生就是一种无形的教育和影响。

5. 学生特点

高职学生动手能力和适应能力强的特点是吃苦奉献精神的培养工作容易开展并成效显著的原因之一。高职院校的学生在社会实践、顶岗实习等方面表现出来的热情和积极性，能够使吃苦奉献精神落到实处，使高职院校开展吃苦奉献精神的培养工作具备了一个非常大的优势。

（三）新形势下高职学生奉献精神培养的难点与对策

1. 新形势下高职学生奉献精神培养的难点

尽管高职院校在吃苦奉献精神培养工作方面具有多方面有利因素，但由于当前还存在诸多不利因素，因此，高职院校的吃苦奉献精神的培养工作尚有四个方面困难。

第一，社会不良思潮的负面影响加剧，使教育教学中的正确思想、理念很难被一些学生认同和接受。在人性是否自私的问题上，书籍、网络等传媒往往给学生传递错误的信息，使一些学生的思想观念较难改变。

第二，独生子女家庭教育不当所导致的教育难度加大。由于中国社会家庭结构的变化，独生子女的教育问题始终困扰着整个社会。由于一些家庭教育的缺失或不当，使在以子女为核心的中国家庭环境下长大的学生在生活中很难容纳别人的缺点，对自己的言行也不大顾忌。

第三，社会环境带来的巨大挑战。在社会主义市场经济条件下，一些人道德败坏、诚信缺失，一些领域失去公平，社会风气有待提高。

第四，学习生活环境的新特点使奉献精神的培养缺少必要的机会和平台。学生在家庭中，父母娇惯溺爱，中国社会又缺少公众教育的过程，因而，吃苦奉献精神的培养仅靠学校环境还是力量单薄。

2. 新形势下高职学生奉献精神培养的对策

第一，正面教育与负面批判相结合。高职学生乐观向上、社会适应能力强的特点决定了正面教育的效果以及高职院校思想政治教育以正面教育为主的要求。同时社会思潮对学生的冲击力也不容轻视。在以正面教育为主的同时，还必须针对一些社会思想上的负面作用加以批判，在批判的过程中引导学生明辨是非，培养学生正确的世界观、人生观和价值观。

第二，加强企业文化的宣传力度。由于角色定位的原因，在校高职学生对于企业及企业文化的关注比较欠缺。学校应为学生提供尽可能多的了解企业及其文化的渠道，使学生能够在就业前全面了解企业要求及职业本身的内在要求。这样，学生就能在平时的学习生活中主动培养自己的奉献精神。

第三，引入激励机制，帮助学生培养正确的价值观念。除了理论教育，提供锻炼机会和平台，学校还应该通过树立典型、表彰奖励等活动，在微观教育活动中引导学生培养奉献精神。加强自我教育的功能，提高教育的效果和影响力。如陕西铁路工程职业技术学院每年举办的“青春榜样”评选活动，就可以为学生树立身边的榜样。

（四）高职学生吃苦精神培养的途径与方法

1. 加强思想教育，端正学生的思想认识

通过思想政治理论课的教学及学生管理等思想教育工作，切实加强对学生的教育和引导，使学生明确吃苦并不多余，奉献不等于吃亏的道理。培养学生吃苦耐劳的优秀品质，使学生在正反两方面思想中做出选择正确人生观、价值观的决定。培养学生以吃苦为乐、以奉献为荣的正确荣辱观念，做社会主义合格建设者和可靠接班人。

2. 提供充分的锻炼机会，培养学生吃苦耐劳的优良品质

高职院校在教育教学中可通过增加实践教学、提供实训机会、开设劳动教育课程、职业道德教育、就业指导课、开展社会调研等形式，为学生提供尽可能多的锻炼机会，使学生在实践活动中感受吃苦的乐趣、享受劳动的成果。

3. 加强校企合作力度，使学生尽早进入社会角色

若没有现实环境，许多品质只能停留在思想观念的高度。因此，学校通过加强校企合作、顶岗实习等环节的工作，使学生尽早地进入职业角色。在与企业接触的过程中，学生自觉接受企业文化，形成对吃苦奉献的

理解和认识，从而将认识转化为自觉行动，主动培养自己的吃苦奉献精神。

高职院校由于人才培养的目标模式、学生思想行为特点、学校内部环境等方面存在先天优势，同时也存在不利因素，高职院校在培养学生的吃苦奉献精神方面取得了一定的成绩。在这一领域，高职院校应该紧密联系实际，针对当前存在的问题与现状，将吃苦奉献精神的培养工作作为一项光荣而又伟大的任务，为传承民族精神、时代精神，确保中国社会的可持续发展，做出应有的贡献。

第三篇　主渠道与主阵地

一、高职院校思想政治理论课的教学现状与对策

思想政治教育工作作为高校一项重要工作，历来备受全社会关注。由于高职院校在思想政治理论课的教学方面存在基础薄弱、重视不够、学生偏好等现实问题，加之教育环境与教育对象思想特点的变化，高职院校的思想政治理论课目前存在许多突出问题。当前，必须通过深化改革高职院校思想政治理论课的内容和形式、利用好课内外两个课堂、切实发挥思想政治理论课教师的作用和改变单一的测评方式等途径，切实提高思想政治教育工作的实效性，保证人才质量，为社会发展做出应有贡献。

(一) 高职院校思想政治理论课的教学现状与成因分析

当前，随着高校课程改革工作力度的加大，教学设备和教学方法不断改进，大多数高校的思想政治理论课一改从前课堂气氛沉闷、学生昏昏欲睡的状况，教师和学生的积极性被充分调动起来，教学效果明显增强。但是，个别学生自由散漫，缺乏对生活的热情和高层次的人生追求，使得高校的思想政治教育工作的任务依然艰巨。尤其在高职院校，学生知识基础相对薄弱，对于思想政治理论课兴趣不浓、重视不够，存在平时不学、考前突击、作业不认真、应付心理严重等普遍现象。思想政治理论课的教育性未能很好地体现出来。不论从大学生中普遍存在的问题，还是从大学生问题中的个案件来看，思想政治理论课的实效性依然不够强，其教育效果依然令人担忧。尽管当前大学生中出现的思想认识、心理健康等方面的问题并非都是思想政治理论课应该和能够解决的，但作为思想政治教育的主渠道，思想政治理论课作用发挥的程度、教学的现状与当前大学生存在的思想认识问题是具有一定关联的。因此，高职院校思想政治理论课的教学现状值得分析和研究。

高职院校思想政治理论课教学效果不理想的现状，主要是由社会环境、教育部门、教育工作者、教育对象、教学内容与方法等多方面因素造成的。其表现主要集中在四个方面。

第一，思想政治理论课的教学内容理论性过强，而且存在教学理论与学生实际相脱节的情况，不能引起学生兴趣。因此，相当多的学生仅把学习思想政治理论课作为完成学业的无奈之举，应付心理严重。一直以来，思想政治理论课的教材内容，一方面保持了其稳定性的特点，因为党的指导思想（马克思列宁主义、毛泽东思想、邓小平理论、“三个代表”重要思想、科学发展观）始终不可动摇；另一方面又紧随国际国内形势和经济社会发展，变化较快。较稳定的内容因其教学上的重复性，学生缺乏新鲜感，不容易产生更好的效果，最多也是巩固和提高。变化较快的内容，往往又具有前瞻性，不能立即在现实生活中得到检验，因此，其教育效果必然受影响。而且，这些内容远离学生生活，根据当前大学生的思想特点，它们不能引起学生关注，教学双方不易产生共鸣，这是高职院校思想政治理论课教学效果不佳的主要原因。

第二，教学方法不够新颖，不能让学生在快乐新鲜的氛围中学习那些中学时代就已经有所了解甚至熟知的教学内容。尽管多媒体教学已经成为当前高校思想政治理论课教师普遍运用的教学手段，但由于多媒体教学本身的缺陷，如信息量过大、学生掌握效果差，缺少心理沟通等，高职院校的思想政治理论课在教学、引导方面的做法依然比较陈旧。另外，高校思想政治理论课的实践教学尽管已经成为许多高职院校研究和实践的热点，但高校扩张后的师生比例问题依然是推行实践教学一个障碍。这是高职院校思想政治理论课教学效果不佳的直接原因。因此，新的教学方法、教育模式依然需要探索。

第三，社会主义市场经济条件下，功利主义价值观念的存在是思想政治理论课教学效果不佳的根本原因。从整个社会的价值体系来看，尽管我们的主流价值观充满了正能量，但是功利主义仍在一定范围内盛行，相当多的人对经济效益的关注远远超过社会效应与可持续发展效用。在部分学生身上，表现为他们以“有用”“实惠”作为一切活动的评判标准。思想政治理论课作为一门普通的公共必修课，既带不来经济效益，也不会对专业和技能产生直接的影响。因此，学生不重视是目前高职院校思想政治理论课的最大问题。这是高职院校思想政治理论课教学效果不佳的根本原因。

第四，部分学校不重视学生的思想政治教育工作，相当多的学校敷衍了事，教育教学改革过于被动。部分高职院校要么缺少必要的激励机制，要么不能给予教育者、研究者必要的政策和经费支持，造成了高职院校思想政治教育队伍思想不稳定、教育教学效果欠佳等现象。这是高职院校思想政治理论课教学效果不佳的重要原因。

（二）当前高职院校思想政治理论课教学的对策

高校是全面提高国民素质、实现人的全面发展、净化社会“空气”、构建和谐社会的主要阵地。搞好大学生思想政治工作，事关国家的兴衰荣辱，事关民族的文化自信。从当前高职院校思想政治课的教学情况看，课时的要求和各种思想政治教育活动的安排，庞大严密的组织和众多的人员投入，能够看出我们国家已经非常重视思想政治教育工作。但显而易见的是，我们的思想政治理论课教学实效性还不够强，效果不能令人满意。增强高职院校思想政治理论课的实效性需要按照以下四个方面的要求进行：

1. 内容和形式切合当前学生特点，不能远离学生生活实际

思想政治教育工作如果操作不当，就会让人产生枯燥、乏味，甚至空洞说教的感觉。因此，思想政治理论课必须使内容和形式均切合当前学生的特点。否则，就是不成功的思想政治教育工作的再重复，起不到积极的作用。思想政治教育工作的关键是方法问题，只有方法得当，贴近人们的思想实际，贴近人们关心的问题，贴近人们接受思想教育的思想特点，贴近人们的思路和语言，才能收到预想的结果。所以，高职院校的思想政治理论课必须立足学生实际，贴近学生生活，让学生在受教育的过程中能够有所收获，感觉到思想的变化所带来的快乐。教材内容和教学内容的创新是必然选择，这一创新，要求内容上紧跟时代步伐，紧扣社会热点话题，紧贴学生思想实际和现实生活。将教育教学内容和受教育者置于同一个有机整体之内，容易产生共鸣、形成合力。

2. 以课堂教学为主，第二课堂活动为辅，全方位影响学生，增强思想政治理论课的效果

思想政治理论课是大学生思想政治教育的主阵地。但由于思想政治课本身具有政策性强、理论性强的特点，从大部分高职院校的教学情况来，传统的以讲授为主的教学方法依然是教师采用的主要方法。当然，改进教育方式不是要取消灌输，而是要充分考虑不同对象的实际理解能力和思维

方式，从统一灌输形式向多层灌输形式转变。另外，当前高职院校思想政治课的教学内容在一些方面与学生的知识结构和心理特点存在脱节现象。因此，高职院校思想政治课的教学效果差强人意。毕竟思想政治理论课的教育作用是有限的，因此必须结合“两个课堂”，实施全面育人，立体式地推进高职院校思想政治教育工作。第二课堂活动是学生参与实践、深化理论知识的重要环节。马克思主义大众化需要把马克思主义与中国广大人民群众的日常生活实践结合起来，赋予当代中国马克思主义鲜明的实践特色。以学生喜闻乐见的形式为载体进行思想政治教育，其效果自然较好。除此之外，还要为思想政治教育创造良好的环境。校园文化是一个学校的“软实力”。在大学生思想政治教育中，校园文化发挥着不可替代的作用。一个学校的校风、校貌如何，教师、工作人员的精神风貌如何，学校规章制度建设情况如何，校园各项活动开展情况如何，都会影响学生的综合素质。

3. 发挥思想政治理论课教师的力量，师生相互学习，共同进步，营造良好氛围

教师是主导、学生为主体这是教育的一对常规因素。在教育过程中，必须充分发挥二者的作用，使教与学能够相得益彰。师生相长规律是高职院校思想政治教育的规律之一。所谓师生相长规律，是指在思想政治教育工作中，教师与学生相互联系，共同促进，二者既有对立性，又有统一性。其表现有两个方面：其一，教与学相互依存，共处于同一个教育环境中；其二，教与学相互转化，教师与学生能够在教学过程中共同发展、共同进步。师生相长规律要求在思想政治教育工作中，教师与学生必须相互尊重，通过“情感对称”体现情感效应，增强教育效果。在此，教师必须深入学生生活，做学生的知心朋友。同时，在思想政治教育工作中，教师与学生必须相互学习，使教育由单向型向双向型转化。教师学习学生，可以更加全面地了解学生，有效消除“代沟”，改进教育教学方法，提高教育水平。师生相长规律还要求高职院校的思想政治教育工作坚持可持续发展。教育者的工作方法不断创新，以便适应学生实际。学校的规章制度、队伍培养方案必须紧跟时代步伐，使教师与学生具备共同发展的制度保障。

4. 效果的测评方式应灵活多样，不局限于考试的形式

教学效果的测评是思想政治理论课教学的重要环节之一。科学的测评

机制能够对教学产生积极的影响力，既能全面和客观地检验前期的教学效果，又能对下一步的教育教学产生强有力的激励作用。高职院校思想政治理论课成绩的考核应该遵循三个原则：符合人的主体性的原则、符合人的全面发展原则和符合可持续发展原则。在现行的教学过程中，大多院校重理论成绩、轻过程考核和日常道德行为实践。这种“学”“用”分离的做法致使学生的思想政治理论课的成绩与日常行为表现不一致，在高职院校，这种现象体现了思想政治理论课的学科性，而未体现出它的教育性。因此，这种考核办法不适合高职院校。为此必须从以下几方面开展工作：首先，增加考核的主体。除教师在教学过程中进行考核外，学校、家庭、社会也可以参与对学生的评价。使学校、社会、家庭对青少年学生教育的“三张皮”变为“一张网”，形成合力，加以落实。其次，扩大考核内容的范围。效果测评中，除了考核学生所学的知识，还应考核学生日常表现、实际行动，甚至学生的心理健康状况。最后，改变考核的形式。在原有纸笔测试的基础上，引进一些其他的考核形式。总之，思想政治课成绩考核办法应该呈现出多元化的特点。这样，才能衡量大学生的思想政治理论水平和实践转化能力，而且能够有效地促进高职生的全面发展，使高职院校思想政治教育工作再上新的台阶。

综上所述，当前高职院校思想政治理论课亟待加强。在影响思想政治理论课教学效果的诸要素中，高职院校必须积极利用有利因素，深化教育教学改革，提高思想政治理论课的教学效果，增强思想政治教育的实效性。同时，高职院校应把思想政治理论课放在战略的高度、全局的高度，克服困难，创造条件，为我国全面实施科教兴国和人才强国战略，为确保实现全面小康社会和实现中华民族伟大复兴做出重要贡献。

二、高校思想政治理论课的课内实践活动

（一）何谓课内实践

传统的思想政治理论课以教师的讲授为主体，间或有学生讨论、答疑等形式。学生的参与性不强，这种被动接受式的教学方法，不论冠以“灌输法”还是“启发式”的名称，其效果都差强人意。因此，思想政治理论课课程改革的一个重要方面就是实践教学。这种教学法突出学生的参与，以更加直观生动的方式达到教育学生的目的。课内实践是思想政治理论课实践教学的一个方面，强调在课堂上发动学生，引导学生进行教学。它的

实践场所是教室，它的参与主体是全体受教育学生，它的具体方法简单易行，不受条件限制，如研讨会、辩论赛、演讲、红歌颂、影视教学、原著解读、时事评议、优秀作业评选与推介等。在资源不足、条件有限的情况下，开展课内实践教学是提高思想政治理论课教学效果的最佳途径。

（二）探索课内实践教学的意义

1. 一般性思想政治课实践教学的瓶颈

一般性实践教学指的是理论界已经和正在研究的思想政治理论课的实践教学模式，由教师引导，以学生的实践活动为核心，解决实际问题，进行思想政治教育的模式。其方法主要有：调查报告、参观学习、红色之旅等形式。这种实践教学法优点很多，但也存在不足之处，使理论上“完美无瑕”的经验，很难在实际中运用。其原因有三个方面：

第一，由于现有的师资力量严重不足，导致教师的工作量大，无法积极实施实践教学活动。从目前高校扩招的形式来看，师生比例不科学已经成为许多学校共同的难题。对思想政治理论课而言，合班教学甚至大规模讲座式教学方式已被大多数高校采用。这样一来可以解决师生比例失调的矛盾，二来可以为学校节约开支。因此，在这种情况下，一个教师往往授500～1000个（甚至更多）学生的课，实践教学应如何安排？一个好的实践活动应该有组织、有规划，而且要有效果的检验。没有教师的参与，实践活动很难确保顺利开展并取得成效。因此，实践教学在思想政治理论课的教学中固然重要，但由于师资力量的限制，并不具备可操作性。

第二，思想政治理论课的实践教学具有的特殊性，使得实际操作起来难度较大。思想政治理论课的实践教学的特殊性表现为思想政治理论课的“实验室”就是社会。偌大的社会让学生去实践，除了调查研究、观察、参观、采访等形式外，别的形式很难实现。实践教学受三个方面因素的影响：一是经费，二是安全，三是效果。这三个问题往往是许多高校不愿开展学生实践活动的“三大理由”。从实际情况来看，目前高校在思想政治理论的实践教学方面，呼吁得多、宣传得多，真正落实的少之又少。当然，也有个别高校在实践教学方面“硕果累累”，这仅仅是个别，之所以被推介，只是因为稀少，更重要的是这些经验并不适合所有高校。

第三，思想政治理论课的教学内容往往不能投学生所好，并非所有的实践环节都能产生良好的效果。因此，即便克服万难去实践，所投入的精力、时间和经费与收到的效果也不能成正比。这样一来，费尽周折，其效果并不见得就好于传统的“粉笔加黑板”式的教学法。

因此，作为思想政治理论课教师，应该立足现实，克服思想政治课实践教学的瓶颈，探索更加符合实际的实践教学方法。

2. 开发课内实践教育的必然性

由于受种种条件的限制，开发课内实践教学方法显得既重要又迫切。首先，在师生比例严重不足的情况下，只要有思想政治理论课就会有课内实践。每个学生都能参与，教师在课堂也好引导，易于操作。其次，课内实践教学所需经费少，要求条件也不多。有多媒体设备就可以，即便没有，同样可以进行课内实践。再次，课内实践教学杜绝安全事故发生的效果也比较明显。如果在开展过程中发现新问题、新情况随时都可调整。最后，由于需要教师与学生面对面或共同参与，课内实践教学使得师生感情不断增进，教学效果更佳。因此，开发课内实践教学对于提高思想政治理论的教学效果、克服一般性思想政治课实践教学的不足意义重大。

（三）课内实践的方法

根据实际情况，课内实践可以采取灵活多样的形式。在此介绍几种常用且效果良好的方法以供参考。

1. 研讨会

教师根据教学内容设计出研讨的主题，布置任务让学生收集资料，课堂上按一定人数分组进行讨论，接下来各组交流，相互提问，最后由教师结合教材内容进行评价及总结。这种方法学生的参与率可达 100%。

2. 辩论赛

教师根据教学内容选择辩题，课前分组并确定正反方，学生认真准备，课堂上分组比赛，根据成绩评出优胜队及最佳辩手。每组比赛后，教师做小结评议，肯定学生的优点，提出不足之处以供下一组借鉴。这种方法学生的参与率也可达 100%，因为，除辩手之外，还有其他角色可供参与，如主持人、评委等，甚至作为观众也可向辩手提问。

3. 演讲

既可根据教学内容演讲，也可以根据时事政治演讲；既可规定主题，也可由学生自由选题在课堂进行演讲比赛。这种方式，学生的参与率一般不高，但效果良好。因为，即便不参加比赛，作为观众观看别人演讲也会或获益颇多。

4. 红歌颂

教师根据教学需要提供歌曲由学生欣赏，让他们感悟革命的艰辛、现实生活的美好。必要时还可组织学生学唱红色歌曲，在这种生动的过程中接受教育。这种方法学生的参与率也可达100%。

5. 影视教学

根据教学内容，教师组织学生观看教育类影片或相关视频资料。教师设问，学生边观看边思考，最后，学生回答教师提问或课后写一篇读后感。影视教学是学生最喜爱的形式，借助于形象生动的画面与声效，教学效果最好。

6. 原著解读

给学生提供一篇原著文章（全文或节选），提出思考问题，学生通过查阅资料解决这些预设问题，最后让大家在课堂上发言，再总结提炼，进行教学。其要领是先抛开教材，最后再回到教材。这样做，学生兴趣浓厚，印象深刻，教育教学效果显著。

7. 时事评议

每节课前10分钟左右的时间由个别学生做时政演讲或通报，就热点问题让学生参与评议或讨论。引导学生关注国内外大事，学会用正确的眼光看待社会新闻，端正世界观、价值观。事实上，这是许多院校已经开始的一项课内实践内容，效果显著。

8. 优秀作业评选与推介

从目前高校思想政治理论课的教学效果来看，许多学生不重视思想政治理论课，平时作业靠应付，期末考试靠突击。因此，教师除了加强要求外，必须从正面引导和教育学生做好作业，因为重视学生作业是重视过程教学的重要方面。通过认真完成作业，学生可以进一步思考和理解教材内容。而课堂上优秀作业的评选和推介能够激发学生的积极性，同时还能使其他学生获得再教育的机会，最后实现双赢。

教师还可以组织学生开展课外实践、课内展示汇报的方式进行思想政治理论课的实践教学活动。在每一学期的第一堂课上，分组、布置各组社会实践（调研、体验、搜集）的项目及展示汇报时间（周次）。从第二节课开始，就可以按照事先安排的顺序依次由各组进行展示汇报。这样的实践效果更加明显，受教育的面也更广。以《毛泽东思想和中国特色社会主义理论体系概论》课程为例，可以设置以下实践项目：

第一学期课外实践选题

(1) 搜集资料：了解马克思主义中国化理论成果的创立人；
(2) 访问百姓：寻找百姓心中的伟人形象；
(3) 访问或搜集：寻找伟人的足迹；
(4) 搜集“最美”中国元素；
(5) 搜集或游览：走遍中国；
(6) 搜集图文资料：中国社会百年变迁；
(7) 学习笔记整理及复述：马克思主义中国化的历史进程及理论成果；
(8) 搜集：帝国主义侵华图文资料；
(9) 搜集：苏联相关历史知识；
(10) 调查问卷：了解当前人们对社会主义初级阶段的认识；
(11) 访问：百姓记忆中的人民公社；
(12) 搜集资料：深圳巨变，沧海桑田；
(13) 搜集资料：长征故事，长征精神；
(14) 演讲：中国梦、职业梦；
(15) 搜集：改革开放的历史进程。

第二学期课外实践选题

(1) 调研：本校不和谐现象扫描；
(2) 辩论：一国两制能否解决台湾问题；
(3) 讨论及搜集资料：中国之强与中国之弱；
(4) 搜集资料：优秀文化作品介绍；
(5) 调查：村民委员会、社区居委会自治现状；
(6) 采访：身边的优秀共产党员；
(7) 调查：本地区生态文明建设情况；
(8) 采访：人大代表；
(9) 调查：某党总支“两学一做”活动开展情况及成效；
(10) 搜集资料：第二次世界大战以来各国发展历程回顾；
(11) 讨论：建设“文化强国”大学生能够做什么；
(12) 调研：介绍一家私营企业，谈谈非公有制经济的社会贡献；

（13）实践：结合打工经历，谈谈我国实行现行分配制度的必要性；

（14）调研并讨论：社会主义核心价值观在社会生活中的落细、落小、落实问题；

（15）采访：了解少数民族同学家乡的经济、政治、文化发展状况。

三、思想政治理论课校内实践教学基地建设的思考

实践教学模式的探索在高校思想政治理论课改革中占据重要位置。校内实践教学基地由于其诸多优点成为当前高校探索实践教学模式的必然选择。基于高等教育的独特职能，校内实践教学基地的建设需遵循先进性、集成性、实用性和灵活性原则。以教育教学为目的，通过建设展厅、体验室、理实一体化教室和文化长廊等形式，为大学生实践教学提供重要保障，进一步增强高校思想政治理论课教学的实效性。

（一）建设思想政治理论课校内实践教学基地的必要性

实践教学是高校思想政治理论课教学的一个重要环节，在增强大学生思想政治教育效果的过程中发挥着极其重要的作用。关于高校思想政治理论课实践教学，教育部社科司副司长徐维凡指出："当前高校思想政治理论课在制约教育质量提升方面有三个突出问题：一是大学如何承接高中已有的知识，使学生感到有新意、有收获。二是高校在进行系统理论教育的同时，如何为学生解答现实问题。三是如何运用大学生喜闻乐见的方式回答他们关心的问题。"破解这三方面问题的有效途径正是实践教学，因为，实践教学既是教学方法改革的重要内容，也与理论课教学形成互补。因此，高校必须探索思想政治理论课实践教学的多种途径，切实提高思想政治理论课的实效性。目前，常见的实践教学的形式多为社会考察、调研、参观、社会实践等。以校外实践基地或实践项目为主体的实践教学形式确实能增强学生的理解能力以及运用所学知识解决实际问题的能力，但由于师资、经费、安全、规范性等方面因素的制约，使得建设校内实践教学基地成为一个更为理想的实践教学方式。

思想政治理论课校内实践教学基地是学术性知识与体验性知识、理论与实践、显性教育与隐性教育的有机结合。比照校外实践教学基地的制约因素，建设思想政治理论课校内实践教学基地是以实训教室、文化长廊等为载体，拓展教学空间，提高教学效果的首选举措。校内实践教学基地在确保学生安全、覆盖度高、收效好等方面的优势，必将使其成为高校在思

想政治理论课在实践教学方面的一个重要资源和途径。

（二）思想政治理论课校内实践教学基地建设的原则

校外实践教学基地的建设原则有：性质吻合、功能完备、形式多样、特色鲜明、远近结合、共建共享。与校外实践教学基地建设既有联系又有区别的校内实践教学基地建设，其原则有四个方面：先进性、集成性、实用性和灵活性。

1. 先进性

作为高等院校的教学基地，首先就应该具备先进的硬件设备，如充分发挥网络、多媒体、声光在教学中的效果。教学内容通过醒目的图文形式呈现，既不是教材体系的简单再现，更不能靠头脑风暴式的视觉冲击。思想政治理论课的校内实践教学基地应该充分体现科学知识的系统性、严谨性和丰富性，让受众乐于接受教育，在先进的内涵和形式中，深化认识，提高能力。

2. 集成性

校外的实践教学基地因遵循“共建共享”，使得在用途上体现出专项性特点。而作为校内实践教学基地则可以根据教育教学的需要，全面考虑教学基地的用途，满足学校教育教学的各方面要求。校内实践教学基地集成展览、教学、研讨、自学等多种功能，设备上集成图文展厅、网络、多媒体、项目化课桌、体验式设施，等等。

3. 实用性

思想政治理论课校内实践教学基地的主要用途是实践教学，因此，其软、硬件建设必须满足教学的要求。不论教师采用何种教学方法，通过实践教学基地均能产生理想的效果。因此，思想政治理论课校内实践教学基地的核心是内涵建设，使其真正成为知识的殿堂。

4. 灵活性

由于校内场地资源的限制，校内实践教学基地的建设必须考虑功能效益的最大化。一般而言，不可能做到专项使用，况且也无必要。本着节约资源的原则，校内实践教学基地可以开发多项功能，以满足不同活动的内容与形式的要求，同时，还可根据教育教学内容，灵活替换、更新呈现的内容，以达到效益最大化。

思想政治理论课校内实践教学基地是为了弥补理论教学的不足，同时，也是为了克服校外实践教学基地建设与实施教学工作的实际困难。因此，校内实践教学基地在建设中必须以方便、有效为宗旨，结合先进性、集成性、实用性和灵活性四个基本原则，将其建设成为促进教与学双向收益的教育教学资源。

（三）思想政治理论课校内实践教学基地的形式

近年来，各地高校在思想政治理论课实践教学方面进行了很多有益探索与研究，积累了很多经验。建立校外实践教学基地已经成为一个具有普遍性，甚至普及性的工作。建设思想政治理论课校内实践教学基地是高校思想政治理论课实践教学创新的又一模式。从学科、教学、实践等特点出发，高校思想政治理论课校内实践教学基地建设一般有四种基本形式：展厅、体验室、理实一体化教室和文化长廊。

1. 展厅

借鉴博物馆、展览馆的形式，校内展厅可以专门建设，也可以置于教学楼、图书馆大厅，以多功能厅的形式出现；依据用途与现实条件，既可以采用封闭的形式也可以采取开放的形式。通过图文资料、影音资料展示教学内容，要求生动、直观，简单易操作。展厅的布局要突出主题，最好以专题形式出现，即一个展厅一个（也可几个）专题。

2. 体验室

思想政治理论课实践教学的体验室，比较典型的如心理健康教育方面的减压室、放松室、宣泄室等，能够通过学生的实践行为达到预期的效用。这类形式的实践基地具有一定的独立性和专业性，其科技含量、成本造价、维护要求一般都比较高。

3. 理实一体化教室

按照课程标准及课程设计要求，以思想政治理论课知行统一、知信统一的教学目标为原则，建立若干理实一体化教室。努力将教材体系转化为教学体系，将知识体系转化为信仰体系，为学生搭建感悟教育、实践展示、塑造自我的教学平台，以满足课内实践教学的需要。理实一体化教室是一种将思想政治理论课实践教学、校园主旋律文化建设、素质教育、心理健康等学生思想政治教育的综合教育需要融为一体，以图片、视频资料、经典红歌为主要资源，借助声、光、电等现代教育手段，把理论课与实践性教学相结合的有效形式。它可以最大限度地激发学生的学习热情和积极性，实现文化育人的功能目标。

4. 文化长廊

充分利用校内资源，在走廊、道路旁设置专题宣传内容，如伟人塑像、名人名言、红色电影画报、红色歌曲词作等，使学生实现自我教育的作用。文化长廊一般设置在人流量大、宽敞明亮的地方，以方便学生学习。

不论何种形式，思想政治理论课实践教学基地建设的关键是内容建设。实践教学基地不能将教材照搬过来，必须充分体现学生在教学中的主体地位，建立科学完善的内容体系。高校也可合理挖掘地方红色资源，理论联系实际，契合学生心理，真正实现校内实践教学基地的功能和用途。

（四）思想政治理论课校内实践教学基地的建设

思想政治理论课校内实践教学基地的建设，要在建设原则的指导下，根据学校自身特点和教学需要，选择适当的基地形式，进行建设。建设过程中有以下四个方面具体工作：

1. 选址

以方便教学为原则，根据需要选择场地，可以选择室内、走廊或者室外建设实践教学基地。根据思想政治理论课教学内容之间相互关联的特点，实践教学基地最好相对集中，一则可以方便教学与管理，二则营造良好氛围，有利于增强教学的效果。

2. 软件、硬件的投入

实践教学所需的教学资料、教学系统、多媒体设备、陈设、其他教学教辅设备等必须配套合理，以满足教学所需。设备的投入、资料的投入要根据其用途考虑其永久性和临时性属性，根据教学需要，合理选取。

3. 设计规划

根据学校实际情况、教学内容和实践教学方案，设计实践教学基地的布局、设施设备的分布、教学资料的呈现方式，等等。设计规划要求科学合理、简单明了，并且充分利用所有资源。

4. 制定管理办法

校内实践教学基地由专门部门负责协调、维持和管理，确保思想政治理论课校内实践教学基地能够合理有序地使用，通过科学管理，使之成为高校育人工作的重要阵地。

由于校内实践教学基地其安全、方便、富有针对性的特点，加之建设原则上的先进性、集成性、实用性和灵活性，必将在高校思想政治理论课的教学过程中发挥着不可替代的作用，为高校的人才培养工作奠定良好的基础。

四、强化实践教学，构建特色育人新模式

实践教学是高校思想政治理论课教学的必要环节，也是有助于大学生开阔视野、理论联系实践，为大学生所喜爱和积极参与的教学方式。为了适应全面推进素质教育的要求，进一步改革和加强思想政治理论课教学，根据统一的教学计划的规定，思想政治理论课各门课程除必须完成课堂理论教学的学时外，还必须安排相应学时用于实践形式的教学。通过实践教学这一环节，使学生能够运用所学理论去认识社会、指导实践，在接触、参与社会主义现代化建设的实际中接受教育，加深对马克思主义基本理论的理解，增强培养良好道德品质的自觉性，锻炼和提高分析问题、解决问题的能力；有利于更好地贯彻理论联系实际的教学原则，进一步增强思想政治理论课教育教学的针对性、实效性和吸引力、感染力，进一步提高思想政治理论课的教学质量和教学效果。

思想政治理论课实践教学要具备全方位、立体式的特点，具体来说，从六个方面开展工作，包括：校外实践教学基地的建设、现场教学活动、课堂增加实践教学展示环节、假期社会实践活动的有序开展、校内实践教学基地建设、创办思想教育刊物。这六个方面，相互促进、相得益彰，切实有效地推进了思想政治理论课实践教学工作的开展，成效显著。

（一）校外实践教学基地的建设

实践教学基地建设是搞好思想政治理论课实践教学的基础，是大学生快乐学习思想政治理论课的保证，是思想政治理论课社会大课堂的“活教材”，是大学生增长认识、接受教育的崭新视角。

（二）开发资源，搞好开展现场教学活动

为了在实践教学中突出主题、增强效果，可以组织教师开发实践基地的教学资源，在学生听完讲解员的解说、参观结束后，由思政理论课教师结合每个实践教学基地的特色内容进行点评讲解。从理论和现实教育的角度使实践教学更有高度，更有价值，使学生能够多角度、全方位地深化对理论的认识，增强理论学习的主动性、参与性，提高学习的感染力和实效性。通过建设实践教学基地，开发拓展更多的教学资源，在开展现场教学的过程中，把系统讲解、重点点评、案例分析和互动交流四种基本方式结合起来，突出教学点的特色和内容，增强教育的针对性和实效性，使实践教

学基地成为理论教育的生动课堂，实现社会资源优势向教学优势的转化。

（三）课堂增加实践教学展示环节

在课堂教学中突出实践性，提高学生的参与度。在课堂教学中，除了以多媒体丰富课堂教学、巧设提问、演讲讨论等方式方法增加实践环节外，还可采用课堂专题实践教学活动。具体做法是：在《思想道德修养与法律基础》和《毛泽东思想和中国特色社会主义理论体系概论》两门课程中，整合教学内容，将教材体系转化为教学体系，开展专题式教学，在教学过程中增加实践教学展示环节。每一理论专题开发相配套的课堂专题实践项目，然后由学生自由组合、自由选题，利用课余时间自行完成，在课堂上分团队亮相、时事述评、作业汇报、互动提问、感悟体会等5个环节进行展示汇报。这种方式，增强了学生学习的积极性和课堂学习的参与度，明显提高了教学效果，构建了学生自主参与、积极体验的课堂教学模式。使学生通过课前搜集信息、课中交流信息，在理论学习的过程中感受知识的魅力，自我教育并达到转识成智、化智为行的育人效果。课堂的开放性、实践性、创新性和学生学习理论的主动性、积极性和参与度大大提高。

（四）假期社会实践活动的有序开展

思想政治理论课社会实践教学是贯彻理论联系实际、提高思想政治理论课教学质量、培养学生运用所学理论分析并解决问题能力的重要环节。根据思想政治理论课各门课程的教学基本要求，结合思想政治理论课程的教学内容，把有关经济、政治、文化和社会各种实际问题作为学生开展思想政治课假期社会实践活动的内容。组织教师拟定该门课程的调研选题，学生要根据本人实际确定选题并开展社会实践活动。尤其是强调选题要考虑到实践教学的特点以及学生实际情况，具有可操作性，要具体、务实，避免大而不当或流于空泛。每学期的寒、暑假放假前夕，学校安排部署学生假期开展社会实践活动的工作，开学初开展学生假期社会实践的评选活动。

（五）校内实践教学基地的筹划

建设思想政治理论课校内实践教学基地是思想政治理论课实践教学创新的又一模式创新。为满足课内实践教学需要，以思想政治理论课知行统一、知信统一的教学目标为原则，努力将教材体系转化为教学体系，将知识体系转化为信仰体系，为学生搭建感悟教育、实践展示、塑造自我的教学平台。按照《思想道德修养与法律基础》和《毛泽东思想和中国特色社会主义理论体系概论》课程标准及课程设计要求，将思想政治理论课校内实践教学、校园主旋律文化建设、素质教育、心理健康等学生思想政治教育的综合教育需要融为一体。以图片、视频资料、经典红歌为主要资源，借助声、光、电等现代教育手段，把理论课与实践性教学相结合，激发学生的学习热情和积极性，实现文化育人的功能目标。我院的红色文化长廊完成了百部爱国主义影片、百首经典红歌的片头、歌词、视频、音频的收集工作。校内实践教学基地在确保学生安全、覆盖度高、收效好等方面的优势，必将使其成为高校在思想政治理论课在实践教学方面的一个重要资源。

（六）创办思想教育刊物

为了更好地教育学生的思想、指导学生的实践，为了给学生提供一个思想与实践经验、体会交流的平台，学校创办思想教育刊物。征集和收录党和国家重要文件、教师科研论文、学生优秀作品等。通过创办刊物，进一步巩固实践教学的成果，提升思想政治理论课的教学水平。

这一实践教学模式深刻体现了理实结合的特点和要求。将校内校外结合，课堂内外结合，走出去和请进来并举；可以远近结合，本地、外地都能开展活动；可以点面结合，班级集中开展和分小组开展等活动形式。思想政治理论课实践教学基地是学校思想政治理论课实践教学活动的进一步拓展，也是加强学校与地方合作、实现资源共享、优势互补、教学与实践相结合的大胆尝试。思想政治理论课实践教学形式的拓展，对于学生了解社会、认识国情、增长才干、奉献社会、培养品格、增强历史使命感和社会责任感等都具有不可替代的重要作用。实践教学的特色育人新模式也是思政理论课培育新型“社会人”“职业人”的文化主阵地。

附件1：

某校思想政治理论课课程标准
——以《毛泽东思想和中国特色社会主义理论体系概论》课程为例

“毛泽东思想和中国特色社会主义理论体系概论”课程标准

1. 课程基本信息（见表1）

表1 课堂基本信息

课程编码		开设学期	第三、四学期
计划学时/学分	68学时/4学分	适用专业	各专业
课程性质	公共基础课		

续表

课程设计思路	理论教学与实践教学相结合	
学习目标	知识目标	1. 了解马克思主义中国化的历史进程和理论成果； 2. 理解新民主主义革命和社会主义社会建立的历史过程； 3. 掌握中国特色社会主义建设理论的基本内容和意义； 4. 掌握历史唯物主义的基本立场和辩证思维方法
	社会能力	1. 具备团队协作的能力； 2. 具备吃苦奉献精神； 3. 具备自我牺牲精神； 4. 具备强烈的责任心； 5. 具备主人翁意识； 6. 具备创新意识； 7. 具备安全、质量意识； 8. 具备良好的职业道德； 9. 具备了解企业动态、遵守企业制度的素养； 10. 具备严谨、规范的工作作风
	方法能力	1. 能够运用历史唯物主义的基本立场和辩证思维方法分析行业以及社会发展中存在的现实问题； 2. 能够根据专题的要求进行信息的搜集，并进行分析、归纳和总结，完成调查研究报告； 3. 具备自主学习和终身学习的能力； 4. 具备多种信息获取途径的能力； 5. 具备发现问题、研究问题和解决问题的能力； 6. 具备良好的交流、沟通、表达能力和写作能力； 7. 具备承受压力、挫折的能力
	专业能力	1. 坚定共产主义理想信念； 2. 树立社会主义核心价值观； 3. 具备当代高职学生的历史使命感和社会责任感； 4. 具备热爱科学、热爱职业、实事求是的作风； 5. 具备职业所需的基本政治素质和思想品德
教学内容	1. 马克思主义中国化的历史进程和理论成果； 2. 新民主主义革命的基本理论； 3. 社会主义改造理论； 4. 探索中国特色社会主义道路； 5. 建设中国特色社会主义经济； 6. 建设中国特色社会主义政治； 7. 建设中国特色社会主义文化； 8. 构建社会主义和谐社会；	

续表

教学内容	9. 祖国完全统一的构想； 10. 国际战略和外交战略； 11. 中国特色社会主义事业的领导核心和依靠力量		
学习内容划分	序号	内容描述	学时
	学习内容1	马克思主义中国化的历史进程和理论成果	8
	学习内容2	毛泽东思想概论	22
	学习内容3	中国特色社会主义理论体系概论	38
学生应有基础及课程衔接	在学习本课程之前，学生应能熟练操作电脑，具备应用文的写作能力，了解法律知识、马克思主义伦理学知识、历史知识、心理学知识、美学知识、自然科学等知识，掌握马克思主义哲学知识、马克思主义政治经济学知识、科学社会主义基础知识，会使用马克思主义基本原理认识世界、处理问题		
课程与岗位技能证书对接	无		
考核评价	平时成绩	实践成绩	期末考试成绩
	30%	30%	40%
教师要求	1. 必须坚持正确的政治方向，热爱马克思主义理论教育事业，具有良好的思想品德； 2. 有扎实的马克思主义理论基础和相应的教学水平、科研能力； 3. 新任教师原则上应是中国共产党党员，具备相关专业硕士以上学位； 4. 密切关注学生的思想动态，随时解决学生的思想认识问题，做学生的良师益友； 5. 具备较强的活动策划能力和组织能力		
推荐教材	《毛泽东思想和中国特色社会主义理论体系概论》，高等教育出版社，2013		
编制依据	本标准依据《×××学校××专业教学标准》制定		

2. 学习内容

学习内容1：马克思主义中国化的历史进程和理论成果（见表2）

学时：8 学时

表2　学习内容基本信息

<table>
<tr><td>课程目标</td><td colspan="3">1. 理解马克思主义中国化的科学内涵；了解马克思主义中国化的历史进程；掌握马克思主义中国化的理论成果；理解马克思主义中国化理论成果的精髓；明确马克思主义中国化理论成果之间的关系；感受马克思主义中国化理论成果的价值；做到热爱社会主义、拥护改革开放。
2. 能运用马克思主义的观点认识社会问题；能科学使用互联网；能自我学习和理论钻研；能归纳总结提炼信息；能较好地表达自己和与人协作</td></tr>
<tr><td>教学内容</td><td colspan="3">1. 马克思主义中国化的科学内涵；
2. 马克思主义中国化的历史进程和理论成果；
3. 马克思主义中国化理论成果的精髓</td></tr>
<tr><td rowspan="4">教学任务设计</td><td>序号</td><td>任务描述</td><td>学时</td></tr>
<tr><td>专题1：马克思主义中国化的科学内涵</td><td>1. 运用图书资料、互联网，搜集伟人资料。认真思索，形成对伟人的认识和评价；
2. 访问百姓，寻找百姓心中的伟人形象；
3. 整合资料，撰写演讲稿，制作DV或PPT；
4. 演讲：寻找伟人的足迹；
5. 课堂展示、报告</td><td>2</td></tr>
<tr><td>专题2：马克思主义中国化的历史进程和理论成果</td><td>1. 登录权威网站，学习相关资料，搜集“最美”中国元素；
2. 查阅资料，梳理历史脉络，感悟中国社会百年变迁；
3. 整合信息，制作DV或PPT；
4. 课堂展示、报告；
5. 作业：走遍中国</td><td>4</td></tr>
<tr><td>专题3：马克思主义中国化理论成果的精髓</td><td>1. 研讨新时代大学生的历史重任；
2. 调研本校学生的理想与抱负；
3. 整合资料，撰写演讲稿，制作DV或PPT；
4. 演讲稿：中国梦，我的梦；
5. 课堂展示、报告</td><td>2</td></tr>
<tr><td rowspan="2">实训条件</td><td>实训项目</td><td>实训所需主要仪器设备</td><td>所需实训场地</td></tr>
<tr><td>项目1：了解马克思主义中国化理论成果的创立人</td><td>多媒体设备、可活动桌椅</td><td>校内思想政治理论课的实训基地</td></tr>
</table>

续表

实训条件	项目 2：学习马克思主义中国化的历史进程及理论成果	多媒体设备、可活动桌椅	校外思想政治理论课的实训基地
	项目 3：总结马克思主义中国化相关知识，加强责任感、使命感	多媒体设备、可活动桌椅	校园、教室
主要考核点	知识	1. 马克思主义中国化的科学内涵； 2. 马克思主义中国化的历史进程和重要意义； 3. 毛泽东思想的形成和发展； 4. 毛泽东思想的科学体系和主要内容； 5. 毛泽东思想的历史地位和指导意义； 6. 邓小平理论的形成和发展； 7. 邓小平理论的科学体系和主要内容； 8. 邓小平理论的历史地位和指导意义； 9. “三个代表”重要思想的形成和发展； 10. “三个代表”重要思想的科学体系和主要内容； 11. “三个代表”重要思想的历史地位和指导意义； 12. 科学发展观是马克思主义中国化最新理论成果	
	能力	1. 分析问题、解决问题的能力； 2. 协作、沟通的能力； 3. 坚定共产主义理想信念； 4. 爱党爱国的热情	

学习任务设计见表 3。

表 3 学习任务设计

学习任务	学时	教学方法建议	教学组织设计	成果资料
专题 1：马克思主义中国化的科学内涵	理论课 1 学时 实践课 1 学时	演示法、参观法、讲授法	参观学习 学生讨论 成果演示	计划书 实施方案 评价表 反馈表
专题 2：马克思主义中国化的历史进程和理论成果	理论课 2 学时 实践课 2 学时	演示法、讲授法	班级授课 学生讨论 成果演示 教师点评	计划书 实施方案 汇报材料 评价表 反馈表

续表

学习任务	学时	教学方法建议	教学组织设计	成果资料
专题3：马克思主义中国化理论成果的精髓	理论课1学时 实践课1学时	演示法、讲授法	班级授课 学生讨论	计划书 实施方案 评价表 反馈表

学习内容2：毛泽东思想概论（见表4）　　学时：22学时

表4　学习内容基本信息

课程目标	1. 掌握毛泽东思想的含义、形成与发展、历史地位和指导作用；理解毛泽东思想是中国共产党人实现马克思主义与中国实际相结合的第一次历史性飞跃的理论成果；认识和评价毛泽东和毛泽东思想的历史地位；掌握毛泽东思想的科学体系及基本原理和基本观点；了解近代中国社会发展的规律；增强坚持中国共产党的领导和走社会主义道路的信念；增强建设有中国特色社会主义的自信心； 2. 能运用马克思主义的观点认识社会问题；能科学使用互联网；能自我学习和理论钻研；能归纳总结提炼信息；能较好地表达自己和与人协作		
教学内容	1. 毛泽东思想的形成、发展及其历史地位； 2. 新民主主义革命的总路线； 3. 新民主主义革命的道路理论； 4. 新民主主义的基本纲领； 5. 社会主义改造理论		
教学任务设计	序号	任务描述	学时
	专题1：近现代中国社会革命的基本问题	1. 查阅资料，学习相关资料，搜集帝国主义侵华图文资料； 2. 搜集1840年前后中国社会变迁，进行对比； 3. 整合信息，准备辩论论点、论据； 4. 辩论：近代历史上帝国主义侵华对中国社会发展是否有功？	6
	专题2：新民主主义革命理论的主要内容	1. 搜集新民主主义革命过程的相关历史知识及影像资料； 2. 自学教材中相关理论知识； 3. 分组讨论； 4. 汇报：新民主主义革命成功的原因及历史贡献	10

续表

<table>
<tr><td rowspan="3">教学任务设计</td><td>序号</td><td colspan="2">任务描述</td><td>学时</td></tr>
<tr><td>专题3：社会主义改造理论</td><td colspan="2">1. 运用图书资料、互联网，搜集新民主主义社会历史时期和人民公社时期相关历史知识；
2. 调查问卷，了解当前人们对社会主义初级阶段的认识；
3. 分组讨论；
4. 汇报：中国的社会主义是早产儿</td><td>4</td></tr>
<tr><td>专题4：毛泽东思想的价值</td><td colspan="2">1. 运用图书资料、互联网，搜集相关资料。
2. 整合资料，撰写演讲稿，制作DV或PPT；
3. 课堂展示、报告</td><td>2</td></tr>
<tr><td rowspan="5">实训条件</td><td>实训项目</td><td>实训所需主要仪器设备</td><td colspan="2">所需实训场地</td></tr>
<tr><td>项目1：课堂展示：中国社会百年变迁</td><td>多媒体设备</td><td colspan="2">校内思想政治理论课的实训基地</td></tr>
<tr><td>项目2：新民主主义革命成功的原因及历史贡献</td><td>多媒体设备、可活动桌椅</td><td colspan="2">校外思想政治理论课的实训基地</td></tr>
<tr><td>项目3：讨论：中国的社会主义是否是早产儿？</td><td>多媒体设备、可活动桌椅</td><td colspan="2">校内思想政治理论课的实训基地</td></tr>
<tr><td>项目4：毛泽东思想的历史贡献</td><td>多媒体设备</td><td colspan="2">校内思想政治理论课的实训基地</td></tr>
<tr><td>主要考核点</td><td>知识</td><td colspan="3">1. 毛泽东思想产生的社会历史条件；
2. 毛泽东思想的形成和发展过程；
3. 毛泽东思想的科学含义；
4. 毛泽东思想的主要内容；
5. 毛泽东思想的活的灵魂；
6. 毛泽东的历史功绩；
7. 毛泽东思想的历史地位；
8. 近代中国国情和革命实践；
9. 新民主主义革命总路线的基本内容；
10. 新民主主义革命的性质和前途；
11. 新民主主义革命的道路理论；
12. 新民主主义的基本纲领；
13. 过渡时期总路线；
14. 社会主义改造理论</td></tr>
</table>

续表

主要考核点	能力	1. 运用马克思主义的观点认识社会问题的能力； 2. 科学使用互联网的能力； 3. 自我学习和理论钻研的能力； 4. 计算机应用能力； 5. 语言表达能力； 6. 归纳总结提炼信息的能力； 7. 团队协作能力

学习任务设计见表5。

表5 学习任务设计

学习任务	学时	教学方法建议	教学组织设计	成果资料
专题1：近现代中国社会革命的基本问题	理论课4学时 实践课2学时	演示法、讲授法	班级授课 参观学习 学生讨论 成果演示 教师点评	计划书 实施方案 汇报材料 评价表 反馈表
专题2：新民主主义革命理论的主要内容	理论课8学时 实践课2学时	演示法、讲授法、讨论法、辩论法	班级授课 参观学习 学生讨论 成果演示	计划书 实施方案 汇报材料 评价表 反馈表
专题3：社会主义改造理论	理论课3学时 实践课1学时	讨论法、讲授法	班级授课 学生讨论 成果演示 教师点评	计划书 实施方案 评价表 反馈表
专题4：毛泽东思想的价值	理论课1学时 实践课1学时	演示法、讲授法、讨论法	班级授课 学生讨论 成果演示	计划书 实施方案 评价表 反馈表

学习内容3：中国特色社会主义理论体系概论（见表6）

学时：38

表6 学习内容基本信息

<table>
<tr><td>课程目标</td><td colspan="3">1. 了解马克思主义中国化的历史进程；正确认识马克思主义中国化的理论成果在指导中国革命和建设中的重要历史地位和作用；掌握中国化马克思主义的基本理论和精神实质；确立科学社会主义信仰和建设中国特色社会主义的共同理想；学懂、真信和会用中国化马克思主义；
2. 能运用马克思主义的观点认识社会问题；能科学使用互联网；能够自我学习和理论钻研；能够熟练操作计算机；能够较好地表达语言；能够与人较好地协作与沟通</td></tr>
<tr><td>教学内容</td><td colspan="3">1. 中国特色社会主义道路的探索；
2. 中国特色社会主义经济建设；
3. 中国特色社会主义政治建设；
4. 中国特色社会主义文化建设；
5. 构建社会主义和谐社会建设；
6. 祖国完全统一的战略构想和实践；
7. 国际战略和外交政策；
8. 中国特色社会主义事业的依靠力量和领导核心</td></tr>
<tr><td rowspan="5">教学任务设计</td><td>序号</td><td>任务描述</td><td>学时</td></tr>
<tr><td>专题1：中国特色社会主义道路的探索</td><td>通过理论教学与实践教学，使学生掌握邓小平关于社会主义本质论的科学内涵及重大意义；理解社会主义的根本任务是发展生产力；使学生掌握我国社会主义初级阶段理论；理解社会主义初级阶段的基本路线和基本纲领；了解中国特色社会主义建设基本经验；掌握初级阶段的发展战略和全面建设小康社会的目标</td><td>4</td></tr>
<tr><td>专题2：中国特色社会主义经济建设</td><td>通过理论教学与社会实践，使学生掌握社会主义初级阶段的基本经济制度和个人收入分配制度；理解在我国建立社会主义市场经济体制的必然性；了解邓小平关于社会主义市场经济理论的基本观点；了解经济又快又好发展的意义</td><td>6</td></tr>
<tr><td>专题3：中国特色社会主义政治建设</td><td>通过理论教学与社会实践，使学生掌握中国特色社会主义民主政治制度的基本内容；理解政治体制改革的必要性与原则性；了解社会主义民主政治制度化建设的艰巨性和依法治国的重大意义</td><td>6</td></tr>
<tr><td>专题4：中国特色社会主义文化建设</td><td>通过理论教学与社会实践，使学生掌握中国特色社会主义文化建设的指导思想、基本方针、根本任务的基本内容；理解中国特色社会主义文化建设的战略地位</td><td>6</td></tr>
</table>

续表

	序号	任务描述	学时
教学任务设计	专题5：构建社会主义和谐社会	通过理论教学与社会实践，使学生了解社会主义和谐社会的科学内涵；把握构建社会主义和谐社会对我们全面落实科学发展观，促进我国经济社会协调发展全面进步，实现全面建设小康社会宏伟目标具有重大的理论和现实意义；掌握构建社会主义和谐社会的基本原则和主要任务	4
	专题6：祖国完全统一的战略构想和实践	通过理论教学与实践教学，使学生了解新形势下“和平统一、一国两制”构想的丰富和发展	4
	专题7：国际战略和外交政策	通过理论教学与实践教学，使学生掌握国际形势的发展及特点，理解中国独立自主的和平外交政策	4
	专题8：中国特色社会主义事业的依靠力量和领导核心	通过理论教学与社会实践，使学生明确中国共产党必须坚定地依靠广大人民群众，必须巩固发展统一战线，必须加强人民军队和国防建设；理解建设中国特色社会主义的5种依靠力量	4
实训条件	实训项目	实训所需主要仪器设备	所需实训场地
	项目1讨论：中国目前有没有出现两极分化?	多媒体设备、可活动桌椅	校内思想政治理论课的实训基地
	项目2：参观社会主义新农村，展望中国社会经济发展	照相机、多媒体设备	校外思想政治理论课的实训基地
	项目3：采访村民委员会、社区居委会干部或本校教职工代表，了解基层自治的途径	多媒体设备、可活动桌椅	
	项目4：总结老百姓喜闻乐见的优秀文化成果	照相机、多媒体设备	校园
	项目5：校内不文明现象大曝光	照相机、多媒体设备	校园
	项目6：海峡两岸经典爱国诗词赏析	多媒体设备、可活动桌椅	校外思想政治理论课的实训基地
	项目7访谈：如何看待钓鱼岛问题?	多媒体设备、可活动桌椅	校外思想政治理论课的实训基地
	项目8采访身边的优秀共产党员，介绍事迹，畅谈感受	多媒体设备、可活动桌椅	校外思想政治理论课的实训基地

主要考核点	知识	1. 中国特色社会主义建设道路的初步探索的理论成果； 2. 对社会主义本质的新认识； 3. 社会主义的根本任务； 4. 社会主义初级阶段理论的形成与发展； 5. 社会主义初级阶段的科学内涵与主要特征； 6. 社会主义初级阶段的发展战略； 7. 建立社会主义市场经济体制； 8. 社会主义初级阶段的基本经济制度； 9. 社会主义初级阶段的分配制度； 10. 推动经济又好又快发展； 11. 中国特色社会主义民主政治制度； 12. 依法治国与社会主义法治国家； 13. 推进政治体制改革，发展民主政治； 14. 发展社会主义先进文化； 15. 建设社会主义核心价值体系； 16. 加强思想道德建设和教育科学文化建设； 17. 构建社会主义和谐社会的重要性和紧迫性； 18. 构建社会主义和谐社会的指导思想、基本原则和目标任务； 19. 实现祖国完全统一是中华民族的根本利益； 20. “和平统一、一国两制”的科学构想； 21. 新形势下“和平统一、一国两制”构想的丰富和发展； 22. 国际形势的发展及特点； 23. 独立自主的和平外交政策； 24. 工人、农民和知识分子是建设中国特色社会主义事业的根本力量； 25. 新的社会阶层是中国特色社会主义事业的建设者； 26. 中国特色社会主义的领导核心
	能力	1. 运用马克思主义的观点认识社会问题的能力； 2. 科学使用互联网的能力； 3. 自我学习和理论钻研的能力； 4. 计算机应用能力； 5. 语言表达能力； 6. 归纳总结提炼信息的能力； 7. 团队协作能力

学习任务设计见表7。

表7　学习任务设计

学习任务	学时	教学方法建议	教学组织设计	成果资料
专题1：中国特色社会主义道路的探索	理论课2学时 实践课2学时	演示法、讨论法	班级授课 学生讨论	计划书 实施方案 评价表 反馈表
专题2：中国特色社会主义经济建设	理论课4学时 实践课2学时	演示法、参观、讲授法	班级授课 参观学习 学生讨论 成果演示	计划书 实施方案 汇报材料 评价表 反馈表
专题3：中国特色社会主义政治建设	理论课4学时 实践课2学时	演示法、讲授法、讨论法	班级授课 学生讨论 成果演示	计划书 实施方案 评价表 反馈表
专题4：中国特色社会主义文化建设	理论课4学时 实践课2学时	演示法、讲授法	班级授课 参观学习 学生讨论 成果演示	计划书 实施方案 汇报材料 评价表 反馈表
专题5：构建社会主义和谐社会	理论课2学时 实践课2学时	演示法、参观法、讲授法	班级授课 参观学习 学生讨论 成果演示	计划书 实施方案 汇报材料 评价表 反馈表
专题6：祖国完全统一的战略构想和实践	理论课2学时 实践课2学时	讲授法、辩论法	班级授课 学生辩论 成果演示	计划书 实施方案 评价表 反馈表
专题7：国际战略和对外政策	理论课2学时 实践课2学时	演示法、讲授法	班级授课 学生讨论 成果演示	计划书 实施方案 汇报材料 评价表 反馈表
专题8：中国特色社会主义事业的依靠力量和领导核心	理论课2学时 实践课2学时	演示法、讲授法	班级授课 参观学习 学生讨论 成果演示	计划书 实施方案 汇报材料 评价表 反馈表

3. “毛泽东思想和中国特色社会主义理论体系概论”课程考核评价（见表8）

表8 课程考核评价细则

学习内容（分值权重）		考核项目	评价标准	考核方式及权重
内容1：马克思主义中国化的历史进程和理论成果（10%）	专题1：了解马克思主义中国化理论成果的创立人（20%）	基础知识运用能力	掌握基础知识回答正确者得分；能运用所学知识分析问题者得分；能按要求完成实践任务者得分	课堂回答问题（10） 实践活动（30） 期末考试（60）
	专题2：学习马克思主义中国化的历史进程及理论成果（80%）	基础知识运用能力	掌握基础知识回答正确者得分；能运用所学知识分析问题者得分；能按要求完成实践时间任务者得分	课堂回答问题（10） 实践活动（30） 期末考试（60）
内容2：毛泽东思想概论（40%）	专题1：近现代中国社会革命的基本问题（20%）	基础知识运用能力	掌握基础知识回答正确者得分；能运用所学知识分析问题者得分；能按要求完成实践任务者得分	课堂回答问题（10） 实践活动（30） 期末考试（60）
	专题2：新民主主义革命理论的主要内容（60%）	基础知识运用能力	掌握基础知识回答正确者得分；能运用所学知识分析问题者得分；能按要求完成实践任务者得分	课堂回答问题（10） 实践活动（30） 期末考试（60）
	专题3：社会主义改造理论（10%）	基础知识运用能力	掌握基础知识回答正确者得分；能运用所学知识分析问题者得分；能按要求完成实践任务者得分	课堂回答问题（10） 实践活动（30） 期末考试（60）
	专题4：毛泽东思想的价值（10%）	基础知识运用能力	掌握基础知识回答正确者得分；能运用所学知识分析问题者得分；能按要求完成实践任务者得分	课堂回答问题（10） 实践活动（30） 期末考试（60）

续表

学习内容（分值权重）		考核项目	评价标准	考核方式及权重
内容3：中国特色社会主义理论体系概论（50%）	专题1：深刻理解社会主义本质和根本任务（20%）	基础知识运用能力	掌握基础知识回答正确者得分；能运用所学知识分析问题者得分；能按要求完成实践任务者得分	课堂回答问题（10） 实践活动（30） 期末考试（60）
	专题2：学习社会主义初级阶段理论（20%）	基础知识运用能力	掌握基础知识回答正确者得分；能运用所学知识分析问题者得分；能按要求完成实践任务者得分	课堂回答问题（10） 实践活动（30） 期末考试（60）
	专题3：学习中国特色社会主义政治、经济、文化建设（30%）	基础知识运用能力	掌握基础知识回答正确者得分；能运用所学知识分析问题者得分；能按要求完成实践任务者得分	课堂回答问题（10） 实践活动（30） 期末考试（60）
	专题4：掌握构建社会主义和谐社会的内容（10%）	基础知识运用能力	掌握基础知识回答正确者得分；能运用所学知识分析问题者得分；能按要求完成实践任务者得分	课堂回答问题（10） 实践活动（30） 期末考试（60）
	专题5：了解中国特色外交政策与实现国家统一的途径（10%）	基础知识运用能力	掌握基础知识回答正确者得分；能运用所学知识分析问题者得分；能按要求完成实践任务者得分	课堂回答问题（10） 实践活动（30） 期末考试（60）
	专题6：掌握中国特色社会主义事业的依靠力量和领导核心（10%）	基础知识运用能力	掌握基础知识回答正确者得分；能运用所学知识分析问题者得分；能按要求完成实践任务者得分	课堂回答问题（10） 实践活动（30） 期末考试（60）

附件2：现场教学讲稿

1. 习总书记的知青生活

地点：陕西省延安市延川县文安驿镇梁家河。

大家有没有看过一部电影？名叫《高考1977》。大家有没有看过一部电视剧？名叫《老三届》。大家有没有看过梁晓声的小说《年轮》？大家知不知道20世纪60年代有个群体，他们有一个共同的名字，叫“知青”？

知识青年，简称知青，广义泛指有知识的青年，一般指受过高等教育的年轻人。特定历史时期的称谓，指从20世纪50年代开始一直到70年代末期为止自愿或被迫从城市下放到农村做农民的年轻人，这些人中大多数人实际上只获得初中或高中教育。

中华人民共和国成立后，为了解决城市中的就业问题，从20世纪50年代中开始就组织将城市中的年轻人移居到农村，尤其是边远的农村地区建立农场。1955年毛泽东提出“农村是一个广阔的天地，在那里是可以大有作为的”，成为后来知识青年上山下乡的口号。从这一年开始共青团开始组织农场，鼓励和组织年轻人参加垦荒运动。

今天和大家一起参观了习总书记在梁家河的知青生活，感受到大家青涩而热情的青春气息。我仿佛走进了20世纪60、70年代的知青之中，时时处处充满着欢声笑语，目光中闪烁着对未来的美好憧憬。不同的是，你们比他们幸福。你们比他们的学识更广、平台更高、未来之路更明晰。所以，我们应该比那个时代的知青做得更好！是不是？

首先，我们要像习总书记那样，热爱人民群众。对于我们大家来说，人民群众就是广大师生，尤其是我们可爱的学生。只有替学生着想，真诚地帮助学生成长，我们才能称得上是教育者。你才学八斗、学富五车，但如果只是简单地传授知识，不深入学生，不了解学生的内心世界，不能和他们做知心朋友，那么你只能是一个“教师”，“教师”的生命周期只有一学期、一学年，而“老师”则是一辈子。当你的善意、爱心被学生铭记在心，他们会永远记得你。一日为师，终身为父，这才是老师的价值。

其次，我们要像习总书记那样，满腔热情干工作。年轻的陕铁院给我们大家提供了很多施展才华的平台。我们要把每一项工作都当作成长必须经历的锻炼。当一个人工作越干越少的时候，应该感到危机，而不应该是窃喜。来到陕铁院的青年教师，成长都很快，这是机遇，也是挑战。希望大家能够珍惜，在自己的工作岗位上甘于奉献、勇于担当。让我们和陕铁院一起成长！

再次，我们要像习总书记那样，不断学习。习总书记的系列讲话引经据典、字字珠玑，深厚的文化底蕴和文学造诣，来自努力学习、坚持学习。教育教学，除了要有专业知识，还要有人格魅力，而人格魅力，更多是修养、是内涵。

《高考1977》没看不要紧，《老三届》没看不要紧，《年轮》没看也不要紧。因为我们今天看到了习总书记的知青生活。相信大家感悟良多、收获满满。让我们沿着习总书记的足迹，像知青那样积极工作、认真生活！

2. 理论武装与党的建设

地点：陕西省延安市杨家岭革命旧址

杨家岭是中共中央1938年11月至1947年3月期间所在地。当年这里曾进行过轰轰烈烈的大生产运动、整风运动，举行过中共七大和延安文艺座谈会等重要会议。

这一时期，党内大兴学习之风，积极向书本学习、向实践学习、向群众学习。1939年，中共中央设立干部教育部，负责领导全党的学习。延安时期是中国共产党历史上学习氛围空前浓厚、学习成果异常丰硕的一个时期。延安时期开展的学习运动，实际上开了马克思主义学习型政党建设的先河。

当时的历史背景主要有三个方面：第一，破除马克思主义教条化、共产国际决议和苏联经验神圣化的必然要求。第二，完成党所肩负的抗日救国这一历史重任的现实需要。第三，党的自身建设的需要。1937年7月到1940年7月，由于革命形势的发展，党的队伍建设急剧扩大，但有许多人思想上并没有入党，而且他们中的大部分缺乏基本的马克思主义素养。

延安时期，党内大兴学习之风，成为一种自觉的生活方式，构筑了“人人处于学习之中，时时体现学习之风”的浓厚学习氛围。这一时期的学习运动有以下几个方面显著特点：理论联系实际的学风；勤奋刻苦的学习精神；严密完善的学习制度。毛泽东要求：“全国各级党部，边区各级政府，各个人民团体，各类学校，都须设立这样的机关，建立这样的制度。”中共中央还在1940年7月至1941年2月间发出了7个指示性文件，建立了一整套干部理论学习的制度和办法。如规定5月5日为学习节、全党在职干部每天必须保证有两小时的学习时间、学习小组每月开讨论会两次、组织必要的讲课等民主活跃的学习氛围。

延安时期高度重视学习型政党的建设工作，是延安时期中国共产党取得抗战和解放战争胜利的一个重要原因。

我党历来重视理论武装，将其作为党的建设的重要工作。近年来，我党相继开展了社会主义核心价值观学习实践活动、“群众路线”实践教育活动、“三严三实”教育活动、“两学一做”学习教育活动等，都是对党成功经验的继承和发扬。每一个党员都要自觉学习党的理论知识、学习习近平总书记系列讲话精神，努力提高自己的政治素质和理论水平，为党的教育事业做出更大贡献！

3. 常怀忧党之心，破解发展难题

地点：陕西省延安市凤凰山革命旧址

我们所在的凤凰山革命旧址位于延安城内凤凰山下，是中共中央1937年1月13日到达延安后的第一个驻地。在这里，毛泽东写了《实践论》《矛盾论》《论持久战》等著作，还会见了白求恩、卫立煌等许多中外人士。1938年11月20日，日本飞机轰炸延安，中共中央机关由这里迁往杨家岭。

《实践论》《矛盾论》《论持久战》等名篇，为抗日战争，乃至新民主主义革命积淀了坚实的哲学基础。在毛泽东思想光辉的照耀下，陕甘宁边区的军民，革命意志坚定、革命目标明确、革命理想远大、革命斗志昂扬，在艰苦的岁月里，他们万众一心、攻坚克难，取得了一个又一个伟大胜利，为世人留下了宝贵的精神财富。

今天，中国社会面临着诸多现实问题。比如，价值观问题、贫富差距问题、阶级阶层矛盾尖锐化问题、公平正义问题、文化建设的问题、生态环境问题。这些问题如果解决不好，都会影响中国社会的发展和稳定，甚至事关党和国家的生死存亡。或许从毛泽东思想中，我们能够找到解决问题的答案。当然，历史不可能后退，我们必须与时俱进，在中国特色社会主义理论的指导下，在新的中央领导集体的带领下，我们回顾历史，获得启示，立足现实，不断创新，把马克思主义一般原理与中国国情紧密结合起来，不断推进马克思主义中国化进程，中国社会的明天必定更加美好，人民更加幸福！

五、使用移动教学助手开展教学活动的喜与忧

若要对影响学生的因素进行排名，排在首位的恐怕非智能手机莫属了。当前，智能手机已经是教师和家长最深恶痛疾的电子产品（实质已不是通信工具）。以前网络游戏对许多青少年产生过巨大危害。荒废学业、影响“三观”，甚至一些青少年深受网络影响走上犯罪道路。社会上还出现专门帮助青少年戒网瘾的机构，网络曾成为许多家庭发生悲剧的罪魁祸首。然而，当时网络的影响毕竟只限于网吧，只要远离网吧，就可以免受网络毒害。然而，如今智能手机早已跨越了网吧在时空上的藩篱，变成随时随地牵引学生注意力的“勾魂装置”。课堂玩手机、睡前玩手机、走路

玩手机、吃饭玩手机等已经成为许多人的行为习惯。人机不能分离，没有手机就无法生活已经成为一种严重的心理疾病，而许多人却浑然不知。

手机给人们带来很多方便。学生在手机上获取信息和知识，进行社交、网购和查询。手机也被用于课堂教学，成为便捷的移动教学助手。教师在网上建班，学生在网上自学及与教师互动。新颖的教学方式给课堂教学带来生机，不论学生还是教师，都在新的教学情境中获得满足。移动教学手段，实现了即时考勤、学习效果测评、成绩分析、高效率课堂讨论等，减轻了教师的工作量，激发了学生的学习积极性，成效喜人。

然而，令人担忧的是，如果运用不当，这种教学方法可能会影响学生的口语表达与沟通能力。作为学校教育，不应该只把知识传授作为课堂教学的唯一任务，还应该将学生综合能力的培养作为课堂教学的重要内容。

网络自问世以来就是一把双刃剑，智能手机同样如此。科学的最新成果我们应合理利用，但人绝不能被机器绑架。在使用最新科技成果时，必须知晓利弊，防患于未然。

六、思想政治理论课教学的重心是什么

思想政治理论课作为公共基础课有着一般课程的教学规律与教育目标。思想政治理论课作为高校开展大学生思想政治教育的主渠道、主阵地又有着一般课程所没有的政治高度与效果预期。因而，职业院校的思想政治理论课必须时时处处把握教育效果这个教学重心。面对教学改革、应对新的名词概念、尝试新的教学方法时，首先应该将教学效果放在第一位。所有的探索与创新都应该围绕增强思想政治理论课的教学效果，不应该为吸引眼球而标新立异。

为提高思想政治理论课的教学效果，应该注意几个方面的问题：

第一，班级教学的人数应该在50人以下，即小班授课。当前许多高校的做法是思想政治理论课采用大班（合班）授课方式，一个教师要面对100人左右。采用大班课的原因是资源紧张，教师人数、教室数量等有限，只能采取合班课的形式进行理论教学。这样，学校的运行成本节省下来了，但是教学的效果却无法保证。虽然教师还是同样的教师，但教学对象的数量急剧增加了，授课的方式也必然会发生变化。单班教学，教师可以提问每一个学生，与每一个学生的物理距离都很近，师生之间的心理距离也不会远。并且教师可以掌握每一位学生的状态，哪怕是细微的表情变化

和小动作，教师都可以随时发现、及时提醒纠正。然而，大班课上，教师与学生的物理距离、心理距离都很远，教师没有办法创设条件让大部分学生发言，也掌握不了每一位学生的状态。从学生的角度而言，因为大班课“人山人海”，很容易产生“浑水摸鱼”的心理。加之智能手机的巨大吸引力，学生在思想政治理论课上“挂羊头卖狗肉”的现象时有发生，甚至比较严重。

第二，思想上的重视，应该达成共识，而非“一厢情愿”。党中央高度重视大学生思想政治教育工作。近年来，有关部门先后出台了一系列文件以指导各地区、各高校的思想政治教育工作。与思想政治理论课有关系的有《中共中央国务院关于进一步加强和改进大学生思想政治教育的意见》（中发〔2004〕16 号）、《关于进一步加强和改进高等学校思想政治理论课的意见》（教社政〔2005〕5 号）、《关于进一步加强和改进高等学校思想政治理论课的实施方案》（教社科〔2005〕9 号）、《中共中央宣传部、教育部关于进一步加强高等学校思想政治理论课教师队伍建设的意见》（教社科〔2008〕5 号）、《中共中央宣传部、教育部关于做好高校思想政治理论课骨干教师参观考察活动的通知》（教社科〔2009〕4 号）、《关于进一步加强和改进大学生社会实践的意见》（中青联发〔2005〕3 号）、《教育部关于加强高职高专教育人才培养工作的意见》（教高〔2000〕2 号）、教育部关于印发《高等学校思想政治理论课建设标准（暂行）》的通知（教社科〔2011〕1 号）等。特别是 2016 年 12 月召开的全国高校思想政治工作会议更进一步强调了高校思想政治教育的重要性。许多思想政治理论课教师都激动万分，认为高校思想政治理论课迎来了新的春天。思想政治理论课不仅仅需要党的重视、教师的重视，也需要学校、社会、家长、学生的一致认同。

第三，增加投入，确保质量。许多人都有过装修房子的经历。10 万元的装修基金与 50 万的装修基金，哪个装修的效果会更好？也许个别人花 10 万元装修出来的房子效果可能看上去与 50 万的装修效果差别不大，但这只是个案，不具有普遍性。教育教学同样也需要投入。当然，除了经费投入，还应该有政策、人力等方面的保障。从当前思想政治理论课的教学过程来看，投入不足是一个显著问题。教学效果的保证主要靠思想政治理论课教师“各显神通”。事实上，校内教育教学资源的挖掘与建设，校外参观、实践基地的开发与共建，教学条件的改善、教师培训、学生实践活动经费及奖励等，都可以实现增强思想政治理论效果的预期目标。毕竟社会的进步、时代的发展与过去有了很大的不同，“再穷不能穷教育”的口号不能再空喊。

总之，思想政治理论课教学的重心是增强教育教学效果，所有的工作都应该为这个重心服务。学校、教师应该把培养社会主义事业的合格建设者和可靠接班人作为己任，不折不扣，鞠躬尽瘁！

七、高职院校思想政治理论课考核办法改革

（一）思想政治课成绩考核办法改革的必要性

创建科学的高职学生思想政治课评价体系是高校思想政治课教育改革当务之急；是提升思想政治课实效性的重要途径；是全面贯彻党的教育方针，全面推进素质教育，将思想政治课落实到教育工作中的各个环节的重要措施。但近几年来，由于许多高职学院政治课考核方式改革相对滞后（现行思想政治课考试制度中，大多重理论考试成绩、轻过程考核和日常道德行为实践），使得高职学院思想政治课没有一个科学的评价体系，故而思想政治课的教学效果也差强人意，亟待提高。

高职院校课堂教学一般存在“五多五少”的特点：即介绍思路多，详细讲解少；抽象理论多，直观内容少；课堂点睛多，课外答疑少；参考书目多，课外习题少；实习、实训多，课堂教学少。因此，作为思想政治课，既非学生专业课内容，又无科学的考核方式，其教育目的的实现情况可想而知。

另外，应试教育对思想政治理论课教学的影响依然很大。教师课堂上讲知识点，学生在书本上画知识点，考试前在头脑中记知识点，这种教学方式和平时惯用的考核方式形成学生“说与做相脱节”的现象。久而久之学生必然认为“接受政治教育是为了应付考试”。政治理论课的教育效果不仅反映在学生掌握知识的多少上，考试分数的高低上，更主要的是反映学生在思想道德、情感、意志、信念和行为的综合提高上。一句话，是看学生通过学习，思想政治等方面的综合素质是否得到提高，在多大程度上得到提高。因此，改革政治理论课考核方式不仅是克服应试教育弊端的主要方法之一，而且是加强素质教育的一个重要环节。

（二）高职学院思想政治课成绩考核办法的基本要求

作为高职学生思想政治课评价体系的重要组成部分，高职学院思想政治课成绩考核办法必须遵循高校思想政治课评价体系改革的基本要求。总

的来说，高校思想政治课评价体系改革有如下几个基本要求：

1. 符合人的主体性的要求

教育现代化为高职学生的发展提供了很好的外部条件，促使高职学生形成了自我实现的积极的主体意识。高职学生已不是毫无个性特点的、纯粹的思想政治课教育内容的“接收机”，他们有自己的人格特性。所以，他们对思想政治课评价体系所能体现的公平性、实效性以及主体性显出前所未有的关注。传统思想政治课评价体系的机械性往往不够重视学生的个性特征，于是影响了多元化人才的培养。传统的思想政治课评价往往只注重静态的评价，缺少动态的评价。传统意义的思想政治课注重单向性，把教育对象看成是被动的接受者，因此，对学生的评价体系、评价内容及其评价方法也是单向性的，达不到主体教育意义。所以，建构符合高职学生主体性的现代思想政治课评价体系是促进高职学生个性发展和主体意识增强所不可或缺的条件之一。

2. 符合人的全面发展要求

“人的全面发展是人民群众根本利益的内在要求和实现基础；人的全面发展是人的发展与社会发展的统一；人的全面发展是物质生活发展与思想和精神生活发展的统一；人的全面发展是人与自然、社会协调发展的统一。”目前，我国“素质教育实施很不平衡，教育质量与教育公平的程度有待提高”。传统思想政治课评价体系所建构的评价内容往往以人的思想道德水平的衡量为主，缺乏对人的全面素质的衡量。而现代思想政治课评价从范围上已大大拓展，不仅应该从校内活动中去衡量，还需要从校外实践活动中去衡量。因为任何一个人都是社会的人，都需要符合社会发展的规律和要求，所以思想政治课是全方位的，只有这样才能更全面地反映个体的综合素质。

3. 符合可持续发展要求

为了引导学生努力的方向，思想政治课在其建构的过程中必须充分考虑人格完善性、发展性与全面性的原则，也要考虑到思想政治课的外部性效应，达到可持续发展的要求。思想政治课评价体系要从发展的眼光去评价学生。不仅看当前，更要看长远，看发展趋势；不仅要看目前的外在表现，更要看潜在的发展能力。在思想政治课及其评价过程中，从社会发展的需要和趋势出发去评价个人的思想政治课水平，这样才能保持思想政治课评价体系的可持续发展。

（三）思想政治课成绩考核办法改革的基本思路

由于现实的教学过程中，许多院校思想政治课考试制度中，大多重理论成绩、轻过程考核和日常道德行为实践。这种学用分离的做法必须从根本上改变。我们认为今后思想政治课考核方式改革的基本思路是：改革相对单一的考核方式，进一步推行和完善多元化的考试制度。总体上来说，改革德育课成绩评定方式，应做到知行合一。不但注重知，更注重行，要做到知行统一。因此，德育课的评价内容应包括：基础知识评价、作业质量评价和行为习惯评价。为此必须从以下几方面开展工作：

1. 增加考核的主体

除教师在教学过程中进行考核外，学校（系、部）、家庭、社会也可以参与对学生的评价。学校（系、部）考核可由系部管理学生工作的部门、辅导员、班主任进行。家庭评价就是通过电访、家访、家长会和问卷调查等方式，了解学生的有关情况，由学生家长或其监护人对学生的情况做出评价。社会评价则由参加实习的单位或参加实践活动的单位就学生思想道德情况做出评价，将其纳入学生思想政治课成绩的考核范围。这种考核的思想，也被称之为新的“三好”标准即“做一名好学生”“做一个好儿女”“做一个好公民”，使学校、社会、家庭对青少年学生教育的“三张皮”变为“一张网”，形成合力，加以落实。

2. 扩大考核内容的范围

知、意、行，应该成为学生评价的主要内容。知识评价主要通过考试的方式了解学生对知识“消化”、理解程度和理论联系实际的能力。这种评价是一种综合性的评价，要求题型多样化、生活化，通过考试使学生认识到所学的知识有用、能用，以此激发学生探索新知识的积极性和主动性。考试可由闭卷和开卷两部分组成。意与行的考核主要考察学生的思想发展变化以及日常行为表现等。学校应该开设思想政治课实践课，并有社会实践基地等。对学生的思想行为考核在整个学生评价中应该占相当比例。

3. 改变考核的形式

在原有纸笔测试的基础上，引进一些其他的考核形式，使自评、互评、师评相结合。自我评价可通过谈话和书面自我鉴定的方式，让学生自己公开、公正、客观地评价自己，这个环节会随着学生能力的提高而不断完善。同学互评就是学生相互之间进行公开、公正、真实、合理的评价。同学之间朝夕相处，对相互之间的思想发展变化、兴趣爱好、行为习惯，彼此之间的长处与短处最清楚，通过互评会使他们自觉或不自觉地向正确的、健康的方向发展。教师对学生的评价是整个评价系统中最为重要的环节，这一评价可在课堂和课余两个时段进行，而以课堂评价最为主要。另外，“小组论文答辩”模式也是一个较好的方式。其具体做法包括：教师出基本参考题、学生选题和分组、协作撰写论文、学生上讲台答辩和教师评分、评析等环节，这种模式在实施中取得了明显成效，受到学生普遍好评。

总之，思想政治课成绩考核办法应该呈现出多元化的特点。这样，才能与时俱进地衡量高职生的思想政治理论水平和实践转化能力，而且能够有效地促进高职生的全面发展，使高职教育事业发展再上新的台阶。

附件：

某校思想政治理论课考核方式改革试点方案

为使思想政治理论课考核切实反映学生的世界观、人生观和价值观，培养其观察问题、分析问题和解决问题的能力，经认真调研后决定，于本学期开始进行“三年制（高中起点）3:3:4，五年制（初中起点）4:3:3 考核模式”改革试点。现将试点方案颁布如下：

1. 方案主旨

契合思想政治理论课教育教学的特质，将知识性教学和思想性教育、理论认知与实践结合起来，引导、激励教师和学生注重“三观”培养和“观察、分析、解决问题”能力的提高。

2. 三年制“3:3:4 考核模式”的基本内容

（1）三年制《思想道德修养与法律基础》课程：

学生学习思想政治理论课的总评成绩主要由三部分构成：

一是反映学生思想认识、政治觉悟和道德意志等状况的表现，如到课率、课堂实践环节的发言、主题实践的报告等，占总评成绩的 30%。

二是反映学生学习态度的平时表现，如辅导员、班主任依据陕铁院学生手册中的“一日常规”和“大学生日常行为规范”对学生平时表现给予相应的分数，占总评成绩的 30%（如本学期内有院级通报批评及以上处分的学生，该项得分可记零分）。

三是综合反映学生理论认知水平和实际能力的期末考试。试卷题型分两部分：第一部分为“应知应会”型试题，主要考查学生对所学基本理论内容的认知。第二部分为能力拓展型试题，主要考查学生运用所学观察、分析和解决现实问题的能力；期末考试成绩占总评成绩的40%。

（2）三年制《毛泽东思想和中国特色社会主义理论体系概论》课程

学生学习思想政治理论课的总评成绩主要由三部分构成：

一是反映学生思想认识、政治觉悟和道德意志等状况的表现，如到课率、课堂发言等，占总评成绩的30%。

二是课堂实践环节、主题实践的报告，占总评成绩的30%。

三是综合反映学生理论认知水平和实际能力的期末考试。试卷题型分两部分：第一部分为“应知应会”型试题，主要考查学生对所学基本理论内容的认知。第二部分为能力拓展型试题，主要考查学生运用所学观察、分析和解决现实问题的能力；期末考试成绩占总评成绩的40%。

3. 五年制“4:3:3考核模式”的基本内容

五年制思想政治理论课的考核方式更加注重过程性考核和形成性考核，加大了辅导员和班主任在学生思想政治教育中的评价权重，有利于真实地反映学生的思想政治教育的状况。五年制思想政治理论课的总评成绩主要由三部分构成：

一是反映学生学习态度的平时表现，如辅导员、班主任依据陕铁院学生手册中的“一日常规”和“大学生日常行为规范”对学生平时表现给予相应的分数，占总评成绩的40%（如本学期内有院级通报批评及以上处分的学生，该项得分可记零分）。

二是反映学生思想认识、政治觉悟和道德意志等状况的表现，如到课率、课堂实践环节的发言、主题实践报告的撰写等，占总评成绩的30%。

三是综合反映学生理论认知水平和实际能力的期末考试。试卷题型分两部分：第一部分为“应知应会”型试题，主要考查学生对所学基本理论内容的认知。第二部分为能力拓展型试题，主要考查学生运用所学观察、分析和解决现实问题的能力；期末考试成绩占总评成绩的30%。

各教师必须本着为学生负责、为事业负责的精神从实从细做好各项具体工作，及时反馈试点情况，认真总结试点经验。

第四篇　学生成长引路人

一、新形势下思想政治教育工作者的素质要求与培养

大力加强和改进思想政治教育工作作为一切工作的生命线，是高校坚持社会主义办学方向和培养目标的思想保证和政治保证。当前，大学生思想政治教育工作存在着大学生思想状况不佳及学校对大学生思想政治教育工作缺乏针对性和实效性等问题。这一现实主要是由于市场经济的负面影响、家庭教育及学校管理的缺陷等原因造成的。在诸多因素中，学校、教师、学生对于高校来说是实实在在影响大学生思想政治教育工作的因素，也是最为基础性的几大因素。尤其是思想政治教育工作者，这是各项要素的关节点。

（一）当前高校思想政治工作的紧迫性与思想政治工作者的重要性

在新的形势下，高校大学生的思想状况出现了新的变化，这些新情况对高校思想政治工作提出了新的要求。我们必须紧跟大学生的思想动态，根据其新特点、新问题，研究出新的对策，以提高大学生的思想政治水平，使其更好地为社会发展做出贡献。

高校学生思想政治工作队伍是高校教师队伍的重要组成部分，既是大学生思想政治教育工作的重要力量，也是高校贯彻党的教育方针、坚持社会主义办学方向的重要力量。加强和改进大学生思想政治教育，必须深入研究胡锦涛同志提出的“如何提高思想政治教育工作队伍的素质和能力，形成做好大学生思想政治教育工作的骨干力量”这个问题，特别是要研究如何按照“政治强、业务精、纪律严、作风正”的要求，着力建设一支高水平的辅导员和班主任队伍，使他们在大学生思想政治教育中发挥更大作用。

（二）新形势下高校思想政治教育工作者的素质要求

众所周知，在教学过程中学生是主体，教师是主导。在素质教育中，教师有如下作用：社会的代言人、知识的传播者、学生的引路人、学校秩序的管理者和教育教学的研究者。由此可见，思想政治工作者在高校思想政治工作中起着十分重要的作用。因此，要提高学生素质，使思想政治教育工作发挥其应有的作用，就必须不断提高思想政治工作者本身的素质。总体来说，作为高校思想政治工作者，必须具备下列素质：

第一，强烈的社会责任心。思想政治工作是一项非常严肃、神圣的工作，不得有半点马虎。尤其是高校思想政治教育工作，它对大学生思想政治素质的提高，乃至对社会的影响都是十分巨大的。因此，从事这方面工作的人员，必须要有强烈的社会责任心，不能把它仅仅作为一份简单的工作，更不能把它当作“谋生的手段”。

第二，科学的知识结构。思想政治教育作为一项综合性、专业性、知识性很强的工作，没有丰富的知识是无法驾驭它的。因此，思想政治教育工作者必须具备下列知识素质：①扎实的理论知识。尤其是掌握马克思列宁主义、毛泽东思想和建设有中国特色的社会主义理论体系。②丰富的文化知识。包括教育学、心理学、社会学、伦理学、管理学、哲学、美学、法学、历史学、文学、艺术、自然科学等。③深厚的专业知识。包括思想政治教育的历史、思想政治教育学原理、思想政治教育方法论、思想政治教育管理理论等。

第三，较强的工作能力。教师不仅要具备广博的文化知识，而且应具有较强的工作能力。高校思想政治教育工作者必须同时具有以下能力素质：知识转化、运用的能力，组织管理能力，分析、解决问题的能力、创新能力及科研的能力。能力素质是高校思想政治工作者的核心素质要求。这种素质既需不断培养，还需不断锻炼积累和巩固。思想政治工作必须与时俱进，因此，没有应变能力、知识转化能力和创新能力，这项工作就做不好。所以，作为高校思想政治工作者就必须紧跟时代步伐，研究新情况，解决新问题，做到理论联系实际，在每一个细小的工作环节中不断提升自己。

第四，高尚的人格魅力。思想政治工作的对象是人，是有思想、有喜好、有知识的大学生。因此，搞好大学生思想政治工作的关键在于经常与学生交流和沟通，通过自己的言传身教来影响学生，甚至使自己成为学生模仿的榜样。而要达到这样的效果，就必须靠思想政治工作者在学生中树立威信，形成自己独特的人格魅力，吸引学生向自己看齐，使自己的言行能够对学生产生积极的影响，通过这种潜移默化的方式更好地教育学生。事实证明，这样的方式能够在教育教学中起到事半功倍的效果。

第五，良好的心理素质。高校思想政治教育工作者的心理素质应包括真诚的情感、良好的性格、广泛的兴趣和坚强的意志。没有这些良好的心理素质，遇事就会惊慌失措，就会缺乏人格魅力，教育活动本身也就缺乏说服力。比如在汶川地震灾难发生时，个别教师由于心理素质不过关，发生了丢下学生独自一人冲出摇晃的教室逃生的情况，严重影响了教师在学生心目中的形象，在今后的工作中，学生对这类教师的认同程度就会降低，从而也就影响了教育教学效果。

（三）加强思想政治教育工作者素质培养的思路

通过上述分析可以看出，从当前的形势来看，高校教育中对思想政治教育工作者的素质要求极高。因此，加强高校思想政治教育工作者的素质培养和提高刻不容缓。

首先，与大学生思想政治教育工作相关的各级部门及学校应充分重视大学生思想政治教育工作的重要性，要把思想政治教育工作的队伍建设作为学校发现人才、培养人才、使用人才的一项重要战略来抓，要像重视教学业务骨干一样重视思政人员的选拔、培养，像关心教学业务骨干成长一样关心思想政治工作者的成长。长期以来，对大学生思想政治工作者的重使用轻培养，是部分思想政治工作者，特别是部分处在学生工作第一线的政工干部思想不稳、素质不高的重要原因。因此，要把培养提高作为队伍建设的治本之策放在首位。要按照“政治强、业务精、纪律严、作风正”的要求，将学生思政工作队伍的培训纳入学校人才培养计划，选准苗子，重点培养，造就一批思想政治教育的带头人。

其次，要不断加强思想政治教育工作者的素质培养。通过各种形式的培训，定期“充电”，及时补充“营养”，不断更新知识，改善知识结构，提高他们的综合素质和工作水平。高校思想政治教育工作者自身也应该充分认识到责任重大，应该不断地学习，在工作中开拓创新，使自己的思想及认识紧跟时代步伐，不断提高自己的工作能力，挖掘自己的潜能，成为本领过强、素质过硬的合格工作者。

最后，学校应督促和鼓励教师深入学生进行调研，及时了解学生的思想动态，解决学生的实际问题。作为教师，应该有大局意识，长远意识。教师要承担起教书育人的神圣使命，要做名副其实的“灵魂工程师”。作为思想政治课教师，应该密切关注大学生的心理状况，研究大学生的群体特点，探索新时期思想政治教育的最佳途径和方法。应该关心青年大学生，关心他们的学习与生活，关心他们的心理健康状况，关心并帮助他们克服在成长中遇到的各种困难。思想政治课教师应该经常深入学生中去，做学生的良师益友，做学生的引路人。通过调研，使教师掌握学生思想特点，在工作中能够做到有的放矢，更好地解决一些现实问题。

二、新时期思想政治理论课教师的角色分析

（一）新时期高职院校思想政治理论课教学条件的新变化

1. 工学结合的教育模式

工学结合是将学习与工作结合在一起的教育模式，主体包括学生、企业、学校。它以职业为导向，充分利用学校内外不同的教育环境和资源，把以课堂教学为主的学校教育和直接获取实际经验的校外工作有机结合，贯穿于学生的培养过程之中。在这一过程中，学生在校内以受教育者的身份，根据专业教学的要求参与各种以理论知识为主要内容的学习活动，在校外根据市场的需求以“职业人”的身份参加与所学专业相关联的实际工作。这种教育模式的主要目的是提高学生的综合素质和就业竞争能力，同时提高学校教育对社会需求的适应能力。工学结合模式要求教师掌握的信息更加全面，教学方法更加灵活多变。

2. 教育对象的学习特点

大学生在思想观念、价值追求、生活方式等各方面表现出的群体性特点是当前教育教学改革的现实基础。当前大学生在学习方面的特点主要有四个方面：第一，积极上进，目标明确。他们追求进步，有明确的学习目标，能够合理设计自己的大学生涯，学习态度端正。在学习上，较为务实，但有功利思想。对待专业课与公共基础课的态度有差异，重视专业课程而轻视基础课程，尤其是思想政治理论课，理科专业的学生不重视程度更高。第二，学习方法上，思想政治理论课的学习不够深入，缺乏钻研和探索精神。被动接受的成分较大，缺乏学习主动性。第三，学习手段上，善于用网络获取信息。网络时代是新时期大学生的生存环境特征。他们懂得通过多元化途径获取新知识，知识储备更加丰富，兴趣爱好更加广泛，

积极进取，善于发散思维，乐于表现自己，对自己的人生表现出的信心和理性远超过他们的前辈，在某些方面比老师知道的多。现在的“90 后”大学生在知识结构上的复杂和多样性远远超越了以前，他们利用网络，有时也依赖网络，获得的信息丰富，有时也良莠不分，不辨是非。第四，受网络时代、信息时代的影响，在接收知识的喜好上，他们不注重深入思考和周密分析，更喜欢直观地接收信息，比如，充分调动视觉、听觉与感觉等功能。

3. 教育者的队伍变化

随着高校的快速发展，规模的迅速扩张，高校思想政治教师的数量随着学生数量的急剧上升而并不断增加。补充到这一梯队当中的“80 后”年轻教师比重越来越大。“80 后”作为出生在改革开放后的新一代，他们的思想认识、理论水平、价值追求、生活方式等与行业中的前辈又有着截然不同的风格差异。很多研究揭示出了“80 后”在性格、交际、人生观、价值观等方面的一些问题，但他们也继承了中华民族的优良传统，甚至在一些领域比前人更加出色，是特征鲜明的一代人。“80 后”教育“90 后”的方式与效果是当前思想政治教育里又一个新的课题。

（二）教学条件变化对高校思想政治理论课教师的角色冲击与影响

原有的教育环境下，思想政治理论课教师除了具备广博的专业知识、精湛的讲授技巧和深受学生喜爱的人格魅力，还需具备多样化的教学手段、与学生的沟通能力和投身思想政治教育工作的热情。随着教育教学改革的推进，工学结合的教育模式和新时期学生思想行为的新特点，对教师提出了更高的要求。作为思想政治理论课教师，面临挑战的不仅是教育教学的手段与方法，更重要的是新的教育模式、教育对象变化所引发的角色重估与抉择。之所以会产生这一问题，是因为教学条件变化对高校思想政治理论课教师的角色把握具有四个方面的冲击与影响：

1. 学者形象受到挑战

新时期，思想政治理论课的授课方式发生了深刻的变化。由于学生特点和工学结合的教育模式的要求，课堂不需要以教师的教授为主。教师在教学中要体现“学中做、做中学”，同时还要适应“90 后”学生反感说教式的教学方法与刻板沉闷的课堂气氛的心理特点。对于传统的授课方式，学生认为理论讲授占时太长，学生兴趣索然，教学效果极差。学生用“辛苦”描述理论灌输时的教师状态，同时，因为教师在旁征博引、演绎推理、归纳总结的过程中，学生因厌倦而放弃了听讲学习，他们用“轻松”描述教学与己无关的教学效果。在此种境遇下，教师的学者形象受到了前所未有的冲击与挑战。尤其在生源知识基础稍差的职业院校，思想政治理论课教师的诸多素养中，知识水平已被活泼有趣的互动环节与风趣幽默的表达方式所代替，不再是学生对教师第一位的素质要求。在此境遇下，高校思想政治理论课教师们产生了强烈的思想困惑：怎样做一名新时期的思政教师？

2. 师道尊严的感受性下降

“师道尊严”一词出自《礼记·学记》：“凡学之道，严师为难。师严然后道尊，道尊然后民知敬学。”教师的学者形象受到冲击与挑战，随之而来的便是教师师道尊严感受性的日益下降。课堂上学生的主体性被充分体现出来，课堂外“90后”青年大学生民主观念与平等思想使教师不再像以前与学生有着强烈的距离感，教师不再具有从前的威严与权威，靠博学、严肃驾驭课堂的效果已经越来越有限。

3. 教育教学中教师应具备多种能力、掌握多种技能

作为新时期的思想政治理论课教师，所应具备的能力、素质也是前所未有的。新的教育模式，要求教师对课堂有超强的驾驭能力，课堂教学有超强的组织能力，实践教学有超强的策划、协调能力，掌握学生思想及心理特点，能够与学生很好地沟通。在“90后”学生民主平等观念增强的情况下，高校思想政治理论课教师还必须具备独特的人格魅力，以吸引学生对知识的兴趣。总之，知识之外的能力、技巧是新时期高校思想政治理论课教师需要着重培养的素养。

4. 新情况、新变化对高校思想政治理论课教师的心理素质要求

当前，高校思想政治理论课教师必须调整自我，以适应新的形势。新的社会环境、新的教育模式和新的学生特点，均要求教师及时调整状态，其中最为关键的是调整教师的心理。在师生相互适应促进教学效果的过程中，教师适应学生的效果远远大于学生适应教师的效果。无论任何情境下，学生始终是教学的主体，并且学习的主动性、能动性均在于学生方面。倘若不能引起学生的兴趣与共鸣，学生也不能较好地适应教师，反而会增强学生对教学活动的排斥感，降低教学效果。

（三）新形势下思想政治理论课教师角色定位的困惑与出路

当前，高校思想政治理论课教师们产生了思想困惑。首先，怎样做一

名新时期的教师？对于长期在教学领域从事教学工作的经验丰富的资深教师来说，面对当前的学生和工学结合境遇下的课堂教学，他们从前的经验已经开始失灵。他们曾经用一根粉笔征服学生的时代已经远去。他们在新的形势下，开始不知所措，甚至曾经最受欢迎的教师变成了学生不屑一顾的“老学究”。教师们不得不痛思：怎样做，才能成为新时期学生满意、学校认可的合格教师？其次，教师不愿放弃以讲授为主的教学方法，他们始终认为，知识的传递方式中，讲授法是最高效、最便捷的一种方法。第三，教师是否要放弃学者形象，向“策划”“组织”角色转化。师道尊严的挑战、知识自身魅力的削弱，使很多教师开始思索，人生可否有一个“华丽的转身”。这些困惑均反映了传统教师与新式教师在角色抉择中的困惑。要消除这些困惑，从当前形势来看，只有通过传统教师向新式教师角色的转换来实现。毕竟在教学诸要素中，学生才是主体，教育教学要尊重学生的主体性要求。并且，随着社会的发展，师生之间的代沟会越来越深，如果不及时调整和适应，传统的教育方式或许会成为制约学生发展的障碍。

从当前教育形势与学生诉求来看，时代赋予了新式教师以下素质要求：政治素质高，知识广博，组织策划能力强，语言表达能力和沟通能力强，具备独特的人格魅力、积极健康的审美情趣，心理健康、性格开朗，风趣幽默，熟悉学生、了解学生、热爱学生、热爱教育教学工作等。这些素质要求是对现有的思想政治理论课教师的挑战，同时也是师资准入的标准。作为高校思想政治理论课教师，自身必须有坚定的政治立场，具备马克思主义理想信念，同时还要依据学生的思想、心理特点，运用科学、有效的手段将渊博的知识传递给学生，并使他们乐于接受和传承。实现这一角色要求，有四方面具体途径：

第一，学所需。即要根据学生特点及心理需要，储备相关知识。教育教学虽不能迎合学生、取悦学生，但也不能一味灌输。时代的变化，受众的变化，要求“以人为本”，更需要真正尊重学生。教师对学生的引导作用，首先需要建立在互信与共同兴趣的基础上。因此，教师必须根据学生实际随时为自己“充电”。

第二，思所困。面对一个个新问题，教师不应该更多地去关注“为什么”，而应该是思考“怎么办”。社会的剧烈变化，代与代之间的差异性日益拉大，搞清楚“为什么”不是为了抱怨，也不是为了可以释然。作为教育者，必须认清己任，有所担当，寻求解决问题的办法，在思索中提高自己，在探索中寻找出路。

第三，善总结。工作中，教师要总结自己、总结学生，要总结过去，也要总结当前；既要总结自己的经验，更要学习别人，总结大家的经验。教育教学不是一个简单的过程，它有渊源、有规律、有要求、有方法。教育教学也不是一个人的工作，全员育人才是教育。因此，思想政治理论课教师既要发挥好个人的水平，还要形成合力，共谋教育事业，共享育人成果。

第四，多尝试。新时期带给教师前所未有的挑战的同时，也带给我们更多机会。我们有更多接触学生、了解学生的机会，有“改革创新”背景下锐意进取、大胆尝试的宽松环境，更有新一代学生思想活跃、维新维变的渴求对教育者的激励。因此，教育教学要在实践中大胆尝试、勇于创新，探索一条适合自己、适合时代的新方法、新思路。

另外，作为高校思想政治教育工作者，思想政治理论课教师和辅导员还要深入社会、深入企业、深入学生家庭，开展针对性较强的调研活动。参考题目如下：

（1）学校发展帮助家长提升家庭教育能力的方法途径研究。

（2）贫困生家庭类型及帮扶对策研究。

（3）学生学费来院情况调研。

（4）学生心理健康问题及引导对策调研。

（5）学生恋爱问题及引导对策调研。

（6）学生学习成绩存在问题及对策研究。

（7）学生顶岗实习存在问题及对策研究。

（8）优秀学生家庭情况及教育启示调研。

（9）学生兼职打工的现状、问题及对策分析。

（10）地区学生就业意愿及就业引导对策。

（11）城市弱势群体的生活现状及心态调查。

（12）地区红色文化教育资源的开发利用调研。

（13）地区文化产业发展现状与对策。

（14）农村留守儿童生活现状与对策建议——以×××村为例。

（15）农民生产生活现状调研——以×××村为例。

（16）农民收入及负担调查——以×××村为例。

（17）农村社会保障现状的调查——以×××村为例。

附件：

本书作者2015年寒假“三走进”活动个人总结

2015年寒假期间，我院学工部、思政部与各系联合组织了一次“三走进”活动，即“走进家庭，走进企业，走进社会”，进行了一场较为深入的学习实践活动。活动扎实有序，使全体参与师生受益匪浅。我所在的小组共4位老师。我们走访的学生代表分布在宝鸡市陈仓区、凤翔县和扶风县，走访的对象主要有：学生家庭、打工学生，以及参观当地特色产业基地和革命纪念馆等。本次活动，大家普遍感觉收获很大、感悟颇多。

第一，通过走访学生家庭，进一步了解学生的成长历程，在教育工作中可以更好地做到有的放矢、因材施教。从受访问的每位家长那里，老师们感受了他们望子成龙的殷切心情和在子女成长过程所付出的心血与汗水。有一位家长，为了供孩子上学，从农村来到陌生的城市做水果生意。当他谈到孩子的成长历程时，激动之情难以抑制。由于孩子从小贪玩、厌学，为了不让孩子辍学、走上歧途，他多次为孩子择校转学，各种赞助费、择校费等花去近10万元。他说，孩子从小就比较调皮，在学校总惹事，他经常被老师叫去接受批评。每次老师来电话，准没好事。可今天不同，当孩子说老师要来家访时，他感到自己的孩子终于受到老师的关注了。了解到孩子在陕铁院的日常表现后，那位父亲高兴地说：“我心里一块石头终于可以落地了。”通过与家长和学生进行交流，老师们更加坚定了用宽容、鼓励与肯定的态度教育学生的信念。还有一位家长是国家公务员，他要求孩子在学校积极参加学生组织和课外活动，除了搞好学习，要尽可能地去锻炼和提高自己的能力。由于父母从小严格要求，并且无微不至地关心孩子的成长与发展，这位同学一进入陕铁院就参加了学生会，现在已经是学生会的一名骨干。孩子的成绩，使父母感到满足和荣耀。我们也感受到父母的影响对孩子的发展有多么重要。另一位同学，在学校的文艺晚会上多次亮相，为大家带来欢声笑语。家访时我们发现，父母本身热爱文艺，家中挂满字画，这样的成长环境和家庭氛围，对他产生了深远的影响，从小他就接受着艺术的熏陶。通过这两名同学，我们深刻感受到家庭教育在孩子成长过程中不可或缺的作用。在今后的教育工作中，我们将加强与学生家长的联系和沟通，全面掌握学生平时在学校未被发现的优点或不足，更好地做到因材施教，让每一位学生充分施展自己的个性和才华，帮助学生更好地成就自我。

第二，通过走访打工学生，了解他们的工作、生活状况，进一步了解了当代大学生的思想状况。一位寒假在自家餐馆帮忙的同学，给我们介绍了自己工作中的成绩和困惑。他说自己经过几个假期的锻炼，许多工作都能拿下，甚至在父母不在时，还可以独当一面，很是自豪。但是他觉得人员管理是所有工作中难度最大的一项，言辞的轻重有时很难拿捏。以前偶尔遇到不服从安排的工作人员，顿时内心觉得很恼火但却手足无措。好在现在已经摸索出来一些管理小诀窍，很少发生僵持或冲突的现象。在参与社会活动的过程中，同学们受到了不同程度的锻炼，各方面能力均得到了提高，从而能够更好地适应社会。一位在超市打工、负责理货的同学，在繁忙的工作中，体会到了劳动的艰辛和父母生活的不易。他说返校后一定努力学习，用优异的学习成绩和签约理想的工作单位来回报父母。与老师们分享自己的打工心得，会使同学们更加自信，从而坚定自己的人生方向。

第三，通过走进农村，参观和了解新时期农村、农业的发展和农民思想、生活的变化，深切感受到了改革开放、社会主义市场经济、国家政策等在“三农”问题上的突出作用。所到之处，我们看到的都是便捷的交通，规划整齐的现代村落，每家每户别墅式的二层小楼以及舒适、美观的装修与布置。交谈中，我们听到更多的是老百姓对党和国家政策的高度认可和感激，对自己生活的满足及对更好未来的憧憬。在这里，我们第一次系统化地、深入地了解和感知到社会主义新农村建设的伟大成就。经过二三十年的发展，这里有了城市里也有的所有家用电器和设备，有了城市里也有的休闲广场和文体活动，却也保持着城市里没有的静谧与从容。一切所见所闻，让我们看到了中国社会的发展与进步，丰富了老师们今后开展教育教学工作所需的生动、鲜活的素材，许多意外收获让大家感觉深受教育，不虚此行！

第四，通过参观革命纪念馆，老师和同学不仅接受了革命传统和爱国主义的教育和洗礼，同时通过与场馆工作人员沟通、洽谈，拓展了我院学生开展思想政治教育的空间，最大限度发挥了陕西的红色文化资源在学校教育中的价值和意义。2015 年 1 月 21 日，我们师生一行 5 人来到位于眉县常兴镇的扶眉战役纪念馆。该馆是为纪念在全国解放战争中西北战场上最大的一次战役——扶眉战役而壮烈牺牲的3 000多名解放军指战员修建的一处烈士陵园。通过参观，大家了解了革命先烈们的英雄事迹，深受感动。艰苦而卓绝的战役，烈士们的鲜血和生命换来的和平环境与幸福生活，我们要倍加珍惜。该馆距西宝高速公路常兴出口2公里左右，交通十分便利，我院思政教研部计划与该馆挂牌合作，建立我院又一个思想政治理论课实践教学基地。将来老师和同学们可以参观、学习，提升教育教学的效果，提高自己的思想认识，启示自己的未来，使更多的人受益。

关于本次活动的不足之处及今后的设想，我认为有以下两个方面：

第一，由于人力有限，加之学生打工或家庭所在地比较分散，活动的受众面较小，仅限于具有一定代表性的少数学生，而且仅限于陕西关中附近。事实上，许多学生表示期待并欢迎老师走访。

第二，受本次活动启示，学工部、团委、各系可以借鉴本次活动的经验，今后可以利用节假日、周末多走访青春榜样候选人、入党积极分子、学生干部等学生的家庭及邻居，全面掌握学生的表现情况，确保入党、评选等工作更加严谨。

总之，我认为本次活动非常成功，收获很大。感谢学院领导对本次活动的高度重视和给予的支持！也感谢所有老师们的一路辛劳！祝愿陕铁院“三走进”活动越办越好！祝愿同学们健康成长，早日成才！

三、当前高职院校辅导员队伍建设的现状与对策

大学生思想政治教育工作要体现出全员、全过程、全方位育人的工作思路，通过加强组织领导、队伍建设、思想政治理论课、课堂外思想政治教育、条件保障、育人环境等渠道，切实增强思想政治教育工作的实效性是当前高校教育教学工作的一项重要任务。马克思主义认为，人是生产力要素中最活跃的因素，因而，队伍建设尤为关键。在高校思想政治教育的队伍中，有党政干部及共青团干部队伍、思想政治理论课与哲学社会科学课教师队伍、辅导员队伍等，他们在不同的领域发挥着重要作用。由于历史及现实的原因，当前，在高职院校的辅导员队伍建设中，存在着诸多问题，影响和制约着高职院校大学生思想政治教育工作的开展与效果。

（一）高职院校办学理念、学生特点及辅导员工作职责

目前，我国高职院校的办学理念一般为“教学做合一”，人才目标为培养“下得去、留得住、用得上、干得好”的生产一线技术技能人才。与

本科院校相比，高职院校的理论学习较少，实践教学较多。因而，如何在实践教学活动中开展思想政治教育工作是高职院校一直探索的重要课题。

从学生生源来看，高职院校学生的高考成绩普遍低于本科院校。学生在学习动力、学习方法、学习效果等方面和本科院校存在一定差距。还有部分高职学生为“五年一贯制”初中毕业起点的学生。他们的行为养成、组织纪律观念、法制观念等均为教育和管理的重点。另一方面，高职学生思想活跃、动手能力强，要求辅导员素质必须与之相适应，否则如果二者存在脱节现象，那么，思想政治教育的效果不言自明。

综上所述，由于办学理念、学生特点方面的原因，高职院校辅导员日常学生管理工作的职责包括：组织召开班主任会议；策划组织主题班会；检查责任班级的班会召开情况；深入学生之中，有针对性地找学生谈话，掌握熟悉情况；参加和组织升国旗仪式和学生早操检查宿舍内务、检查夜不归宿；督促检查卫生大扫除（宿舍、教室），负责抓好文明宿舍和文明班级创建工作；每周星期日晚自习清点责任班级人数、上报返校情况；处理责任班级内发生的应急事件；组织、指导重大集体活动、体育竞赛；积极开展学生管理研究，探索新思路，总结新经验，不断提高管理水平等。辅导员队伍的素质要求为：学历高，有创新精神，能吃苦，讲奉献，善于打硬仗；协作精神强，深入学生，高度负责，能够充分利用先进网络平台开展工作。

（二）辅导员队伍建设存在的问题

从辅导员队伍现状分析、调查问卷和访谈中，我们发现了一些队伍建设中存在的问题。以某高职学院 2013 年辅导员状况为例：

1. 数量问题

学院现有学生 12 860 人，辅导员与学生的师生比为 1∶357。教育部要求高校设专职辅导员比例不低于 1∶200，因此，学院还有差距。问卷和访谈中大家反映，为使学生在毕业若干年后便于与母校联系，建议学院在辅导员聘任上，加大校内专任辅导员聘任力度，适当减少外聘辅导员、班主任的聘任。

2. 比例上的问题

流动编制比例偏大，影响辅导员的认同感、归属感和工作的积极性、主动性。目前辅导员队伍年龄结构不尽合理，年轻人多，中年人少，部分辅导员的工作经验不足。各系之间辅导员的专业结构需要调整，相关专业如艺术、体育等分配不均，上述专业的辅导员在部分系较为欠缺。

3. 业务培训及教师发展方面的问题

辅导日常工作繁忙，学院提供培训的机会太少，尤其与专业课教师相比，待遇与重视程度都不够。

4. 职称、职务晋升及福利待遇方面的问题

在职称评审方面，辅导员与专业课教师同台竞技，未作单列，晋升难度大，略失公平。在调查、访谈中大家认为作为工作需要，辅导员的通信补贴太少，而且流动编制的辅导员没有这项补贴，不利于工作细致、深入开展。年度考核中，应考虑适当给辅导员一定的考核优秀指标。同时也建议辅导员职务晋升参照学院干部选拔、聘任办法。

（三）辅导员队伍建设的对策

1. 加大扩充辅导员队伍的力度

学院当前正式编制的一线辅导员占总数的63%，还有37%的流动编制，流动编制待遇稍低，队伍不易稳定，故需加大正式编制辅导员的用人计划。另外，不断优化专业结构，选聘各种相关专业背景的优秀研究生，避免辅导员队伍专业背景的单一性，努力实现辅导员专业多元化局面。同时，建议考虑适当增加思想政治理论课专任教师用人计划，使得学生管理与思想政治理论教育协调发展。

2. 增加辅导员培训的经费，拓宽辅导员培训的渠道，提高业务培训的质量，增加辅导员培训的机会

加强校内、校外培训、学习和交流，采取“走出去、请进来”的方式，“岗前培训、日常培训和骨干培训”相结合的方法，对辅导员进行系统性辅导与培训。积极选拔优秀辅导员参加国内国际交流、各类考察和进修活动，开阔视野、提高素质。鼓励和培养专职辅导员成为高校思想政治教育工作方面的专门人才。

3. 提供平台，助其成长

积极推荐辅导员在职进修，提高教育管理水平。学院鼓励辅导员进行相关专业技能资格考试，鼓励和支持辅导员攻读相关学位，积极为辅导员提供发展方向和空间。

四、辅导员队伍专业化、职业化之路

为加强大学生思想政治教育工作，党中央专门颁发文件《中共中央国

务院关于进一步加强和改进大学生思想政治教育的意见》，其中一个重要内容就是加强高校辅导员队伍建设，对于高校辅导员队伍的专业化、职业化指明了方向。2006 年教育部发布《普通高等学校辅导员队伍建设规定》，进一步规范了辅导员队伍建设工作。作为高校，应该从以下方面着力推进辅导员专业化、职业化的进程，为切实加强大学生思想政治教育工作提供人力保证：

（一）严把进口关，全面提升学生管理队伍的整体素质

扩充辅导员数量，实现辅导员与学生 1:200 配备的标准要求，加强一线学生管理工作的力量。按要求招聘优秀中共党员、专业涵盖与学生管理工作密切相关的思想政治教育、教育学、心理学、艺术类、计算机应用等研究生，为学生管理队伍吸纳新鲜血液。通过优化学缘结构、专业结构，学生管理工作的质量和水平显著增强。同时，为切实提高教育教学质量，所有新进教师都必须从事至少一年的辅导员工作，经考核合格，方能转为专任教师。

（二）加大培训力度，将辅导员培养培训作为一项常规工作，切实加强辅导员业务素质和工作能力的培养

通过举办各类培训会，加强辅导员素质拓展工作。开学第一周，举行全体辅导员业务培训会，加强学生管理队伍的责任心和进取心，培养辅导员爱岗敬业、吃苦奉献的职业品质。培训会总结过去在学生管理中的经验教训，部署新学期工作，为辅导员提供先进工作思路和技巧，鼓励学生工作者工作创新，不断开创学生工作新局面。通过理论武装，以邓小平理论、“三个代表”重要思想和科学发展观引领辅导员队伍建设，增强辅导员政治素养。通过专题讲座、团队辅导、素质拓展、沙龙交流等多种方式，“以老带新”传递本院辅导员队伍建设的优良传统和先进经验。邀请教育厅领导、省内专家为辅导员做讲座，提高学生工作者的认识水平和政策水平。

（三）为激励辅导员积极工作、快速成长，实施“辅导员考核精细化”工程

从参加业务培训到自我“充电”，从参与技能竞赛到组织学生活动，从考勤管理到效果测评，从系部、同行评价到学生评判，各类指标均纳入考核范畴，促使学生管理工作扎实有序地开展，学生管理工作的效果显著增强。

（四）为提高辅导员业务水平与综合素质，开展“技术比武”，积极为辅导员搭建学习平台，激励辅导员快速成长

通过业务能力的比拼，激励大家积极进取、增长才干、成就自我。优秀学生工作案例评选活动、辅导员主题班会课说课比赛、班情学情熟知大赛、网文写作比赛、职业能力大赛等均是很好的形式。通过此类活动，促使辅导员、班主任不断总结学生工作经验，相互学习，共同探索学生工作的新思路与新方法，提升学管队伍的整体水平。

（五）为辅导员搭建平台、提供机会，努力提升辅导员队伍的科研能力

鼓励辅导员积极申报教育部、省级辅导员工作精品项目和辅导员科研项目。引导辅导员把研究学生思想动态、心理状况、学生问题、教育方法等作为日常工作的内容。把总结工作经验、分享心得体会作为一种习惯，不断提高辅导员的理论水平、研究水平，有针对性地开展教育管理工作，不断增强思想政治教育工作的质量。

总之，辅导员是大学生成长的人生导师和知心人，是学生发展进步的引路人。高校应通过完善辅导员培训机制，提高业务水平。举办辅导员培训班，提高辅导员工作能力和业务水平；加大引进力度，科学谋划辅导员队伍结构，努力把学管队伍打造成为学生的“良师益友，人生导师，成长伙伴”，全面提升辅导员的政治素质、业务水平和工作能力。选派辅导员参加各级各类辅导员培训，搭建交流平台，促进专业化发展。组织辅导员经验交流、业务知识竞赛、参观考察等有益身心健康的文体活动，促进辅导员之间相互交流、相互学习、取长补短、共同提高。强化人文关怀，营造和谐氛围。大力倡导和践行“快乐工作、幸福生活”的理念，热情关心辅导员的学习、工作、生活和个人发展，努力为他们排忧解难。不断营造团结和谐、开拓进取的工作氛围。通过职务晋升、待遇倾斜等政策，让辅导员没有后顾之忧，乐于工作，甘于奉献。

第五篇　学生为本

一、高职院校学生教育管理工作创新机制研究

高等职业院校作为我国职业教育的重要组成部分，既承担立德树人根本任务，又具有职业教育职能，同时受生源状况等因素的影响，在人才培养工作中有其特定的内容与方法。作为学校体制机制的重要方面，高等职业院校学生教育管理工作应当在顶层设计、队伍融合、教育维度、培育渠道等方面顺应时代发展趋势，立足办学理念与学生特点，创新教育工作的新机制，为职业教育事业贡献力量。

（一）创新顶层设计，构建全员育人工作新机制

高职院校应结合本校特点，确定学校办学目标、教育宗旨、管理理念，凝练校风、校训，建设独具特色的校园文化。学校通盘考虑教育、教学、管理、服务等层面的工作，做到统一思想、相互支持、协同发展。学校的顶层设计，应充分体现定位、设计、整合、实施、反馈5个以时间为主线的序列。如关于学生的教育管理工作，从生源特点分析、企业社会需求、教育管理实施、平台搭建等层面的归口、协调、运行、考核、反馈等工作着手，做到思路清晰、落实到位、成效显著。学校层面的工作思路必须是清晰且稳定的，各职能部门的工作思路必须建立在学校层面指导思想的基础上，立足工作实际，有落实与创新。一线教师、辅导员和工勤人员有较强的执行能力，是学校办学目标、教育宗旨、管理理念的实现者，是校风、师风、校训、学校精神的体现者。因而，顶层设计是学校教育事业的强大引擎。科学的顶层设计应当是自上而下形成，而非自下而上的倒逼路径使然。只有这样，才能通过教育管理，实现高职院校为特定岗位培养技术人才的目的。

高职院校的顶层设计要从管理模块的角度着手。大学生教育管理工

作，需要高校教学部门、学生教育管理部门、思想政治宣传部门等全体部门的通力合作，形成有效的全员育人机制。学校党委应高度重视大学生思想教育与日常管理工作，着重从思想政治理论课教师和辅导员两支队伍的融合上下功夫，为全员育人工作机制做好顶层设计。比如，为实现在大学生教育管理工作中各部门齐抓共管，有力配合，学生工作部、学生工作处、团委、思想政治理论教学科研部等部门可合作办公。在工作中有分工、有协作，既有各自经费独立、业务独立的对立性，又有学生教育管理工作的统一部署、步调一致、互相参与的统一性。在机构设置上，学生工作部作为大学生思想政治教育工作的牵头部门，其副部长由思想政治理论教学科研部主任和团委书记兼任，做到了学生的思想教育、日常管理、理论教学和科学研究的有机统一。

（二）推进“两支队伍”的融合，形成教育管理新合力

在学生教育管理工作的主导因素中，有两支队伍具有关键性作用。一个是专任教师队伍，一个是辅导员队伍。专任教师是知识、技能的传授者，对学生的职业素养、求知态度等有着深远的影响；辅导员与学生朝夕相处，主要负责学生的思想教育、身心健康、日常管理、政策咨询、辅导答疑、素质培养等，还包括帮助学生解决思想和生活中的实际困难等。二者对学生的影响作用都很大，缺一不可。

1. 教师融进学管队伍

教师担任班主任，为教师了解学生思想动态、加强与学生的沟通与联系、提高理论教学与科学研究的针对性和实效性提供了制度保证。在教师职称晋升的政策规定中，要求专职教师有学生工作经历者（担任班主任至少1年），方有资格申报高一级职称。在辅导员、班主任职业能力大赛中，专任教师作为班主任，要求参加比赛。通过班情熟知等比赛环节，专职教师作为兼职学生工作者与专职辅导员同台竞技，对于学生工作是极大的促进。从比赛中学习到许多工作技巧，切实提高了学生教育管理工作的质量和水平。同时，为实现教育、教学的融合提供了人力保障。特别是思想政治理论课教师，其专业背景、教学科研工作内容与学生思想政治教育工作的联系更加紧密，发挥思想政治理论课教师的专业优势，让他们参与学生教育管理工作，对学生工作效果的提升具有更大的促进作用。

2. 辅导员融进教师队伍

从实际运行情况看，大部分辅导员的专业背景为思想政治教育或者研

究方向为马克思主义学科，他们均为思想政治理论教学科研部的兼职教师。辅导员讲授思想政治理论课更接地气，这样，就做到了思想政治理论课教师队伍和辅导员队伍的融合，有力地推动了工作，增强了大学生思想政治教育工作的实效性。辅导员作为兼职教师，与专职思想政治理论课教师集体备课，参加教研活动，参加教学改革和教学比赛，极大地锻炼和提高了辅导员的教学工作能力，使辅导员脱离学生“保姆”这一形象，进而提高了教育管理工作的水平。

教师与辅导员两支队伍的有机融合是高校学生工作的创新，是实现全员育人的重要举措。人才培养工作最好的机制就是实现各要素的协同，而不是相互割裂。作为育人主体，教师队伍与学管队伍各有优势、各有侧重，但两支队伍融合后产生的合力则远远超过了各自力量的叠加。

(三) 突出职业教育，多维度建构素质教育新体系

素质教育是当代中国教育改革发展的战略主题，也是教育机构和教育工作者的工作主题。高职院校作为职业教育机构的重要组成部分，在人才培养工作中，渗透职业教育是其重要职能。为此，在教育工作中，调动教学、管理、服务等层面的积极性，增加素质教育维度十分重要。学校可通过以下 6 个方面，建构学生职业教育、素质教育的工作体系：

第一，加强校园文化建设，营造良好育人环境。职业院校通过打造体现技能特色的道路文化和广场文化；建设大师事迹展览馆和行业发展史馆，在教学楼道、公寓楼道设计企业文化长廊、校友风采长廊；办公室和教室内陈列历届学生自制的模型作品，使学生时时、处处都能受到浓郁的技能文化环境的熏陶，营造崇尚工匠精神的校园文化氛围。

第二，开展主题活动，培育职业精神。职业精神往往要通过实践才能内化为从业者的职业素质。邀请劳模、大师、企业家、技术能手和优秀毕业生走进校园，传播前沿施工技术、交流成功经验，激励在校学生尊重职业、尊重技术技能、重工匠精神；邀请职业教育研究机构、学会等进校举办论坛、讲座、展览等，展示行业专业的历史沿革、创新成果、典型案例，教育学生坚定理想信念、崇尚劳动、敬业守信、精益求精、敢于创新，掌握中高端技术技能，成长为中国制造走向优质制造、精品制造的主力军。

第三，扶持专业社团，在实践中培育学生的职业意识、精品意识、创新意识。专业社团是学生专业技能提升的重要实践平台。为此，辅导员可

以与专业教研室主任结对子，共同帮助学生成立专业社团。教研室主任任社团的指导老师，辅导员老师任专业社团的组织老师，发挥专业社团育人功能。

第四，举办技能大赛，提升职业技能。技能竞赛是检验学生技能水平的试金石，是职业技艺比拼的舞台。辅导员团队通过校内建舞台、校外搭平台，引导学生崇尚技能、精益求精、追求卓越。积极开展技能大赛获奖学生优秀典型宣讲团，进班级、进教室、进宿舍巡回宣讲其经验和事迹，形成“榜样引领学技能、切磋交流共提升”的文化氛围。

第五，通过社会服务，增强社会责任感。辅导员团队通过组织学生“走出去”，利用本地社区、广场、公园等场所，开展紧贴群众生活的服务活动，让群众感受职业教育服务美好生活，既能高大上，又能接地气。通过展板宣传、学生讲解、技能服务、文化传播等为社会发展做贡献。

第六，利用互联网+，增加素质教育维度。“95后”大学生在互联网技术的影响下，接收信息的能力不断提高，他们独特的学习方式、大量的信息来源对工匠精神的传播提出了新的课题。为此，辅导员团队应紧扣思想政治教育、强化技能培养、充分利用新媒体强大的信息传播功能，致力于建设官方微信、微博等平台，持久地教育和影响学生。

（四）内外兼顾，开创人才培育新渠道

实践育人是高校人才培养的重要环节，也是全面落实党和国家教育方针的必然要求。建设主题教育场馆、校内思想政治教育实践基地等，提升校内育人环境。实践育人是高校思想政治教育工作的一个重要环节，在增强大学生思想政治教育效果的过程中，发挥着极其重要的作用。校内实践教育基地在确保学生安全、覆盖度高、收效好等方面的优势，使其成为高校在思想政治实践教育方面的一个重要资源和途径。从学科、教学、实践等特点出发，高校思想政治实践教育基地建设一般有四种基本形式：展厅、体验室、理实一体化教室和文化长廊。

第一，展厅。借鉴博物馆、展览馆的形式，校内展厅可以专门建设，也可以置于教学楼、图书馆大厅，以多功能厅的形式出现；依据用途与现实条件，既可以采用封闭的形式也可以采取开放的形式。通过图文资料、音影资料展示教学内容，要求生动、直观，简单易操作。展厅的布局要突出主题，最好以专题形式出现，即一个展厅一个（也可几个）专题。学校可通过校史馆、主题教育场馆、职业特色的文化广场等，加强思想政治教育工作。

第二，体验室。思想政治理论课实践教学的体验室，比较典型的如心理健康教育方面的减压室、放松室、宣泄室等，能够通过学生的实践行为达到预期的效用。这类形式的实践基地具有一定的独立性和专业性，其科技含量、成本造价、维护要求一般都比较高。

第三，理实一体化教室。按照课程标准及课程设计要求，以思想政治理论课知行统一、知信统一的教学目标为原则，建立若干理实一体化教室。努力将教材体系转化为教学体系，将知识体系转化为信仰体系，为学生搭建感悟教育、实践展示、塑造自我的教学平台，以满足课内实践教学需要。理实一体化教室是一种将思想政治理论课实践教学、校园主旋律文化建设、素质教育、心理健康等学生思想政治教育的综合教育需要融为一体，以图片、视频资料、经典红歌为主要资源，借助声、光、电等现代教育手段，把理论课与实践性教学相结合的有效形式。它可以最大限度地激发学生的学习热情和积极性，实现文化育人的功能目标。

第四，文化长廊。充分利用校内资源，在走廊、道路旁设置专题宣传内容，如伟人塑像、名人名言、红色电影画报、红色歌曲词作等，使学生实现自我教育的作用。文化长廊一般设置在人流量大、宽敞明亮的地方，以方便学生学习。

加强对外交流与合作办学，提升办学及教育的外部空间。如加强校企合作，通过订单式培养、引入企业文化、加强学生现场教学、顶岗实习管理、聘请企业专家指导学生活动、设立企业奖学金、校友奖学金等诸多形式，加强学校与社会的广泛联系。职业院校人才培养质量最终要通过企业、社会的鉴定。加强校企交流与合作，能够在教育、管理的过程中，根据企业、社会对人才的需求，有针对性地开展工作。另外，加强国际交流与合作也是提高人才质量的又一途径。通过与教育发达国家的部分大学建立合作关系，不断扩展合作的内容与范围，将师生交流、教师培训等合作引向深入，并尽快启动合作办学、专家讲学、学术交流等方面的项目，使合作面更宽，层次更高，让更多的师生受益。学院还可组织多批次学生赴海外高校开展学生之间的交流活动，开阔学生的视野，提高学生的语言表达和沟通能力，为高职院校办学国际化铺垫道路。

高职学生的综合素质与所获知识技能同等重要。新形势下，职业院校的思想教育、日常管理、素质培养、创新教育、就业指导等方面的工作更加迫切。高等职业院校的顶层设计、队伍融合、教育维度、培育渠道等是开展学生教育管理工作并且取得成效的重要保证。高职院校要勇于承担历史使命与责任担当，做好学生教育管理工作，为中国职业教育事业献计献策，为中国制造、供给侧改革提供人才储备，为社会发展贡献力量。

二、五年制高职学生的养成教育

高职五年制学生绝大部分都是中考后不能升入高中或难以继续深造的学生，学生入校年龄在十五六岁，正处于青春过渡期。这个群体的学生教育管理工作既有别于普通高中，又有别于普通高校。生源的特殊性使得学生教育管理工作具有一定的特殊性、挑战性。这些学生在初中没有养成良好的学习习惯，没有得到老师的足够重视，缺乏心理激励和鼓励。很多学生入校后，学习目的不明确、文化课基础差、年龄小、独立生活能力差、没有养成良好的行为规范。很多人抱着得过且过的心态，不爱学习、不会学习，甚至对自己的补考时间都不关心，对老师的要求无所谓等；还有少部分学生积习难改，经常违反纪律，有着吸烟、喝酒、小偷小摸，甚至敲诈勒索等不良习性。这些不良习性不仅影响学习，而且给学生管理带来很大的难度。随着五年制在校生的日益增多，高职院校无论是在教育教学方面和管理方面都面临着新的课题。如果我们对这部分学生的特点没有清楚的认识，不能够采取正确的教育教学方法，势必会影响学校的形象，影响学生的发展，甚至会影响到社会的稳定。尤其是五年制学生进校之初的前两年，养成教育显得尤为重要。学校应充分认识这些问题，研究探索五年制高职教育的规律，将培养学生良好的综合素质放在重要位置，采取积极有效措施，强化学生管理及教学工作，因材施教，保证和提高教育质量。

（一）养成教育为核心

养成教育是五年制学生管理工作中重要的一环。五年制学生从小没有养成良好的学习、生活习惯，这就给教育管理工作者提出了一个重要的课题——帮助他们纠正不良行为，培育良好习惯，为以后的成长成才打下良好的基础。所以，养成教育就成为五年制高职前两年学生管理与教育工作中重要的一环。孔子说：“少成若天性，习惯成自然。”叶圣陶先生认为“教育就是养成良好的习惯。”中国的先哲也有“慎始”的教训，“慎始”则善终，这是必然的结果。细节定成败，习惯成自然。五年制高职前两年是养成教育的关键时期，有效而正确的养成教育会使他们建立良好的行为习惯。

思想政治教育工作者应该从五年制高职学生前两年的实际情况出发，就五年制学生入校之初期的特点及其教育管理模式进行探讨。确立养成教育的指导思想为：以培养学生良好的生活习惯、学习习惯、卫生习惯及文明礼貌行为习惯为出发点，以有利于指导学生健康成长为目的，坚持教育与管理、自律与他律相结合的原则，不断完善学生日常学习、劳动、生活行为准则，建立富有生机和活力的教育与管理机制，以教育为先导，以制度为保证，以检查督促为手段，以行为训练为基础，以习惯养成为目标，从基础小事抓起，注意点滴积累，切实培养学生良好的行为习惯。

养成教育的主要任务是培养学生良好的行为习惯、完善的人格。结合五年制学生的身心特点，其主要内容有：优良学风养成、文明礼仪养成、行为规范养成等三大内容。在实施过程中一定要遵循五年制学生的成长规律，启发阶段觉悟，引导主动发展。同时，在具体操作上要低起点严要求，小步子，快节奏，活动多，求变化，快反馈，勤矫正。

（二）五年制高职学生养成教育的主要内容

五年制高职学生在成才之前更重要的是使他先成人，成为一个好人。著名教育专家程鸿勋说："智育是良好的思维习惯，德育是细小的行为习惯，素质教育更加体现在人的细小的行为上。"所以，在入学之初的前两年中培养学生良好的学习习惯、文明礼仪行为习惯、自觉约束的生活习惯是五年制学生管理的重点和特点。所以，养成教育是学生教育管理中的主要内容。五年制学生的年龄、学业经历相当于普通高中，但不同于普通高中，更不是真正意义上的大学生。所以，从学生的实际出发，五年制高职学生前两年养成教育的主要内容可以参考《中学生日常行为规范》《中学生守则》的内容，主要目的是纠正学生在生活和学习中存在的不良行为，从文明、学习、生活、卫生、诚信等几个方面正面规范学生行为习惯。其主要内容有：

第一，文明习惯。比如，语言文明，不讲脏话；路上碰到师长，要有礼貌地问候，有事需要外出时向老师请假，说明去向及归校时间，有基本的规则意识；参加升降国旗仪式，要严肃、庄重、衣着整洁；诚信教育，继承并发扬中华民族诚实守信的光荣传统，明确诚实守信的重大意义并树立诚实守信的坚定思想；在日常生活中要明理守信，实事求是；犯错误时要敢于承认错误，并承担责任。

第二，学习习惯。课前要预习，学会带着问题听课。课前准备好学习用品，静候老师上课。上课专心听讲，认真思考，勇于提问，积极答题。按时完成作业，做到独立、耐心、细致。

第三，生活习惯。按时作息，早睡早起，按时上早操，及时整理内务，做到快速、高效，上课不迟到；不进网吧、游戏室、歌舞厅等不健康场所；讲究个人卫生，不染发、不留长发（男生前不遮眼，侧不盖耳，后不扫领）；不穿奇装异服，穿戴整洁，夏季不穿短裤、拖鞋进教室；积极主动打扫教室、寝室，不乱扔垃圾，不乱涂乱画；培养环保意识，强化个人卫生，做到勤洗澡、勤换衣，努力形成良好的个人卫生习惯。

这些内容一般都体现在学生手册中，所以，学生入校之后每人发一本学生手册非常有必要，而且要随时学习，结合案例学习。在入学教育阶段、典型事件发生阶段，我们都要将校纪班规、学校行为习惯要求等随时进行学习，明确行为规范的内容，知道在学习和生活中如何做，怎样做。然后再通过各种活动，强化训练；通过自查互纠，共同进步；通过激励评优、树立典型，带动进步；养成正确的行为习惯。

（三）养成教育的实施途径

1. 发挥课堂教学优势，进行“知”的教育

“知”即提高学生道德认识，使他们懂得“是、非、善、恶、美、丑”

第一，健全学校、年级、班级管理网络，发挥各年级自主管理功能，加强学生常规管理的力度。各班每日利用早读前 3 到 5 分钟时间，由班干部对本班着装仪容仪表进行检查，对前一天养成教育中存在的问题进行公布；每周班主任根据班干部的登记情况，利用班会课进行讲评，并将存在问题较多的学生与家长沟通，取得家长的配合，对极个别发生问题较多的学生，由年级主任、班主任与家长沟通教育，并将情况报政教处。第二，充分利用升旗、班会等形式，加强学生文明礼貌、安全卫生等常规教育宣传，引导学生做到“三别”“四带”“五无”。“三别”即向陋习告别，向懒惰告别，向粗俗告别；“四带”即把礼仪带进校园，把微笑带给同学，把孝敬带给长辈，把谦让带向社会；“五无”即地面无痰迹，室内无纸屑，桌凳无刻画，墙壁无脚印，语言无脏话。第三，把行为规范教育渗透在文化课教学之中，做到全员参与德育管理。每月召开一次班主任会议，明确教育主题，安排下月工作，提醒班主任应注意的问题，突出重点，明确目的。

2. 加强班级管理意识，强化班主任职能

高职院校的学生有自身的特点，管理工作也应该有自己的特点，但它不能与管理的一般规律相悖。班级是一个学校最基本的组织单元，是组成一个学校的细胞，班主任则是这个单元的灵魂和核心。高尚的道德品质，公道正派的思想作风，运筹帷幄的决策能力，为人师表、以身作则、言行一致的务实精神，甘为人梯、无私奉献的高尚品质，是做好班主任工作的基本条件，也是班主任人格魅力独特之处。班主任工作既是一门科学，更是一门艺术，只有踏实工作，备尝艰辛，才能品味出付出与奉献的快乐。把个性各异的学生培养成受社会欢迎的人才是要下一番功夫的。但是班主任不是企业家，没有任意挑选原材料的权利，班主任应该是教育家，要倾注全部的爱心教育好每一个学生。教育好一个差生并不难，难的是让每一个学生都有所进步，这也是一个班主任成功的标志。现代教育已经把实现人的全面发展和个性发展作为根本任务。当今时代是一个个性张扬的时代，大学生思想活跃，追求个性发展，呼唤平等自由是时代的特征。作为教育工作者，其思想也要与时俱进，更新观念。长期以来，学校受师道尊严的影响，从上而下缺少服务意识和对学生的人文关怀。教职工要树立为学生服务的意识，要与学生建立起新型的师生关系。班主任在学生管理中，主要扮演着四种角色：班级工作的组织管理者，学生人生观、价值观的引导者，学生学业的指导者；班级活动的策划者。其中，组织管理是基本工作班主任代表教育管理部门对班级工作进行管理，平时加强检查督促，制定各项制度对学生加以约束，定期组织检查评比，建立健全监督网，强化学生的道德意识，培养学生坚定的道德意志。主要包括以下制度：

第一，值班制度。值班人员由领导、教师、学生干部组成，负责检查学生每天在校的行为表现，发现问题，及时教育、矫正，并将情况及时记录在《值周日记》上。值班制度的实施，从细小处抓起，把行为规范教育真正落到实处。第二，班级争“星”活动制度。团委、学生会管理成员每天对各班的卫生、文明礼仪、纪律、两操、出勤、就餐、就寝等情况进行督查和评比，树立榜样和标杆，并利用校内板报、广播进行宣传教育，激发学生的自我管理、自我教育的能力。第三，“优秀班级”“校园之星”评选制度。根据学生日常的表现，通过自评、小组评、班主任推荐、学校审定评选出“校园之星”。根据本月的班级争星情况，评选出“优秀班级”。

学期结束时再从每月的“优秀班级”中评选出本学期的“文明示范班”。这样，把学生个人的行为表现与班级集体的评优结合起来，使学生平时的行为表现处于集体的舆论监督下，使学生能比较自觉地遵守规范。

3. 开展各项活动，落实“行”的要求

积极开展有益的活动，健全团委、学生会活动阵地，教育学生从现在做起，把今天和明天挂起钩来；从我做起，把理论和实践挂起钩来；从小事做起，把平凡和伟大挂起钩来。

第一，通过知、比、纠、行教育系列开展行为养成教育。“知”：召开主题班会，教会学生什么是良好的行为习惯，什么是不良的行为习惯，哪些应该改正，哪些应该表扬，从思想上明确认识。“比”：对照养成教育内容，找出自身存在的不良习惯，强化训练。“纠”：加强学生自主管理，发挥同学之间相互监督、相互帮助的作用，纠正不良行为。“行”：坚持长期恪守正确的行为习惯，始终如一。第二，坚持每周班会制度，总结本周本班养成教育工作情况，安排下周工作。每月召开一次主题班会、讨论会，进行一次阶段性工作总结。第三，注重校园文化建设，发挥环境育人的功能，开展丰富多彩的第二课堂活动，办好广播站、学校宣传栏、板报等宣传阵地，为学生创造良好的育人环境。

4. 开辟社会教育途径，突出“情”的培养

通过正面的家庭、社会教育，使学生自觉接受来自社会各方面的正确引导和教育，使良好的行为习惯不断得到培养和强化。组织学生参加社会上有益的义务劳动，提高学生的社会服务意识与实践能力。

5. 通过学校家长会、家访、电访等多种形式，使家长充分了解孩子在校的学习和表现，并配合学校进行教育

（四）养成教育的要求

第一，起点要“低”。对学生的德育教育要大处着眼，小处着手，要体现低起点、严要求，致力于最基本的行为规范与道德品质的教育与养成。要从学校的整体教育思路出发，并充分考虑学生的已有道德基础，让德育回归生活，关注实践，从学生最基本的道德品质、最细微的行为习惯要求抓起。第二，坡度要“小”。德育工作是个慢功细活。这要就要德育坡度要“小”，要坚持由近及远，由易到难的原则，从学生看得见、摸得着的事开始。通过小坡度的德育训练，让学生感受到养成良好的道德品质其实就是这么简单，在真切的感悟中实现个人品质的提升。第三，要求要

“细”。只有细致的要求，学生接受、行动起来才不会觉得困难。在德育工作中，对学生提出的每一点要求，都应该是具体的、细微的，让他们听得懂、学得会、记得住。只有这样，德育工作才会有良好的“落脚点”。第四，实践要“实”。道德教育的关键要导之以行，实现“知行合一”。要纠正重说教轻实践的倾向，把理论和实践结合起来，让德育“可见、可学、可仿、可行”。学校德育要全面落实学生的主体地位，让学生主动参与德育全过程，在德育实践过程中，实现良好行为习惯的打造与优秀道德品质的达成。

五年制高职学生既不同于普通高中，又不是真正意义上的普通高校学生，有着自身显著的特点和特色。尤其在入校之初的前两年，养成教育的任务非常繁重。这就要求学生教育管理人员要根据实际情况，总结工作经验、探索更优渠道，正确引导学生加强自我管理，提高其综合素养，才能为后面的学习和就业、创业奠定良好的基础。

三、精准扶贫战略背景下的招生及学生资助改革

2015 年 1 月，习近平总书记新年首个调研地点选择了云南，总书记强调坚决打好扶贫开发攻坚战，加快民族地区经济社会发展。5 个月后，总书记来到与云南毗邻的贵州省，强调要科学谋划好“十三五”时期扶贫开发工作，确保贫困人口到 2020 年如期脱贫，并提出扶贫开发“贵在精准，重在精准，成败之举在于精准”，“精准扶贫”成为各界热议的关键词。

扶贫工作是一项带有政策性的重要社会工作，从国家到地方政府都重视并积极倡导把社会各方面的力量组织起来，形成强大的合力，帮助贫困地区快速发展。高校作为教育机构，不仅承担着培养人才的任务，而且在落实国家贫困生资助政策、体现社会公平等方面有着不可或缺的作用。因此，可以说高校参与农村扶贫不仅是党和政府的政策要求，也是高校教书育人的一种内在需要，更是高校彰显行业优势的根本所在和体现高校社会价值的途径之一。

我国扶贫开发始于 20 世纪 80 年代中期，通过近 30 年的不懈努力，取得了举世公认的辉煌成就，但是，长期以来贫困居民底数不清、情况不明、针对性不强、扶贫资金和项目指向不准的问题较为突出。由于全国都没有建立统一的扶贫信息系统，因此对于具体贫困居民、贫困农户的帮扶工作就存在许多盲点，真正的一些贫困农户和贫困居民没有得到帮扶。这

一状况，同样反映在高校的贫困生资助工作中。如贫困生认定不够精准、资助渠道单一、对于贫困生的教育引导不够深入等，对于大学生扶贫工作，乃至实现社会公平方面均有影响。

在精准扶贫战略背景下，高校如何落实党和国家关于贫困生资助的有关政策，成为一个紧要的课题，值得高校加以研究，制定出科学合理的实施方案，并且作为“十三五”规划当中的一项重要内容，做实做好，为社会的进步与发展贡献力量。

从当前的社会关注来看，精准扶贫是一项热点话题，各级政府均有部署及实施要求，但关于精准扶贫的研究、评论和文章尚且不多。如《陕西日报》在2015年3月24日和8月31日分别刊发文章《精准扶贫，点亮老区群众幸福梦》《把握精准点打赢攻坚战率先在全省革命老区中全面建成小康社会》。而关于高校如何做好精准资助工作，研究则更少。虽然个别省制定出了《教育精准扶贫方案（试行）》，但只是一个宏观指导意见，尤其是将精准扶贫与招生和贫困生资助工作结合起来的研究目前尚处于空白阶段。

十八大以来，中央逐步形成了精准扶贫战略这一科学的理论体系，这是基于我国基本国情、现阶段贫困问题、社会经济发展特点和中国特色扶贫体系的特征提出的，其核心要义是集中我们的注意力和各种资源，正视贫困问题，聚焦贫困地区和贫困对象，改善和提高扶贫工作的效益和质量，从而顺利实现到2020年全面建成小康社会的目标。

高校家庭经济困难学生资助工作是当前高校学生工作的重要组成部分。从高校家庭经济困难学生资助工作的现状入手，分析当前高校资助工作中存在的问题，提出科学、合理地做好家庭经济困难学生的资助工作，深入完善资助工作体系，加大勤工助学力度、扩大资助范围，加强对家庭经济困难学生的思想政治教育、心理健康教育和感恩教育，健全资助工作的考评机制和跟踪机制的建议，以更好地实现资助政策的资助目标和教育功能。

“资助教育实践项目”展示了学校经济与精神救助的不同形式，让资助工作有的放矢，更有针对性，以达到资助育人的教育效果；资助过程中教师的积极指导，使受助学生的思想水平得到极大提高，对学生的人生道路产生积极重大影响。总之，学校资助工作是一项基础性、长期性和经常性的重要工作，是学生健康成长的重要保证，是和谐学院建设的重要组成部分。

精准扶贫符合国家治理现代化的基本要求，是打赢全面建成小康社会扶贫攻坚战的重要保障，精准扶贫包括对象的精准、措施的精准，也包括成效的精准，把连片特困地区作为扶贫攻坚的主战场，制定政策采取措施，解决突出问题，促进区域发展。精准扶贫要求提升教育、文化、卫生、计划生育等公共服务水平，实施精准扶贫战略根本目的是确保党和政府的政策实惠落到贫困群众的身上，确保贫困地区、贫困群众尽快实现稳定脱贫的目标，确保高校家庭经济困难学生得到党和政府的帮扶资助。

“绝不让任何一个学生因家庭困难而辍学”是高校实施家庭经济困难学生资助政策的终极目标。经过多年的实践探索，高校建立了以国家助学贷款为主体，勤工助学为主导，“奖、贷、勤、补、免”五位一体的联动助学体系，完善的经济支持体系使经济困难学生的基本生活已经有所保障。在这样的情况下，资助工作的方向是什么？学生最迫切的需求又是什么？我们应及时在广大高职学生中进行问卷调查，了解他们学习、人际、就业等方面的情况，进行数据分析，为本课题提供重要的信息保证。

高校应成立资助教育实践项目评审专家组，对学生自主申请、自由组合的课题申报进行评审，项目至少由一名教师担任指导，每期确定一批重点项目和一批一般项目，每个项目资助金额为1 000至5 000元不等，同时学生负责人和参加人员还可获得素质拓展学分。内容涉及经济困难生的心理和生存状态调查、助学金管理模式、经济困难学生新型社团组织建设模式探索、父母教养方式与贫困生心理状况的关系、经济困难学生就业前景及发展，等等。希望能有针对性地开展经济困难学生的学习、技能等方面的激励计划，不仅帮助经济困难学生解决生活问题，更重要的是帮助他们提高自我认识、开发自我潜能，提高自我管理、人际沟通和适应社会的能力，使他们真正地自强自立。与此同时，也能让他们树立社会责任感，学会感恩，饮水思源，回馈社会。

从社会层面来看，现行的扶贫制度设计存在缺陷，不少扶贫项目粗放“漫灌”，针对性不强。就高校而言，一部分贫困生资助并不是雪中送炭的事。由于缺乏精确性，所以资助学生的数量问题冲击了特困学生的受助额度问题。

精准扶贫战略不仅要求党和政府改革扶贫政策，实现社会公平，造福人民，而且也要求社会组织、机构、团体积极配合，认真落实，促进精准扶贫的实效提升。高校在招生工作中，要积极响应党的号召，通过增加贫困地区的招生计划或者降低贫困地区考生的录取条件，配合政府，实现精准扶贫，造福社会。

如何推进精准扶贫？首先是精确识别，这是精准资助的前提。通过有效、合规的程序，把贫困家庭学生识别出来。要求程序简单、可操作性强。申请、调查、比选、公示几个环节的工作要更细、更准。其次是精确帮扶，这是精准资助的关键。针对资助对象的贫困情况定责任人和帮扶措施，确保帮扶效果。要求资助方式多样化。

需解决的关键问题：第一，贫困生的精准化认定办法；第二，精准帮扶的措施及途径；第三，精准扶贫战略背景下的招生办法。

以陕西铁路工程职业技术学院为例，多年来，该校高度重视贫困大学生资助和教育工作，努力完善“奖、贷、助、补、减”助学体系，做好助学济困工作，解决学生实际困难，不断更新家庭经济困难学生档案的管理工作。2013 年至 2016 年，共有 11 470 名三年制学生获得了国家助学金，资助金额 2 985 万元；共有 10 504 名五年制学生享受免学费、生活补贴及助学金待遇，资助金额 769 万元。该校由学生处学生资助中心负责建立学生生源地信用助学贷款绿色通道，负责向学生宣传生源地助学贷款的办理流程及注意事项，并协助家庭贫困的学生办理生源地助学贷款手续，确保让每一个家庭贫困的学生有学上，上好学，解除他们的后顾之忧。

该校不断拓展学生资助渠道，做好校内外勤工助学工作，积极争取社会资助。2013 年学生处吸纳 3 家企业，为学生提供奖学金 5 万元。学院勤工助学岗位每年呈递增趋势，2011 年勤工助学岗位是 130 个，2012 年 239 人，2013 年 246 人，2014 年 291 人，2015 年 302 人。该校设立校友奖学金，激励学生努力学习，向杰出校友看齐，做社会有用之才。从 2012 年开始，该校制定了《陕西铁路工程职业技术学院“一对一”结对帮扶学生倡议书》，倡议每个有爱心有能力的共产党员特别是党员领导干部，都要以自己的实际行动，为身边家庭贫困的学生提供“一对一”结对帮扶。活动开展 3 年来，全院参与“一对一”结对帮扶活动的教师共有 213 人次，受助学生共有 216 人次，帮扶资金总额达 108 000 元。

另外，该校注重对家庭经济困难学生的教育引导。学院坚持将诚信教育、感恩教育融入日常资助管理工作中，培养家庭经济困难学生的自立自强、关爱他人、回报社会的优良品质。通过落实有关政策，体现党和国家对当代学生的关爱；通过细致入微的教育引导工作，不仅帮助学生顺利完成学业，还强大了贫困学生的精神世界，使其能够安心学习、乐观生活。对于贫困生，不仅有经济上的资助、思想学习生活上的帮扶，而且通过勤工俭学岗位和公益活动培养锻炼他们的素质和意志，提高他们的可持续发展能力，为他们今后更好地适应社会、干好工作，彻底摆脱家庭的贫困，实现自我、事业有成打好基础。

四、以学生为本，全面育人

以学生为本开展教育工作，就是要围绕学生的学习、生活及各个层面开展工作。这些工作，可以是教育引导，也可以是帮助，还可以是提供服务和关注。开展学生工作的目的，就是要确保学生安全、健康和正常生活、顺利完成学业，让学生在学校的学习、生活中不断完善和发展自己，实现学校的育人目标，实现学生的人生价值，使学生符合社会需求，具备可持续发展能力，成为社会的有用人才。

（一）安全教育

高校是学生走上社会的最后一站，同时也是走上社会的第一站，很早以前就有“高校是半个社会”的说法。大学生在高校学习、生活的过程也是开始接触社会的过程。离开家庭的庇护，许多事情需要自己面对，许多难题需要自己解决。在“半社会”的状态里，学生还可能面临伤害。最近几年来，电信诈骗、网络贷款、传销等已将罪恶的手伸向了高校，部分学生深受其害。因而，安全教育是一个十分重要的内容。

在职业院校的日常教育中，加强安全教育是提高学生自我防范、自我保护能力的需要，也是学校治安形势的需要，更是国家安全和利益的需要。学生的安全教育应该从学习安全、日常生活安全、人身安全、财产安全、身心安全、网络安全、防灾避灾安全、紧急救护、校园稳定等方面开展教育引导工作。要做到预防为主、加强引导、事无巨细、形式多样，帮助学生树立正确的世界观、人生观和价值观，努力提高自身安全素质和身心素质。

学校应该从世界观、人生观、价值观的角度，从理性消费的角度，从责任、感恩的角度等来教育学生。教育不是万能的，但是教育却是不能或缺的，教育到位安全问题就能减少，甚至可以避免发生。诚然，教育是教育者与受教育者双方共同努力才能产生效果的活动。许多问题的发生，往往是因为受教育者的疏忽大意或过度自信造成的。安全问题与社会因素、家庭因素和学生个人因素紧密相关。学校的安全教育能为学生的平安健康成长保驾护航。

安全意识的教育比应急措施的教育更重要。也就是说，重点是预防。疾病有易感人群，催眠术针对心理暗示强的人，安全问题与个人的认识和习惯也有一定关系。因此，教育学生，一定要让学生清楚他的认识和行为可能会给自己带来什么问题，可能会有什么后果。此外，安全教育还要针对部分学生加强工作力度，如平时有大大咧咧、满不在乎、好奇心强、无所畏惧的心理特征的学生，还有某些问题可能会出现在某些特定的学生身上，要对他们加强安全教育，并作为重点教育对象。

（二）法制教育

在高职学生中开展法制教育的必要性主要表现在以下几方面：第一，处于社会生活中的青年大学生，离不开与法制社会打交道。第二，部分高职学生尚处于青春期后期，容易冲动，情绪不稳定，比较容易涉及法律问题。第三，传销、非法网贷等严重威胁大学生权益乃至生命财产安全的犯罪分子已将高校学生作为实施违法犯罪的主要对象。第四，身处险境、深受不法侵犯或受到威胁的大学生由于种种原因，不善于拿起法律武器维护自己的权益。

近年来大学生犯罪现象频发，主要涉及财产、人身、名誉、网络、性等方面。与中学生相比较，大学生有更多自由支配时间，没有升学压力，思想相对放松。以前一些想法现在有时间和精力去尝试，离开了家长的“监控”，行为难受约束。到了大学阶段，有更多时间接触社会，有了更多时间结交朋友。在社会和他人的影响带动下，行为有时会失控。

大学阶段是大学生的身心进一步成熟的重要阶段，但是毕竟尚未完全成熟，因而，在与人打交道的过程中，容易意气用事，容易轻信别人。有时候他们对于社会的理解过于完美，把父母和师长的谆谆教诲当作无用的唠叨，不知道人性的恶，轻视了不法分子的“高明”与残忍。

在高职院校的法治教育中，一定要通过多种形式让学生对法制观念、法律后果、自救攻略等有一个系统的认识。可以请司法机关的工作人员做报告、可以到监狱、法庭参观、可以观看法制节目或影片，最重要的是要上好安全教育课。陕西省自 2016 年开始把安全教育作为省级文明学校验收的重要内容，并且将安全教育课进人才培养计划和使用安全教育教材作为具体指标。

（三）“温暖传递”与感恩教育

高校应通过“奖、贷、助、补、减”助学体系，做好助学济困工作，解决学生实际困难，不断更新家庭经济困难学生档案的管理工作。为学生办理生源地助学贷款手续、评选发放高职国家助学金、国家奖学金、国家励志奖学金、发放国家秋季免学费等，帮助家庭经济困难学生顺利完成学业。拓展学生资助渠道，做好校内外勤工助学工作，积极争取社会资助。吸纳企业、社会团体为学生提供奖学金，设置校内勤工俭学工作岗位，号召教职工与学生结对帮扶，为尽可能多的家庭经济贫困学生提供资助。狠抓落实，确保大学生平安互助、基本医疗保险工作顺利开展。加强服务，做好平安互助基金补助发放工作。积极开展应征入伍服义务兵役政策宣传活动，确保参军入伍学生“应享尽享”，为恢复学籍的退伍军人补偿学费。注重对家庭经济困难学生的教育引导，将诚信教育、感恩教育融入日常资助管理工作中，培养家庭经济困难学生自立自强、关爱他人、回报社会的优良品质。

评定奖学金、助学金及开展表彰会等本身就是对学生进行教育，这种教育既有励志教育的成分，也有感恩教育的成分。尤其是企业奖学金的设立，可以让学生体会企业的社会责任，对于青年大学生的世界观、人生观和价值观均会产生正面影响，引导和启示学生将来做社会的有用之才，用自己的努力工作回报社会。教师的帮扶活动能让学生感受到师恩的伟大，也能感受到教师的殷切期望。国家、学校奖学金更能激发学生对国家、社会的热爱之情。

对于家庭贫困或需要帮助的学生，除了帮扶，还应采取多种形式对其进行引导和教育。帮助他们树立正确的思想观念，正确对待自己的处境，激励他们刻苦学习，努力提高和完善自己。鼓励他们积极交往，多参加社会实践活动，锻炼自己的沟通能力、表达能力和适应能力。主动参加各种校内外比赛，增强自信心，完善人格。教育他们知恩图报，心存大义，立志成才，回报社会。

（四）体育教育

人常说，身体是革命的本钱。然而，在大学生的学习发展和素质教育中，尽管有许多激励措施和一整套促进学生加强体育锻炼的方法，但是学生参加运动的时间却非常少。有人说，现在青少年学习任务重，青中年人工作压力大，只有老年人有时间没压力，因而在中国有时间运动的基本上全是老年人。广场舞不仅风靡大江南北，而且跳出国门，走向世界。事实上，说青少年学习任务重，没有时间锻炼的说法并不属实。在职业院校中，许多学生下课后回到宿舍躺在床上玩手机，一玩就是好几个小时，这种生活方式已经成为习惯。因此，学校教育必须想办法组织学生开展各类体育锻炼，并且帮助学生培养体育运动的爱好，让体育运动成为学生良好的生活习惯，塑造学生健康体魄，更好地学习，将来更好地工作，为国家做贡献。

学校不仅要开好体育课，而且要严格按要求开展体质测评工作和体育文化建设工作。采取行之有效的方法引导、鼓励学生加强体育锻炼，增强体魄。如举办田径运动会暨体育节、举办越野赛、趣味运动会、素质拓展、篮球赛、足球赛、排球赛、乒乓球赛、羽毛球赛等，营造良好的运动氛围。完善体育场馆建设，保障学生的运动条件和运动安全。在我国经济落后时期，学校体育活动与天气因素紧密相关，如雨雪天气，许多学校的体育课就变成了自习课或体育理论课。当前，这一现象已很少见，但少数学校仍然存在。在学校教育中，还要建设体育文化，使体育思想深入人心，用体育精神促人奋进，让热爱运动成为时尚，把身体健康作为衡量人才的第一指标。

早在 1917 年，毛泽东就在其处女作《体育之研究》中指出：“国力苶弱，武风不振，民族之体质，日趋轻细，此甚可忧之现象也。”他认为体育对于个体能“强筋骨”“增知识”“调感情”“强意志”，对于国家则能造就不计其数的身体强健、精神刚毅的国民。文中提出了著名的主张“欲文明其精神，先自野蛮其体魄”。1953 年 6 月，毛泽东同志在接见中国新民主主义青年团第二次全国代表大会代表时，充满热情和希望地对青年们说：“我给青年们讲几句话：一、祝贺他们身体好。二、祝贺他们学习好。三、祝贺他们工作好。”所谓“三好学生”即来源于此。而当前社会浮躁，功利化倾向严重。基础教育阶段，学校、教师还是将文化课成绩作为评价学生的主要（甚至是唯一）标准，严重忽视了身体素质的培育。当前，中国家长和教师重视体育的思维习惯尚未养成，体育文化建设任重道远。除了学校里老师布置的大量作业，家长还要给孩子报周末辅导班。“绝不能输在起跑线上”的观念严重影响了中国家长培养子女的基本思路，并且把这种竞争局限在了学习成绩上。事实上，从一开始，许多孩子就输在了身体健康上，但我们的家长浑然不知，或者毫不介意。多年来，教育部门倡导的素质教育和社会呼吁的小学生“减负”沦为空谈。于是，不由得感叹“幸好有大学！”因为大学里，学生的全面发展真正意义上受到了重视，评价学生的除了学习成绩，还有组织能力、交际能力、动手能力、文化素质、艺术素质等，当然更有身体素质。在高职院校，由于学生生源的实际，大部分学生的文化课基础薄弱，教学目标以知识“够用”为主，鼓励学生全面发展。学生在文化课学习上获得了真正的“减负”，锻炼身体、增强体质、强健体魄就具备了充足的条件。

（五）心理健康教育

近年来，高校大学生因心理问题或心理疾病导致的自杀、自伤、伤人事件频发，并且呈现出上升趋势。原因是多方面的：第一，社会原因。快速发展和高速运转的中国社会难免出现相应的社会问题，如心理压力、社会治安、家庭结构等。一个品学兼优的学生在社会上遭遇了勒索，心结不能及时打开，最后出现精神分裂症状，导致学业不能继续。第二，家庭原因。在高职院校中，单亲家庭、离异家庭的学生比重较大。还有部分学生，从小父母在外打工，相当于或者本身就是留守儿童。他们的心理状况值得关注。第三，学生自身原因。有的学生比较内向，较少与人沟通，遇事不能倾诉，平时没有发泄渠道，易使不良情绪发展为心理问题，甚至成为心理疾病。

高等职业院校要加强心理咨询，及时提高有效的指导帮助。完善运行机制，建立心理健康教育、咨询、治疗、危机干预等多项功能为一体学生服务体系，形成“宿舍—班级—辅导员—心理健康咨询中心”的四级危机干预体系，进一步加强心理健康教育咨询工作，开展健康普查。根据不同学生的情况，组织心理医生、心理健康教育教师、辅导员、班主任对筛选出来的部分学生进行约谈回访，撰写《大学生心理健康状况调查与分析报告》，加强学生心理保健联络员培训。举办心理健康宣传周、宣传月或宣传季等活动，开展了丰富多彩的心理健康活动，包括：现场心理咨询、签名活动、心理电影展播、专家讲座、心理联络员培训、心理晚会等。加强心理健康知识的宣传，通过开通心理咨询热线，开展心理咨询服务、心理辅导工作，帮助学生解决学习、生活中的各种心理困扰。

目前，教育心理学、咨询心理学等与学生心理健康教育紧密相关的研究生数量有限，不能满足高校工作需求。教育部规定，高校专职心理教师与学生人数比例不得大于1:3 000。事实上，许多高校尚且达不到，但是心理健康教育工作又极其重要，心理教师的工作往往需要辅导员来做，“万能的辅导员”必须经过专业培训才能胜任工作。一些高校为鼓励辅导员学习心理咨询专业知识，更好地开展工作，出台了一些激励措施，如凡获得国家心理咨询师资格证书的辅导员每月增加一定的津贴。这样的方式符合高校实际情况，切实可行。

随着智能手机的普及，帮助学生解决由于依赖手机（网络）而导致的心理问题，成为高校心理健康教育和咨询工作的重要课题。玩手机占用了学生一天当中大部分的时间，过度看手机导致学生视力降低，沉迷手机游戏影响了学生三餐规律，甚至严重营养不良，依赖手机还产生了许多心理问题。这些都是学校教育、管理、服务工作亟待攻克的难题。

（六）美育教育

随着中国改革开放的纵深推进，中国与世界各国的交往也日益频繁，联系更加紧密，相互影响更加普遍。当前，在青年人中审美多元化已成为常态。关于美的观念，传统与现代、主流与非主流、大众与个性等的交锋始终存在。在个人形象上、在价值评判上、在行为举止上、在生活追求上，均出现了多样性的面貌。在学校教育中，美育应该是立足学生、以学生为本的重要体现，应当作为教育内容的重要组成部分。

随着中国经济社会的发展，一代又一代年轻人的审美观念也随之进步，对于美的追求也日益突出。我国的年青一代，在追赶潮流、提升形象上几乎已与国际接轨，但是美育的内容不仅仅是关于个人形象这一个层面。对于当前的大学生来说，加强思想道德层面的美育工作是重点。青年一代爱情观、择偶观、择业观、消费观等与美育均有关联。如果说社会主义核心价值观为大学生的美育工作提出了指导思想，那么社会主义荣辱观则为其美育教育提供了具体的行动指南。

2006年3月4日，胡锦涛总书记在参加全国政协十届四次会议民盟、民进界委员联组讨论时提出，要引导广大干部群众特别是青少年树立以八荣八耻（以热爱祖国为荣、以危害祖国为耻，以服务人民为荣、以背离人民为耻，以崇尚科学为荣、以愚昧无知为耻，以辛勤劳动为荣、以好逸恶劳为耻，以团结互助为荣、以损人利己为耻，以诚实守信为荣、以见利忘义为耻，以遵纪守法为荣、以违法乱纪为耻，以艰苦奋斗为荣、以骄奢淫逸为耻）为主要内容的社会主义荣辱观。胡锦涛总书记的重要论述概括精辟，内涵深邃，具有很强的民族性、时代性和实践性，体现了中华民族传统美德与时代精神的有机结合，体现了社会主义基本道德规范和社会风尚的本质要求，体现了社会主义价值观的鲜明导向。10 年时间过去了，社会主义荣辱观的提法并未过时，而且中国社会的浮躁之风一天未除，社会主义荣辱观就不过时。

对于青年大学生来说，金钱观应该是最需要端正的思想观念。2017 年，女大学生因卖卵子险些丧命的报道接踵而来。为了金钱，连性命都不要了，她还会要什么？卖卵子是为了高消费，为了追求时尚。用身体健康换来的“美”会不会让人不寒而栗？在西方实用主义、功利主义思潮的影响下，部分青少年的处世之道过于“现实”，缺乏远大理想与大局观念，缺乏奉献精神和服务意识。大学生的美育工作必然地要与思想政治教育工作结合起来。

（七）树立学生榜样，强化朋辈影响

加强学生干部队伍建设，加强对学生会、学生社团的指导。发挥学生社团、学生组织、学生干部作用，举办学生干部培训班，提高学生干部的工作能力，组织学生开展“自我教育，自我管理，自我服务”教育活动，使学生干部不断提高自身素质，充分发挥学生干部的桥梁和纽带作用。评选、表彰学生身边的“青春榜样”“优秀学生”“优秀学生干部”“优秀团员”“优秀团员干部”，充分发挥学生榜样的力量，以青春榜样为引领，鼓励学生向榜样看齐，成长成才。邀请优秀校友回校做报告，通过优秀校友的先进事迹，给全体师生树立榜样。

不同的年龄阶段所关注的事情有差别，追求的事物有差别，对同一问题的关注角度和理解也各不相同。教师、家长的观点或者期望，学生往往“不买账”，因为各自“想的”和“想要的”都不一样。而作为朋辈，他们之间更容易产生共鸣，他们的思想和行为更容易被相互接受和仿效。在学生中树立先进典型，既能及时肯定优秀学生的某些做法和成绩，而且能引导广大学生朝某一方向去努力。

在日常教育中，还要加强对高年级学生的教育和引导。因为新生入学后面对陌生环境都需要开启防护模式，而这种防护模式的表现就是尽可能多地从学长、学姐那里获取学校的相关信息。高年级学生的观点往往能让新生信以为真，不过，这些观点中很多都是一家之言，不具有客观性、全面性。因此，应该引导高年级学生用正确的方式和客观的内容介绍学校。

在通过网络媒体开展思想政治教育时，要尽可能多地用学生自己的活动、事例来宣传。以学校的名义或从教育者的角度宣传和引导，学生多少都会带有抵制情绪，许多有价值的信息会被学生“屏蔽”掉。而从学生视角开展工作，效果就不同了。朋辈出现，学生会不自觉地向其比较、看齐。

第六篇　素质教育

一、职业院校学生文化素质教育

对于高等院校，素质教育是一项重要工作。素质教育的成效对于人才培养质量、大学生可持续发展等意义重大，应作为一项长期工作，坚持不懈。而对于职业院校，不仅要开展素质教育，而且文化素质的弥补更加迫切。2016 年 12 月，在中国职业技术教育学会主办的中国职业技术教育学会 2016 年学术年会上，教育部职业技术教育中心研究所所长杨进做了题为“2016 年职业教育科研成果综述”的专题报告，将“职业院校学生文化素质补偿的策略研究”列为 2017 年重点关注的研究课题，从而为职业院校学生素质教育工作提供了指导。当前，职业院校的生源一般都是入学考试文化课成绩排名的末端。职业院校大部分专业为工科类，生源多为理科学生，在高中阶段对于人文社科知识的学习相对欠缺，文化素质不够全面。部分学生在基础教育阶段不论养成教育还是学习习惯均不理想，“弥补”的现实意义就更加明显。

文化素质弥补工作的必要性在高职院校单独（自主）招生考试的命题与学生成绩中有集中体现。许多学生参加职业院校单独（自主）招生考试的原因就是文化课成绩差，报考本科院校无望，并非是对某种职业的向往。高职院校单独（自主）招生考试的命题难度普遍偏低，考查的都是基本的高中阶段教材内容，甚至还有一些涉及初中教学内容。例如，语文试题中填写“本是天涯沦落人”的下句，然而，考生的成绩却普遍较低。以陕西某所职业院校 2017 年单独（自主）招生考试为例，语文、数学、英语 3 门课程，满分 300 分，一半考生的考分未过 150 分。在面试环节，关于通识知识的回答，答对率大约在 30%。也就是说，有 70% 的学生在基本常识的回答环节，成绩为 0。这些常识性的问题，大多为文化课最基本的知识点和生活的常识及高中学生应知应会的基本内容。

在课堂教学中，部分学生昏昏欲睡，学习兴趣不浓。究其原因，是文化课基础差，听不懂。所以，许多教师在讲授知识前，先要带领学生回顾中学教材内容，然后才是讲解新知识。这也是文化素质弥补的一种方式。除此之外，学校也可以通过选修课、网络课程等加强学生的文化素质。还可以通过学生社团活动、比赛等带动学生弥补文化基础。尤其在一年级，学校多创设一些学生感兴趣的平台和载体，参与难度稍低，但可以切实提高学生的文化素质，使学生愿意主动“弥补”缺失，为加强文化素质教育工作奠定基础。

有人说，职业院校的学生，只要掌握好技能，学习差一点也没关系。这种观点必须明确批判。职业院校学生的动手能力固然重要，但是他们同样是社会主义事业的建设者和接班人。他们与本科院校的学生一样，都肩负着建设祖国、传承中国文化、实现中国梦的历史使命。受教育是他们的权利，不断提升自己也是作为合格公民的义务所在，因而在人才培养工作中要加强对职业院校学生文化素质的培养。职业院校要通过校园文化建设、课程建设、教学改革等方面工作，为学生文化素质培养提供条件保证。从学校层面、院系（部门）层面、学生层面（如班级、社团等）实现学生文化素质教育、培养的理念思路、体制机制、条件保障等科学化、系统化。

大学生素质在当前已经引起了越来越多人的重视。但是，由于各种各样的原因，目前，我国高校的大学生素质教育仍然存在很多问题，学生人文精神缺失、思想素质下滑的现象继续存在。与此同时，现代社会赋予人们更加自由自主的生存方式和生活方式，也对人的价值取向、人生态度、道德品质、思维能力、创新意识等素质提出了更高的要求。众多优秀的企业家和领导干部不断感叹大学生素质欠缺等事实就是对这种要求的一种说明。近十多年来，对于大学生素质教育的改革研究取得了有目共睹的成就。主要集中在两个方面：其一，构建新的教育体系，加强教材建设。结合社会对人才的需求，在教育中变教材体系为教育教学体系。其二，进一步改进教育方式，增强教育的吸引力和说服力。如加强理论联系实际、增加师生互动、参加社会活动、体验式教学、借鉴国外的先进经验，等等。

博雅教育作为国内刚刚兴起的一项新理念，当前新潮又热门，但关于博雅教育的研究并不多。从当前国内研究情况来看，主要集中在博雅教育的内涵、博雅教育的意义、学校实施博雅教育的方法等。由于博雅教育与素质教育在教育目标、教育内容、教育效果等方面有很多相通之处，随着中国教育事业的改革和社会发展对人才的要求，博雅教育必定在今后的学校教育中发挥重要作用。随着理论界对博雅教育的探讨和素质教育的发展，博雅教育与大学生素质教育相结合的研究也将成为趋势。

大学生素质教育事关大学生的可持续发展、学校的人才培养水平和社会的稳定、发展。研究博雅教育视角下的大学生素质教育，能够为高校教育工作提供新的思路，有利于马克思主义理论学科和相关人文社会科学的进一步发展，增强大学生素质的实效性，为国家培养合格建设者和可靠接班人。处于社会大变革、大发展时期的中国，需要具有较高的人生境界和道德品质的高素质人才分布于各行各业的社会主义现代化建设中。

随着我国高等教育的日益普及，大学生必将成为现代化建设的中坚力量乃至主要力量。强化大学生的素质教育是逐步提高我国民众素质的最好途径，也是贯彻素质教育方针的重要内容，对所有大学生进行素质教育也是大学教育的应有内容。正如雅斯贝尔斯所说："大学的基本原则是：经过思考去运用一切工具和全面发展人的所有潜能，让学生在一切行动和信仰上做出自己的抉择，并通过认知让他们完全清楚地意识到自己所负责任的意义。"因此，加强素质教育及其研究对于大学生的健康成长和建设社会主义和谐社会都具有重要意义。

职业院校学生文化素质培养工作应与学生思想行为特征紧密结合。多用学生喜闻乐见的形式，以到达预期的效果。如党史与历史知识竞赛、辩论赛、书画大赛与展览等学生活动，或网络学习平台设置网薪激励手段等，让学生快乐学习，主动学习。在文化素质教育中，职业院校可采取与本科院校不同的方法、途径，对学生学习效果的考评也应该采取不同的方式。职业院校学生的文化素质教育工作应该更加灵活多样，应将鼓励与帮助作为主要特点。最终的效果是学生的技术技能优秀、身心健康达标、文化素质过关，为学生的可持续发展奠定基础，为社会培养综合素质高的技术技能人才。

二、职业院校学生素质教育实施途径

（一）加强学生思想政治素质教育，落实"立德树人"根本任务

1. 深入学习贯彻党的十八大和十八届六中全会精神，继续推进"两学一做"学习教育活动

以座谈会、报告讲座、主题班会、党团组织生活等形式，深入学习、努力实践党的重要会议和总书记的讲话精神。开展"两会"精神学习活

动，引导学生关心国家的前途和命运，提高学生的爱党、爱国之情，并能将其转化为理论自信和行动自觉。

2. 重视理想信念教育，筑牢意识形态阵地

通过在学生中广泛开展理想与信念和形势与政策等主题教育，全面贯彻落实中央有关加强和改进大学生思想政治教育的精神。通过课堂教学、主题班会、实践活动等，进一步加强社会主义核心价值观的教育，教育学生树立远大理想，增强学生的社会责任感和历史使命感。

3. 创新爱国主义教育方式和途径

有效拓展课堂内外、网上网下、平台载体的爱国主义教育引导，创造浓郁的校园文化氛围，使学生处处受到爱国主义精神的感染。加强国旗、国徽、国歌的教育，庄重地进行升旗仪式。利用我国改革发展的伟大成就、重大历史事件纪念活动、爱国主义教育基地、中华民族传统节庆、国家公祭仪式等来增强学生的爱国主义情怀和意识。

4. 培育和践行社会主义核心价值观

结合大学生学习生活和思想实际，进行社会主义核心价值观宣传教育。以 24 字社会主义核心价值观为主要内容，深入开展“创建文明校园、文明班级、文明宿舍，做文明学生”的道德实践活动。通过树立先进典型、加强检查督导和日常教育引导工作，帮助学生树立科学价值观念，培养优秀道德品质，养成文明行为习惯，树立良好形象，引领时代风尚。

5. 认真实施思想政治理论课教学改革

坚持体系完整性，增强灵活性，突出实效性的原则，加强实践教学，创新教学方法，加强教学的思想性、理论性、针对性，使思想政治理论课教学贴近学生、贴近职业、贴近社会。

6. 组织好纪念五四运动、“七一”、国庆节、“一二·九”运动纪念日、“烈士纪念日”、“南京大屠杀死难者国家公祭日”等重大节日、纪念日的纪念活动，对学生进行爱国主义的理想信念教育。培养广大学生的民族精神、爱国情怀、改革精神和创新能力。开展好“学雷锋，树新风”活动，召开“学雷锋”活动表彰大会，利用清明节、端午节等民族传统节日，对学生进行民族精神教育。

7. 积极开展以“吃苦奉献，拼搏争先”为主要内容的学院精神教育和以“德修身，技立业”为内容的校训精神学习活动

通过主题教育、素质拓展、社会实践等形式，培养大学生的吃苦精

神。通过举办劳模报告会、优秀校友报告会、座谈会等形式，让学生提前感知职业特点和企业需求，培养学生的进取精神。

8. 加强日常思想教育和管理工作

继续坚持半军事化管理模式，培养学生的规则意识，提前适应企业文化，增强学生的职业素养。加强毕业班管理，教育和引导毕业班学生树立正确就业观念，做好就业准备。开展感恩母校等不同形式的文明离校活动，为毕业生提供全方位的离校服务，引导毕业生热爱母校、关心母校发展。

9. 高度关注学生热点问题、政治敏感问题，把握学生的思想动态和心理倾向

重视“特殊群体”的工作，千方百计确保校园政治稳定；建立健全学生安全预警制度，慎重、快速处置突发、群发事件，强化舆情监控和引导，努力将问题解决在萌芽状态，全力维护学院和谐稳定，努力推行“和谐校园”建设。

10. 加强宣传思想政治工作阵地建设，增强思政政治素质教育工作实效

利用校园网加强对学生的思想引领，积极传播正能量。利用宣传栏发布思想政治教育工作的核心内容与师生动态，营造健康向上的思想政治文化氛围。利用文化长廊，建设文化环境，引导和教育学生。

全面启动易班平台，发挥其思想政治教育工功能。完善平台建设，创设吸引学生的栏目，加强辅导员、班主任的引导作用，提高易班平台的影响力和学生的参与度，拓展大学生思想政治教育工作的渠道。

加快数字化校园建设，实现学生教育管理信息化。建设好各类教育宣传平台，尤其是加强校园媒体和现代传媒手段，如微信公众号等的宣传功能，积极有效地开展宣传思想政治工作，使社会主义核心价值观、依法治国等教育内容深入人心。

（二）深化教育教学改革，强化学生专业素质培养

1. 更新教育理念，将文化育人贯穿于专业教育教学的全过程，让专业教育成为文化育人的主战场

建立突出文化素质教育的课程标准，规范专业课程教学的基本要求，使所有专业教育都向文化育人拓宽，促进文化素质教育与专业教学活动的有机融合。改革教学内容，深入挖掘专业课程中的文化要素和人文精神，在专业知识讲授中加入科学常识、文化常识、专业历史、重大成就等内容，揭示专业的价值理念和文化底蕴。

2. 加强实践教学，采取灵活多样的人才培养模式，突出学生职业能力的培养

各专业要根据本专业特点训练学生实践能力，突出学生的专业技能特点，强化专业技能训练；要建立就业岗前资格培训、技能培训制度，加强对学生的职业技能培训，增强学生的社会竞争力和职业变化的适应力。积极组织学生参加各类技能大赛。

3. 加强2017级新生入学教育和军训工作

通过专业思想教育、校史校情教育和入学适应教育，使新生尽快完成角色转换，尽早适应学院环境。通过入学教育，加强对新生的职业生涯规划指导、行为规范指导和校园生活指导。通过军事训练，培养学生的组织纪律观念、吃苦耐劳的品质和雷厉风行的作风，使学生尽快适应学院半军事化管理模式，为今后的学习、生活奠定良好的基础。

4. 强化技能培养，弘扬工匠精神

（1）加强校园文化建设，塑造工匠文化

开展校训、学院精神教育，加强窦铁成事迹宣传教育，扩建窦铁成事迹展览馆，加强“铁成班”教育引导与日常管理，将工匠精神落实、落细、落小到先进人物的事迹的学习中。完善校内模型陈列、技能特色的道路文化和广场文化建设等，营造崇尚工匠精神的校园文化氛围。

（2）开展主题活动培育工匠精神

邀请劳模、大师、企业家、技术能手和优秀毕业生走进校园，传播前沿施工技术、交流成功经验，激励在校学生尊重职业、尊重技术技能、尊重工匠。教育学生坚定理想信念、崇尚劳动、敬业守信、精益求精、敢于创新，掌握中高端技术技能，成长为中国制造走向优质制造、精品制造的主力军。

（3）扶持专业社团打造工匠内涵

加强辅导员和专业教研室主任对学生社团的指导，为学生专业社团提供充足的活动经费。实施分类指导、全员育人，共同管理学生社团。发挥专业社团育人功能，拓展工匠精神的文化内涵。

（三）丰富校园文化活动载体，加强学生人文素质教育

1. 加强中华优秀传统文化教育

深入落实《完善中华优秀传统文化教育指导纲要》，开展中华经典诵写讲行动，组织好书法名家进校园，开好艺术鉴赏课。引导学生树立和坚持正确的历史观、民族观、国家观、文化观，不断增强中华民族的归属

感、认同感、尊严感、荣誉感。

2. 制定科学完善的“二课”活动方案，丰富学生的“二课”活动，活跃校园文化生活

积极发掘凝练校园文化成果，鼓励组织校内各部门进行成果申报。

3. 开展高雅艺术进校园、艺术展演活动

运用电影、电视、歌曲、戏剧、小说、诵读等多种艺术形式，提高学生的人文和艺术素养。

4. 发挥学生社团的作用

加强学生社团的管理和业务指导工作，大力支持学生社团开展反映时代主题的活动，开展优秀社团评选活动，充分发挥学生社团在校园文化建设中的主要作用。

5. 办好各类学术文化活动

办好公寓文化节、校园文化艺术节、科技文化节、技能大赛和数学建模等活动，营造浓厚的校园文化氛围，陶冶学生情操，锻炼学生品质，提高学生综合素质。

（四）加强学生身心素质教育，帮助学生健康成长

（1）全面关心学生心理健康，多角度帮助学生快乐成长，努力实施推进“心理阳光”工程。

加强心理咨询，及时提高有效的指导帮助。完善运行机制，建立心理健康教育、咨询、治疗、危机干预等多项功能为一体学生服务体系，形成“宿舍心理联络员——班级心理委员——系部心理健康工作站——心理健康教育中心”的四级危机干预体系，进一步加强心理健康教育咨询工作。

（2）以“全国大学生心理健康日”“法制宣传日”“网络安全宣传周”等活动为契机，开展丰富多彩的心理健康活动，加强心理健康教育宣传。

通过开通心理咨询热线，开展心理咨询服务、心理辅导工作，帮助学生解决学习、生活中的各种心理困扰。

（3）做好一年一度的新生心理健康普查，建立完善学生心理档案，为进一步开展学生心理健康教育工作提供条件。

（4）以新落成的“大学生心理健康教育中心”为平台，全面开展团体辅导、个体咨询、心理测评等大学生心理健康教育工作。

（5）开展阳光运动，增强学生身体素质。坚持周一升国旗和早操制度，开展“走下网络、走出宿舍、走向操场”活动，组织丰富的文体活

动，加强学生身体素质锻炼。

（五）加强创新创业和就业教育，提升学生创新创业素质

（1）积极响应国务院“加快构建大众创业万众创新支撑平台”的指导意见，加强学生的创新创业教育。利用好“大学生创业基地孵化基地”，为学生能力的培养提供条件。

（2）组织学生积极参加互联网 + 创新创业大赛等各类创新创业比赛。

（3）认真落实教育部办公厅《大学生职业发展与就业指导课程教学要求》的文件精神，开设创新创业课程，促使学生养成正确的就业观念，掌握就业技巧。

（4）办好现代文明礼仪讲座，在就业指导工作中全面渗透职业修养、职业礼仪、职业纪律等内容。邀请优秀毕业生、优秀企业家举办报告会，加强职业意识、职业理想、职业道德和创业教育。

具体工作推进以某高职院校 2017 年素质教育工作计划为例（见下表）：

2017 年素质教育工作计划进程表

序号	时间	内容	负责部门	配合部门
1	全年	“两学一做”学习教育活动	宣传部 学工部	各系
2		十八大和十八届六中全会精神的学习教育活动	宣传部 学工部	各系
3		开展特色主题班会	学工部 院团委	各系
4		开展学雷锋、树新风系列活动	学工部 院团委	各系
5	3 月份	党委书记（院长）形势报告会	思政部 宣传部 学工部	各系
6		第十届女生文化周	院团委	各系团总支 学生会
7		心理健康知识宣传系列活动	学生处	各系
8		“两会”精神学习	宣传部 思政部 学工部	各系
9		优秀学生工作案例评选	学工部 学生处	各系

续表

序号	时间	内容	负责部门	配合部门
10	4 月份	党校培训	组织部	各系
11		2016 年度青春榜样表彰会	学工部	各系
12		举办清明节系列纪念活动	院团委	各系团总支 学生会
13		纪念五四运动系列活动	学工部 院团委	各系
14	5 月份	第三届团务技能竞赛	院团委	各系团总支
15		端午节纪念活动	院团委	各系团总支 学生会
16		第八届公寓文化节	学生处	各系
17		“5·25”心理健康宣传周	学生处	各系
18		学风建设月活动	学生处	各系
19	6 月份	社团文化艺术节	院团委	各系
20	7 月份	庆“七一”系列纪念活动	组织部 学工部 院团委	各系
21		诚信教育活动	学生处	各系
22	8 月份	暑期社会实践	学工部 思政部 院团委	各系
23	9 月份	新生军训活动及养成教育	学生处 武装部	各系
23		新生国防知识报告会、安全警示教育、法律知识讲座	学生处 武装部	各系
24		抗日战争胜利 72 周年（烈士纪念日）纪念活动	学工部 院团委	各系
25		参观校史馆、窦铁成事迹展览馆、中国铁路建设发展史馆	思政部	各系

续表

序号	时间	内容	负责部门	配合部门
26	10 月份	国庆系列活动 “庆国庆、迎新生”文艺晚会	院团委	各系
27		党校培训	组织部	各系
28		2017 年校园文体艺术节	院团委	各系团总支 学生会
29		2017 级新生心理健康普查	学生处	各系
30	12 月份	纪念“12·9”系列活动	院团委	各系团总支 学生会
31		国家公祭日校园活动	宣传部 学工部 院团委	各系
32		第七届辅导员职业能力大赛	学工部 学生处	各系
33		2017 年度青春榜样评选活动	学工部	各系
34		元旦晚会	院团委	各系
35		寒假社会实践	思政部 院团委	各系

（六）实施职业素质训练

在 2016 年 12 月教育部主办的“推进职业教育现代化座谈会——纪念职业教育法公布实施 20 周年”上，国务院总理李克强为会议作了重要批示，强调“加快发展现代职业教育，对于发挥我国人力和人才资源巨大优势，提升实体经济的综合竞争力具有重要意义”。高职院校不仅是我国现代职业教育事业的引擎，而且为实现民族振兴、国家富强、社会发展提供源源不断的精神、科技、人力等支持。在 2016 年 12 月召开的现代职业教育发展推进会上，教育部部长陈宝生在讲话中指出：“职业教育为经济升级铺路，为脱贫攻坚助力，为人的成长筑基”，“我们一端要瞄准产业，一端要瞄准学生”。建设高水平高职院校，人才培养是关键。中共中央政治局委员、副总理刘延东在“推进职业教育现代化座谈会”上指出：“要紧跟产业变革创新培养模式，强化思想品德、职业道德教育，强化工匠精神培育”，“要发挥职业教育在脱贫攻坚中的作用，确保贫困地区有需求的青少年至少掌握一门实用技能，为他们人生出彩提供更多机会”。陕西铁路工程职业技术学院依托铁路行业办学、突出铁路特色育人，为企业培养“下得去、用得上、留得住、干得好”的铁路企业技术骨干和管理中坚。人才质量，尤其是职业素养，是学院依存的生命线。坚持社会主义办学方向，除了坚持党在学校意识形态领域的指导地位，还要为党的事业培养又红又专、德才兼备、全面发展的中国特色社会主义合格建设者和可靠接班人。

近年来，针对高职院校学生的就业情况，在企业走访和毕业生质量调查工作中，企业的反馈意见主要是学生吃苦耐劳、爱岗敬业、服从领导、适应能力强等优点。但也存在沟通能力欠缺、交际能力一般、按部就班、创新意识不强等不足。因而，加强学生职业素养训练，提高学生综合素质和可持续发展能力，是进一步加强校企合作的需要。

以2016年某铁路局第三组面试情况为例，学生普遍存在以下8个问题：①声音较小，不大方、不自信。②回答问题没有技巧，不圆通。③学生对自己的社会经历，所获得荣誉几乎不介绍。④有才艺或特长的学生没有提前准备和现场展示。⑤面试时部分学生手机未调静音或关机。⑥部分学生没有着正装，对仪表不太重视。⑦面对面试官提问，学生大多不愿主动回答问题，表现欲不强。⑧面试时没有轮到自己发言时，部分学生站姿不正、交头接耳。这些都反映了学生职业素养亟待提高。

当前，高职院校针对学生的职业素养开展了大量工作。如专题讲座、相关比赛、参观学习等，同时，在课堂教学、课外活动中也有所渗透。但存在几个突出问题：第一，缺少统筹，学生职业素质培养未成体系，部门、系部、年级、班级“各自为政”，不利用整合资源、提高效率。第二，覆盖面小，多数训练和提升的机会集中在少数“精英”身上。第三，缺乏系统性，训练内容缺乏科学性和全面性。第四，存在严重的“大二现象”，即一年级学生参加活动太密集，而大二学生“刀枪入库，马放南山”，课外活动迅速减少，出现职业素养训练工作的缺位，影响了大三就业和顶岗实习期间的表现。

实施职业素质训练的具体思路如下：

1. 建设“淑绅学院”，虚实结合、线上线下互动，突出素质教育中的职业素养内容

“淑绅学院”是虚实结合的非编制机构，属于二级系部。着重培养在校学生的职业素养。“淑绅学院”的教师由学工部、学生处、团委、思政

部相关工作人员、系部党总支书记、办公室副主任、辅导员和相关专业教师构成，还包括外聘专家与专业培训师。“淑绅学院”以全体二年级学生为培养对象，开展职业道德、沟通能力、表达能力、形象气质、创新能力、协作能力、身心素质、情商逆商、企业文化等方面的训练。通过“易班”平台、蓝墨云班课、讲座报告、素质拓展、实操训练等途径，切实提高学生职业素养，提升学生形象，增强适应能力和可持续发展能力，从而提高人才培养质量。

2. 开发训练课程体系，统筹、规范、优化职业素养培养内容

职业素养训练专题包括：①职业道德培训。②沟通、表达能力培训。③形象、气质培训。④创新能力培训。⑤团队协作能力培训。⑥身体素质培训。⑦心理素质培训。⑧情商提升培训。⑨工程类企业文化、职业特点及人才标准介绍。⑩运营类企业文化、职业特点及人才标准介绍等。

3. 职业素养训练工作的组织实施

①在校园网“教学系统”里增设“淑绅学院”。②建设“淑绅学院”网页。③通过现代媒体开展培训工作。④安排训练进度。⑤开展实操训练工作。⑥通过比赛、评选等活动，激励学生重视和加强职业素养训练。

三、高职学生素质内化的三大外部途径

由于高职学校的生源与一般高等院校的生源有着一定的差距，因此，高职生所表现出来的各方面特点，也给高职教育带来新的问题。一般来讲，高职生的综合素质较之一般院校整体上略低一些，比如，学习基础薄弱、学习主动性差以及个人修养有待完善等。其中的很多问题由来已久，而一些问题单纯依靠入校后的常规教育很难有所改观。因为，大部分学校的教育方式主要还是由外而内地灌输和渗透（不管是知识传授还是思想道德教育，也不管是义务教育还是高等教育）。所以，很多情况下，活动开展得轰轰烈烈，但收效甚微。也就是人们经常所说的：“只开花，不结果。”在现有的情况下，最好的解决问题的办法就是探求能够“内化”的外部途径，这是内化和外化的有机结合，也是克服传统教育方式固有缺陷的最佳途径。

何谓“内化”？《庄子·知北游》中介绍了人处理外部世界与自我世界的关系时应遵循的方法“外化而内不化”，“外化”就是随顺现实（既顺应外界的人事变迁），“内不化”就是精神的超然独立。在这里，我们取其

“内不化”的反义，即内化，就是从内心完成对事物的认识，从而使思想发生改变。因为教育本身就是思想灵魂的洗涤，是一种规范，是一种矫正。所以，只有内化，才能达到教育的真正目的，才能发挥教育真正的作用。

事物的外因总有千万种，作为高职教育，在此只从学校方面来探讨。因为学校是教育的前沿阵地，所以要推动高职教育，学校应发挥主力军的作用。对于高职生素质内化的外部途径，本文主要从三方面来阐述。

1. 课堂教学

课堂教学是提高学生素质的主要阵地

课堂教学要从三方面做起：

（1）增强学生的科学文化素质。

（2）培养学生的人文素质。

（3）提高学生的道德素质。作为任课教师，必须从以上三方面去努力，这才是真正意义上的教育活动。如果只注重对文化知识的掌握，而忽略了其他环节，这样的方式往往事倍而功半。有些教师抱怨学生素质差，学习态度也不端正，在这样的情况下就更应该注意教学活动中的其他两方面工作。当然，学生素质的培养往往需要一个漫长的过程。所以，要在教学过程中不断地渗透，不断地熏陶。

高职院校必须把思想政治课的课程改革作为当前的重要工作。从当前高校思想政治课的教学情况来看，思想政治课的课程改革正在推进之中。尽管部分学校取得了可喜的成绩，但由于思想政治课本身具有政策性强、理论性强的特点，加之各校的情况不同，因此，尚未形成成熟的体系。每所高校基本上是“八仙过海，各显神通”。因此，高校思想政治课的研究与改革任重而道远。根据目前的情况，从教学到管理，从学生到教师，从课堂到课外，从实践到考核，思想政治课都必须大胆创新，既顺应社会发展的需要和学生的特点，又能够坚守“阵地”，全面育人。

针对当前部分高职院校思想政治课教学方法陈旧，难以吸引学生兴趣的现状，教师应根据学生特点，研究适合学生的教学方法，大胆进行教学改革，使思想政治教育工作水平再上新台阶。教学改革应根据不同学校、不同专业、不同学制采取不同的方式进行。教学改革一定要充分考虑各方面因素，尤其是新的教学方法是否能够真正提高教学效果。不能只注重形式上的革新，而忽略其时效性；不能将教学改得面目全非，不伦不类。教学改革应该既有坚持又有创新，教学改革的内容可涉及教学内容、教学方法、考核方式等几方面。只要能够提高教学效果，能够对当前思想政治教育工作产生积极的影响，这样的改革成果就有效，就应该坚持，甚至推广。

2. 学校环境的影响

人的活动环境和背景往往对于活动本身的效果有着很大的影响。教育活动尤其如此。学校环境中，影响学生素质的因素主要有：学校的管理模式、学校的办学条件和广大教师、职工的状况。这些因素中又各自包含许多要素，从可操作性方面来讲，可具体到：学校硬件建设（如学校的内部环境和条件）、学生公寓管理、教师和职工的素质。

第一，加强学校的硬件建设。由于高职学校的历史原因，高职学校的规模、学校环境一般都比较有限。比如，校园面积小，学生活动受限，因此，一些学生对学校的环境和条件心存不满。对部分高职学校的调查显示，对学校环境和条件不满的高职学生占到38%，因此，高职学校应从美化环境，为学生开辟更加广阔的活动空间方面进一步加强学校的硬件建设。在优美的环境和良好的氛围中，学生的自身素质也必然会有所提高。

第二，加强学生公寓管理。学生宿舍是学生活动的主要场所之一，公寓管理水平的高低，对于学校其他各项工作都有着很大的影响。在调查中，有72%的学生认为在宿舍中能够学会为人处世、学到别人的优点。因此，在好的管理制度的规范下，学生能够取长补短，获益匪浅。而无组织无纪律的宿舍环境，只能形成个恶性循环，“好学生”都会被影响“坏”。

第三，发挥教师为人师表的积极作用。教师应为学生的良师益友，这样，教学活动才能出现事半功倍的效果。但在调查中，有9%的学生认为一些教师与大学最不相称。因此，教师须严格要求自己，通过言传身教，积极影响学生。用自己的行为举止，展示良好的道德风貌。

3. 开展丰富多彩的校园活动

目前高职教育的学制有三年制和五年制，学校在开展活动方面要兼顾这两种不同学制的学生需求。在这两种学制共存的高职学校中，三年制学生只有31%对学校的校园活动有明显的兴趣，有36%的同学则认为目前的校园活动与大学生活最不相称。在问及学校开展的活动中有无想法参加时，33%的学生表示宁可回家过周末，27%的学生则更愿意上网或逛街。看来必须要开展丰富多彩的校园活动，把广大学生吸引到积极健康的活动中来。在各项有益的活动中，教育学生，提高学生。

“二课”活动是进行高职学生思想政治教育工作的最佳环境。当代大学生追求自我，张扬个性。他们喜欢自由、轻松的活动方式。开展积极健康的“二课”活动能使思想政治教育工作产生事半功倍的效果；开展丰富多彩的“二课”活动，还能陶冶学生的情操，充实他们的生活，提高他们的综合素质。因此，学校应在制度建设、经费投入等方面重视学生的“二课”活动。另外，在“二课”活动安排中，切忌大搞形式主义。有些学校的“二课”活动看似“花团锦簇”，但开展中要么仓促了事，要么一拖再拖。这样的活动依然起不到任何教育意义。所以，学生工作者，一定要根据学生的实际情况，结合当前的形势，安排好学生的“二课”活动，利用独特的优势，不失时机地加强高职学生思想政治教育工作。

尽管外部途径也有着自身的缺陷，但作为教育工作，不能完全听任学生去“感悟”。同时，我们也不能为开展活动而开展活动，一味地宣传、提倡，不断地强调、要求学生应如何去做。从效率和效果两方面考虑，只有将内化与外部途径结合起来，才能发挥教育的作用，实现教育的目的。

四、高职院校在发展党员过程中存在的问题与对策

（一）高职院在发展党员过程中存在的问题

随着高校扩招，大学生数量大幅增加，学生党员人数也在逐年上升。学院在发展党员的过程中还存在以下问题：

1. 发展、培养党员的方式由“多对一”转变为“一对多”

大学生党员的数量在逐年增加。这是由于学生入党的积极性高，加入中国共产党是大部分大学生的政治追求。当然，在国内就业形势依然严峻的情况下，党员身份有利于就业的现实条件，也是个别大学生入党的动机。因为新的党章规定：“年满十八岁的中国工人、农民、军人、知识分子和其他社会阶层的先进分子，承认党的纲领和章程，愿意参加党的一个组织并在其中积极工作、执行党的决议和按期交纳党费的，可以申请加入中国共产党。”入党条件的放宽，使更多的大学生可以顺利入党，高校发展党员的比例在逐年提高。与过去相比，发展党员的“入口松”的状况是显而易见的。大量大学生党员的产生，在教师数量有限的情况下，发展党员的方式只能从原来的“多对一”转变为现在的“一对多”。即过去是几个教工党员培养、发展一个学生党员，而现在是一个教工党员要培养、发

几个甚至十几个学生党员。这样的工作状态，不可避免地有些粗糙。

2. 入党后缺乏有效管理与教育

高校扩招以后，师生比例失调。教师及管理人员的工作量明显增加。在教工党员有限，而学生党员人数激增的情况下，高校党支部管理、教育学生党员的工作往往力不从心。学生入党只是实现了“身份”的转变，而未实现质的提高。许多大学生入党前后并无显著变化。这样一来，党支部发展党员的工作，仅仅只是“发现”先进分子，并吸收入党，而没有继续培养和提高的实质内容。由于大学生党员比例是保持大学生党员数量与质量处于动态平衡的关键因素，大学生党员的适当比例应在10%左右。过多的党员人数，不利于党支部开展工作，很难确保大学生党员入党后的再教育质量。

3. 激励机制不合理

高校的价值导向与社会上个别不良价值取向存在着重大差别。对学生的评价，高校始终以学习和日常表现为导向，但是社会主义市场经济的负面效应对高校的冲击已日益明显。例如，当前社会，功利主义是一部分人的价值取向。道德评判在一些领域已经退居次要。而在个别院校，党员的评定标准已经变相为个人或团队的经济贡献程度，而非思想政治素质和道德水平等。这种功利导向评价机制对大学生产生了极大的负面影响，使学生党员逐步走向庸俗化。社会环境的变化对高校教育工作提出了巨大的挑战，在激励机制上，高校的举措应该慎重行事，充分考虑大学生的感受和认识。

4. 基层党组织的活动方式“老化”，不适应当代大学生的心理需求

沿用过去的会议形式及活动内容是很多党支部的共同做法，但当代大学生的思想及生活习惯已经发生了重大变化。他们需要丰富多彩的活动内容和灵活多样的活动形式。例如，开展红色考察活动、各种形式的献爱心活动与座谈会等。对此，基层党支部的党费支配，也应该发生相应的变革，以便开展更丰富多彩的组织活动。

总之，由于以上四方面问题，高校在发展党员的过程中工作较粗，对于党的形象、党员形象均产生了负面影响。

（二）大学生党员与高职党支部现状

条件放宽后入党的学生党员，由于基数的增加，难免会出现个别问题。跟过去相比，现在的大学生党员素质整体上有所下降。大部分党员作

为当代大学生的先进分子，能够保持共产党员的先进性，能够保持积极向上的精神风貌，能够以身作则、在学生中发挥表率作用。但是个别学生党员尚存在一些问题，如忽视理论学习、自我认识欠缺、模范带头作用发挥不够、个人主义膨胀等，严重损坏了党员形象，造成不良影响。出现这些问题的原因有 3 方面：

第一，个别党员入党动机不纯。在就业形势严峻的压力下，个别学生入党的直接原因就是为了好就业。他们对党的认识不够，缺乏党性修养，对党组织缺乏认同感。因此，入党后也不会以共产党员的标准来要求自己。

第二，大学生入党后缺乏再教育。既然发展党员的工作过程比较粗糙，那么，入党后的再教育就更难实现。入党后党组织的继续考察、培养、教育基本流于形式。

第三，基层党组织涣散，职能发挥不够。当前，由于种种原因，党支部在组织、教育、引导学生党员方面的职能远远不够，大学生党员仿佛游离于党组织之外。组织活动由于缺乏新意，吸引不了学生党员，发挥不了应有的作用。

（三）加强基层党组织建设，培养优秀共产党员如何加强对大学生党员的教育和管理，帮助他们提高素质，使其保持共产党员的先进性，是高职学生党建工作的一项重要课题

党支部作为高职院校党组织中最基层的组织形式，担负着教育管理党员、发展新党员、执行党的纪律的重要责任，是高职育人工作的重要环节。因此，学生党支部要充分认识发展大学生党员工作的重要性，把它作为全面加强大学生思想政治工作、提升大学生综合素质的有效途径，切实做好发展大学生党员工作，建设优秀的党员队伍，为培养社会主义事业的合格建设者和可靠接班人做出应有的贡献。

第一，发展党员把好关。尽管学生人数激增，教师数量相对不足，但是在发展党员的工作中应克服各种困难，高度重视，严肃对待。在学生党员发展中，要积极考察，认真调查。成熟一个，发展一个。要讲究质量，不要只突出数量。要把那些真正信仰共产主义，愿意为党的事业奋斗终生的优秀大学生吸收进来，把那些入党动机不纯、思想觉悟不高的大学生毫不犹豫地拒之门外。发展党员关系到党的事业的兴衰，一定要慎重，要严肃，要严格。

第二，积极开展学生党员再教育工作。入党后的学生党员存在再教育、再提高的问题。如果停滞不前，就无法体现其先进性。另外，党员若不经常学习，就有可能退步，甚至有可能堕落、变质。作为世界观、人生观、价值观形成过程中的大学生党员，尤其需要加强入党后的再教育。学生党支部必须将教育、引导学生党员作为支部工作的重中之重，丝毫马虎不得。

第三，树立榜样，引导大学生党员树立正确的价值观念。身边鲜活的人和事，能够对大学生产生强烈且持久的影响力。在校园中评选学习标兵和道德模范，不仅能够鞭策鼓舞当选学生，还能够通过介绍模范事迹，带动大学生向榜样学习。通过这些模范人物及其先进事迹的介绍，让大学生党员深刻感悟马克思主义的世界观、人生观和价值观的魅力，引导他们认真学习党的理论知识，全心全意为人民服务，做合格共产党员，做优秀大学生。

第四，丰富民主生活会内容，增强活动效果。当前，大学生党员头脑灵活、思维敏捷，喜欢独立思考，提倡个性张扬。学生党支部的活动安排只有符合学生的上述心理特点，才能组织好党内民主生活会，才能吸引大学生党员，使他们产生强烈的归属感和认同感。因此，除了会议、理论学习等形式外，还可以带领学生党员参加各种社会实践活动，在实践中学习党的知识，验证党的理论。基层党组织可以将此作为制度，切实提高组织活动的效果，发挥基层党组织战斗堡垒的作用。

目前，高职院校党组织要在发展党员、教育党员的工作中，积极发挥主观能动性，更新观念，创新方法，为党培养出一批又一批合格的后备力量，为中国特色社会主义事业培养合格建设者和可靠接班人。

五、高校入党积极分子培养创新途径

学生党员发展工作是高校党务工作的重要内容，也是育人工作的重要组成部分。入党积极分子作为党员队伍的源泉和后备军，其素质状况直接决定着党员的质量。因而，建设一支高质量的入党积极分子队伍，既是做好党员发展工作的基础和前提，又是加强和改进大学生思想政治教育工作的必然要求。根据中央的有关指导思想，高校学生党员发展工作中，务必注重入党积极分子的培养和教育；务必将学生的实际和社会的实际结合起来；务必根据新形势、新问题不断创新入党积极分子的培养途径；务必改进工作方法，坚持党员再教育，确保党员质量，为中国特色社会主义事业培养合格建设者和可靠接班人，为早日实现伟大中国梦而不懈努力。

（一）高校创新入党积极分子培养途径的原则要求

1. 思想入党和组织入党相结合原则

入党积极分子培训是发展党员的重要一步，是党员成长过程中的重要环节。通过理论培训、个别指导等途径，不仅要做到组织上入党，更重要的是让学生从思想上入党。学习、培养的效果比方式、方法更重要。因而，无论高校入党积极分子培养途径如何创新，都应该坚持思想入党和组织入党相结合的原则。

2. 理论学习与社会实践相结合原则

政治理论学习对当前大学生来说至关重要。大学生对于政治问题的常识、政治概念的熟悉程度都不如从前。加之网络文化的影响，尤其是各类“快餐文化”对当前大学生时间的挤占，使他们政治理论碎片化现象愈加明显，而社会实践对入党积极分子的培养更有实际意义。实践活动可以提高学生的认识水平，思考问题和解决问题的能力也可以得到提高。二者缺一不可。

3. 培养工作和考察工作相结合原则

严把入党积极分子推荐关，团组织推荐品学兼优的大学生作为入党积极分子，是党员新鲜血液的主要来源，但是培养和考察的过程比择优推荐更重要。经过培养，可以使不够发展条件的入党积极分子尽早具备条件。经过考察可以将一些退步甚至质变的入党“积极分子”淘汰出去，保持党员后备力量的纯洁性。只有坚持培养工作和考察工作相结合的原则，才能确保党员发展的质量。

4. 日常表现和工作成效相结合原则

既然入党积极分子的培养和考察工作紧密结合，那么，对于入党积极分子培养和考察必须统一于学生的日常学习、生活和工作中。学生的日常行为、待人接物、为人处世需要引导、教育和关注，党组织更应该为其提供锻炼和提高的平台和机会。在高校最可行的就是为入党积极分子提供有关工作岗位，不论勤工俭学，还是学生社团工作，都能锻炼学生，考察学生。

（二）入党积极分子培养工作的一般有效途径

一直以来，高校为党组织培养出了数以万计的党员。入党积极分子培养和学生党员发展工作中一些做法依然值得肯定和坚持。归纳起来，主要有三条途径：

第一，坚持理论培训，加强学生的理论修养和政治素质。重点是坚持以理想信念为核心的理论学习。通过党课、专题讲座等形式，使入党积极分子对党的基本知识、基本理论、马克思主义、中国特色社会主义理论体系、社会主义核心价值观等进行全面而深入的学习，提高其政治素养和理论水平。

第二，发挥学生党支部的积极作用。及时为入党积极分子安排相应的培养联系人，全程、全方位指导和培养入党积极分子，使其快速成长。同时，加强学生党支部活动和团支部活动的联系，提升团、学组织活动的水平和层次。这样做既能促进积极分子的培养，还能够对普通同学起到带动作用。

第三，树立先进典型，发挥榜样引领作用。各高校一般通过“七一”表彰等活动，对年度优秀学生党员进行表彰。表彰活动既是对优秀学生党员本人的激励，更是对广大入党积极分子和学生的榜样引领。此外，还有“青春榜样”“优秀学生”“优秀学生干部”等的评选和表彰，均对入党积极分子有着深刻的教育和引导作用。

以上入党积极分子培养的通常做法，整体效果毋庸置疑，在学生党员的成长道路上功不可没。但是，对于每一个具有鲜明个性特征的当代大学生个体而言，针对性不足。比如，入党积极分子的培养若以理论培训为主，在学生的实践活动中缺乏有效的指导，便使党员发展的过程流于形式，无法保证学生党员的质量。就会出现个别学生入党后达不到思想上入党和组织上入党相同步的状况，如缺乏大局意识和奉献精神等，在行动上也体现不出党员的先锋模范作用。因而还需要创新培养途径，以适应当代大学生的成长、发展特点。

（三）入党积极分子培养工作的创新途径

在入党积极分子的培养工作中，要将理论学习和实践锻炼结合起来。主要途径有：

1. 理论学习与实践教育并重

当代大学生在学习方面有个新特点，就是知识碎片化现象突出，深度思考的习惯欠缺，而实践意识和能力却比较强。针对这一特点，入党积极分子的培养工作，要将学生的理论培训和实践教育有效结合起来。突出社会实践活动的育人功能，抓好“青马工程”，上好党课、团课，为党培育可靠接班人，增强高校立德树人工作的实效性。在实践活动中锻炼和培养学生，提高其认识水平，增强其政治觉悟、社会责任感和历史使命感。

2. 创新入党积极分子培养考察机制

通过学雷锋活动，走进敬老院、儿童福利院关爱特殊人群，参加社会公益活动等，在实践活动中多角度、全方位地了解、掌握和考察入党积极分子的思想、品德、认识和理念，并且将实践活动的效果作为衡量是否具备发展党员条件的一个方面。

3. 设置工作岗位，在工作中锻炼和提高入党积极分子

以陕西铁路工程职业技术学院为例，该校实行半军事化管理，日常严抓迟到早退。为此，该校组织入党积极分子，成立了“750 巡逻队”，每天由四五名入党积极分子值班，负责检查 7：50 以后离开公寓的学生，及时向系部报告检查情况。岗位职责明确，辅导员悉心指导，入党积极分子工作热情高，成效显著。入党积极分子在这样的岗位上既协助系部提高了管理的效果，又锻炼了自己，同时还加强了组织观念和归属感、认同感的培养。划分入党积极分子责任区。党总支、党支部在入党积极分子中安排学生信息员，及时掌握学生的思想动态，维护校园安全稳定。还可以设立党员先锋宿舍，每个宿舍安排一两名学生党员或入党积极分子，使其在宿舍发挥先锋模范作用，切实提高和改善宿舍内务、纪律、文化建设、人际关系等。

4. 运用新媒体，搭建新平台，全方位开展教育、培养工作

在高校，学生工作就应该紧跟学生潮流，每一个时期的学生都有普遍的接受思想和知识途径，入党积极分子的培养工作也应该是与时俱进的。当前，应通过微信平台建立入党积极分子学习和交流的新环境。基层党组织应通过新的网络媒体，积极争取大学生的关注度。诚然，碎片化的学习方式有不足之处，但毕竟“有”比“无”更加具有现实意义。

用马克思主义武装大脑的同时，强调大学生在具体社会实践中践行社会主义核心价值观，是当前学校思想政治教育的重要方法，同样也是入党积极分子培养工作的主要途径。通过社会实践活动培养、考察入党积极分子的途径，既符合学生实际，同时也符合时代要求。

六、新时期高校师生党支部之间的协作问题

党的十六大通过的党章明确规定：党的基层组织是党在社会基层组织中的战斗堡垒，是党的全部工作和战斗力的基础。在党的基层组织中，党支部是最基层的一级组织，因此，党支部在党的建设中具有极其特殊的地位和不可替代的作用。鉴于党支部处于整个社会的最基层，又是党的基层组织中的最基层，因此，其基础地位和战斗堡垒作用更为突出。我国高等学校是建设社会主义精神文明的坚强地，在高校实行党委领导下的校长负责制，有利于加强党对高等学校的领导，保证高等学校的社会主义办学方向，培养有理想、有道德、有文化、有纪律的社会主义新人。因此，高校必须要抓好党的支部建设工作。

高等学校中的党支部，主要是教师党支部和学生党支部，在校党委会、系党总支的领导下开展工作，发挥政治核心和战斗堡垒作用。

随着国际国内环境的发展与变化，当前高校党员教育面临着新的情况和问题。主要表现如下：①社会主义市场经济的新形势对当前大学生党员的思想观念产生了重要影响。一是对大学生入党的动机的影响。不少大学生已把党视为一种实现个人利益的途径，认为入了党可以凭借一张党票找一份理想的工作。二是对党员思想观念的影响。在大学生党员中，个别人把个人利益放在第一位，以自我为中心。不能起到带头模范作用。②高校党员尤其是大学生党员和自身的特点处的特殊地位决定了加强大学生党员教育的必要性和紧迫性。大学生党员年龄小，入世不深，缺乏党性锻炼，思想容易产生困惑。因此，在新形势下更应该抓紧对他们进行科学的世界观、人生观、价值观和辩证法教育，使他们增强是非分辨能力、确立牢固的社会主义思想信念和远大的共产主义理想。③高校基层党组织普遍十分重视发展学生党员工作，但容易忽视或放松对学生党员的教育。基层党组织一旦忽视对学生党员的教育，一些学生就觉得入了党就入了“保险箱”，放松了对自己的要求。

那么，在这种情况下，学生党支部究竟如何才能发挥好战斗堡垒作用呢？要发挥好学生党支部战斗堡垒作用，最根本的就是要加强其建设。马克思主义原理告诉我们，任何一个事物都不是孤立地存在于世界上。要抓好高校党支部的建设工作，就必须处理好高校教师党支部和学生党支部之间的关系问题。作为教师党支部，要根据自身的特点，加强对教师党员的

教育和管理，增强他们教书育人的政治责任心；分析教师和学生的思想状况，向党员布置群众工作的任务并定期进行检查等。这些工作要做好，教师党支部就要密切联系群众，尤其是要与学生加强联系。只有了解学生，紧随学生的思想和行动，才能提出解决学生中存在的问题的最佳方法。因此，教师党支部必须加强与学生党支部的联系。作为学生党支部，也要根据自身的特点，把帮助学生树立正确的世界观、人生观和价值观当作思想政治教育的中心环节来抓；要把学生党员在遵守党的纪律，遵守国家的法律和校规等方面的带头模范作用，当作教育管理工作的重要内容；在工作方法上要针对大学生理解能力强、思想敏锐、活跃、喜欢独立思考但社会经验不足等特点，采用开放式、启发式、讨论式、对话式教育；要鼓励大学生接触社会，投入社会实践，大胆探索问题，从中引导他们正视现实，划清正确与错误的界限。客观地讲，由于学生党支部三大问题的存在，以上职能的发挥在实际工作中很难发挥出来。很多重要工作，依然得依靠学校、教师的各项工作去推动。所以，学生党支部必须要依靠教师党支部的指导和协助。

究竟教师党支部与学生党支部如何协调呢？最好的方法就是教师党支部成员担任学生党支部书记，由其主持工作，效果不错。因为，教师担任学生党支部书记就能清楚地掌握学生的详细情况，而他同时又是教师党支部成员，在教师党支部过生活会时，便可以全面地将学生中存在的问题反映出来，大家可以及时商讨解决的办法。这样做既能保证信息通畅，又可提高各支部的工作效率。其次，要做好教师党支部与学生党支部的协调工作，还可以定期让教师党支部与学生党支部一起开生活会，这样的活动每学期至少一至二次。使教师党员与学生党员能够更好地直接交流。各自反映自己存在的问题和内心的想法，以便及时调整工作方法，更好地促进各方面工作的开展。高校教师党支部的协作问题既要在实践中向前推进，又需要在理论上不断创新。只有将二者结合起来，高校工作才能取得圆满成功，各项事业才能蓬勃发展。

七、加强文化素质教育，培养创新创业观念

素质教育是当代中国教育改革发展的战略主题，也是教育机构和教育工作者的工作主题。针对高职学生特点，为进一步加强学生文化素质教育，提升人才培养水平，陕西铁路工程职业技术学院建设了“学生素质教育平台”，用于提高学生的人文素养和综合素质。该平台紧贴学生实际，

尤其结合学生专业，突出铁路建设及运输单位“吃苦奉献”的行业精神教育，构建了全员、全程、全方位的素质教育培养体系。利用素质教育平台，使学生树立健康的思想观念、正确的人生价值观，激发学生的爱国热情、社会责任感和集体荣誉感，培养学生的职业道德、职业素养和职业精神。学生素质教育平台及其主题教育基地，分别在学生发展的不同阶段，针对全体在校学生开展教育、培训活动，具有渐进式、持续性、系统化的特点，适合高职学生思想行为特点，教育效果明显。该平台的建立，将素质教育落实到学生思想认识、品格意志、职业素养、身心健康的塑造和培养等具体环节中去，同时，为培养学生的创新创业观念和可持续发展能力营造了良好的校园环境。

陕西铁路工程职业技术学院学生素质教育平台的建设工作于2011年启动，至2014年初步建成并投入使用，从主题甄选、方案论证、设计规划、施工建设到投入使用，历时4年时间。该平台最初包含“中国铁路建设发展史教育基地”“窦铁成先进事迹展览馆”“大学生心理健康教育中心”“职业素质拓展基地”4个项目。由于文化素质教育中所包含的人文社会科学、自然科学、艺术等方面的教育内容均是形成社会及人的价值取向的依据，是提升学生的公民意识和社会责任感，塑造完善人格的基础，2016年，该平台又相继增加了“艺术教育中心”和“大学生创业孵化基地”。目前6个项目各司其职，从思想教育、心理健康、素质拓展、实践能力培养等诸多方面，为学生素质教育搭建了平台。目前，该平台在学生入学教育、学生素质培养、为当地社会提供共享资源等方面，发挥了积极的作用。在管理和使用过程中，实行学工部负责、相关部门组织实施的运行机制，达到了既统筹兼顾又各取所需的效果。而且6个项目为学生提供了志愿服务的机会和数十个勤工俭学岗位，较好地锻炼了学生，提高了学生的综合素质。

高职院校顶层设计应突出职业道德教育。“中国铁路发展史教育基地”和“窦铁成的先进事迹展览馆”，就是突出职业道德、职业精神教育这个主题。通过图片、影像、模型、实物等展示，展现我国厚重的铁路建设历史和丰富的铁路文化内涵，为学生学习伟大的筑路精神提供良好的平台基地，还可以让学生了解行业背景、提前适应企业文化。利用全国劳模“金牌工人”、学院杰出校友窦铁成的先进事迹，教育、感染学生，引导学生树立劳动光荣的观念，培养学生的吃苦奉献和努力钻研的精神。学生通过感受行业、企业文化，为将来从事相关职业打好思想基础。

学生素质教育平台运行2年来，学校以企业文化渗透为切入点，以强化职业素质培养为着力点，突出“吃苦奉献”教育这一主线，着力培养学生的职业素养、社会适应能力及可持续发展能力，努力营造“全员育人、全方位育人、全过程育人”的素质教育格局，使人才培养主动适应社会发展和企业需要，对于学生职业素质的全面提高产生了显著的效果。

同时，学院突出“环境育人”的理念。校园基础建设的铁路元素丰富，建筑设计上以机车、桥隧形象为主；校园道路以国内知名铁路线路命名；校内实训基地行业特色鲜明；学生技能大赛等活动以企业冠名；特色班级以行业领军人物姓名命名等，浓厚的企业文化氛围为学生适应职业、自觉培养职业精神等营造了良好的氛围。

创新创业教育的关键是对学生进行创新理念和创业意识的培养。在学生素质平台中，“窦铁成先进事迹展览馆”的主要作用就是通过窦铁成五种精神（即忠诚企业、爱企如家的主人翁精神，孜孜以求、刻苦钻研的进取精神，克尽职守、精益求精的敬业精神，勇于攻坚、勇攀高峰的创新精神，团结互助、乐于奉献的团队精神）的学习，教育学生培养热爱工作、忠于企业的职业道德和勇于探索、努力创新的时代精神。从先进典型的奋斗历程和光辉事迹中，领悟创新的价值和青年大学生的光荣使命。牢固树立“劳动光荣、技能宝贵、创造伟大”的思想意识。

“大学生创业孵化基地”是创新创业教育与实践的主要平台，是学生在校期间掌握实用技能以学会生存竞争的直接途径。比照“中国铁路建设发展史教育基地”“窦铁成先进事迹展览馆”的思想引导和观念教育的功能，“大学生创业孵化基地”是创新创业教育工作理论知识转化为实际能力的重要场所，学生的创意可以通过该基地得以实践。目前，该基地为学生的科技、服务、商业等提供创新的条件，也是学生创业活动的起点，为学生提供了便利的实践条件。通过开展创新创业教育和实践活动，学生的相关意识显著增强，综合素质和可持续发展能力得到进一步提高，学生素质平台成为提升人才培养水平的一个重要途径。

在人才培养过程中，学院以素质教育平台为载体，突出“劳动光荣、技能宝贵、创造伟大”的教育主题。通过组织、指导学生参加校内外技能大赛、创新创业成果展以及科技类学生社团活动，为培养学生的创新创业能力提供更多的机会。

学生素质平台还有一个教育基地，就是“大学生艺术教育中心”。该基地承担的是学生艺术教育的职责，由书画室、MIDI音乐教室、形体室、录音室组成，对于提高学生的艺术修养产生了重要作用。根据学院近年来生源多为理科学生、人文素质欠缺的特点，学院在学生素质培养工作中，还借助选修课、专家报告讲座等，拓展教育渠道，增强教育效果。

在学生的社团建设和课外活动中，学院重视人文社科及社会公益类活动，旨在引导学生多接受文化熏陶、培养学生的学习兴趣，同时为全体学生提供良好的校园文化氛围。“路魂文学社”“墨梅斋书画协会”等社团，通过举办学生作品展，为学生提供了丰富的视觉大餐和文化享受；学院的经典诵读、红色文化研读等活动成为校内外一道亮丽的风景线；辩论赛、红歌赛等学生喜闻乐见的活动形式，既丰富了学生的文化生活，同时也激发了学生的爱国热情，教育意义深远。

从“环境育人”理念出发，学院在校内建设了红色文化长廊、科普知识长廊和历史文化知识长廊等。教学楼、实训楼和办公楼内到处是传统文化知识介绍和名家书画作品与极具审美的摄影作品。在学生公寓，不仅用杰出校友、企业名人的先进事迹激励学生成长成才，而且楼梯台阶处还有各类名言警句，时刻提醒学生审视自己、完善自己。

扎实的文化素质教育工作，造就了毕业生较强的综合素质。历届毕业生不仅在生产一线深受企业好评，而且在宣传、人事等部门表现同样突出，许多毕业生已成为企业的骨干力量。自2011年起至今，学院目前已有5名学生入选每年一度的“陕西高校大学毕业生建功立业先进事迹报告团成员”。近年来，学院校园文化成果多次获得陕西省及国家表彰奖励，毕业生就业率每年保持在96%以上，学院的教育理念和管理方法深受学生及家长认可，社会声誉越来越好。

学生素质教育平台的搭建与实施，形成了职业特色鲜明的校园文化体系。以铁路文化元素为特征、突出职业精神教育的陕西铁路工程职业技术学院学生素质教育平台，为学生的成长成才铺垫了道路。利用这个平台，学生可以较早地接触有关职业方面的锻炼和培训，有利于学生尽快适应职业、适应社会，从而提高企业对毕业生的认可度，并且有利于学生的发展。学生素质教育平台的硬件建设，丰富了教育教学资源，为人才培养提供了重要保障，也丰富了当地的教育资源。当前“中国铁路建设发展史教育基地”和“窦铁成先进事迹展览馆”已经成为各班级开展入学教育、专业教育和爱国主义教育的主要场所。学生素质教育平台的建设，使学院的人才培养目标更加明确，使学生教育管理工作更加系统。通过参观、学习和体验，学生关于职业和社会等方面的思想观念由模糊变得清晰，从而更能理解学校的半军事化管理模式和各类社会实践、课外活动的意义，提高日常教育管理的效果和学生参与实践活动的主动性。理论与实践有机结合，有助于更加全面、系统地帮助学生提高综合素质和可持续发展能力，为社会培养有用之才，为企业输送优秀的员工，为学生的事业发展和人生幸福铺垫道路。

附件：

素质教育平台建设方案

本项目以铁路行业为依托，以职业素质教育为重点，把“立足艰苦行业，立志一线成才”的吃苦奉献教育贯穿于人才培养全过程，通过实施“141 工程”，即建立一套较为完备的学生素质教育评价标准；建设“职业素质拓展基地、中国铁路建设发展史教育基地、窦铁成先进事迹展览馆、心理健康教育中心”四大载体；打造一支校内外互补、专兼结合的高水平素质教育队伍。构建全员、全程、全方位的素质教育培养体系，全面提升学生的综合素质和就业竞争力，并为其他高职院校提供借鉴和范例。

本项目计划投资 200 万元，资金由学院自筹。

一、现有基础

学院拥有一支热爱学生工作、业务精干的专兼职素质教育教师队伍。

在思想教育中，坚持以人为本、德育为先的育人理念，通过多种途径，引导学生学习和践行社会主义核心价值观，培养学生高尚的思想道德素质；在职业素质的培养上突出“铁”字招牌，把展现“铁军”风采的敢于吃苦、不怕疲劳、作风顽强、敢打硬仗的精神内涵融入教育之中，培养学生“苦得、累得、饿得、忍得”的“四得”品质。把传承铁路精神、发扬铁路传统、弘扬铁路文化作为传统文化教育的主旋律。通过校企合作、工学结合、顶岗实习，突出技能培养，初步形成了具有自身特色的“陕铁院”品牌。积极开展阳光体育活动，增强广大学生参加体育锻炼的积极性。积极开展心理健康教育，形成了学院—系—班三级心理健康教育网络，心理健康教育成效明显。

二、建设目标

（一）总体目标

通过突出“吃苦奉献”精神培养的素质教育平台建设，建成“141 工程”，形成科学标准引领、四大载体合力支撑、专兼职教育队伍保障的素质教育体系，全面提高学生的思想道德素质、科学文化素质、专业素质和身心素质，培养适应艰苦行业的“下得去、留得住、用得上、干得好”的高端技能型专门人才，进一步提升“陕铁院”品牌，为铁路施工及维护企业等基础设施建设和地方社会经济发展服务。

（二）具体目标（见表 1）

表 1　素质教育平台具体建设目标一览表

“141 工程”		目标
一个标准	学生综合素质评价标准建设	根据学院人才培养目标，全面、客观、公正地评价学生综合素质，引导学生不断完善自己。在建设期内，结合铁路施工企业文化特点，修订、完善学生综合素质评价和特殊才能考核评价制度和办法；建立健全全面评价学生素质的长效机制，建立有效的信息反馈机制
四大载体	职业素质拓展基地建设	建成 10 000 平方米的室内外素质拓展训练基地。结合学院专业实训基地建设建成桥墩攀爬、未合拢桥梁跨越等高空拓展训练项目；建成钢筋密集区域穿行、基坑翻越等中低空项目；进行隧道内自救逃生、围堰孤岛求生、野外心理行为训练；建设大学生创新能力工作室，完成安全知识训练以及操作技能训练等项目建设。通过开展素质拓展训练，达到磨炼意志、陶冶情操、完善自我、培养团队精神的目的，增强学生的交往能力、学习能力、实践能力和解决问题的能力，使学生适应各种野外铁路建设环境
	中国铁路建设发展史教育基地	通过图片、影像、模型、实物等展示，建设一个集宣传、教育功能于一体的中国铁路建设发展史教育基地，包括铁路建设发展史教育区、铁路文化教育区，展现我国厚重的铁路建设历史和丰富的铁路文化内涵，为学生学习伟大的筑路精神提供良好的平台，使之成为爱国主义宣传教育的基地，成为西部规模最大、功能最全的铁路建设发展史教育基地

续表

“141 工程”		目标
四大载体	窦铁成先进事迹展览馆	发挥典型引领作用，利用全国劳模“金牌工人”、我院杰出校友窦铁成先进事迹教育、感染学生，窦铁成先进事迹展览馆占地300平方米，由中心展区、环形展区两部分组成
	大学生心理健康教育中心	建成一个符合现代大学生心理特点，切合铁路施工企业特征的大学生心理健康教育中心。建设心理健康教育网站、个体咨询室、团体辅导室、心理宣泄室、音乐放松室、公寓心理辅导站等，完善心理健康预警机制
一支队伍	素质教育队伍建设	强化“全员育人、全过程育人、全方位育人”理念，三年内，打造一支全员参与，以全体班主任、辅导员为主体，以校外专家、企业劳模等为补充的素质教育队伍。加强学生干部的培养，提高学生自我教育、自我管理、自我服务能力

三、建设思路

坚持“育人为本、德育为先”，主动适应社会发展和企业需要，以提高学生的综合素质为出发点，以企业文化渗透为切入点，以强化职业素质培养为着力点，突出“吃苦奉献”教育这一主线，根据校企联合制定的学生综合素质评价标准，借助素质拓展基地、中国铁路建设发展史教育基地、窦铁成先进事迹展览馆、大学生心理健康教育中心等四大载体，依托校内外互补、专兼结合的高水平素质教育队伍，着力培养学生的职业素养、社会适应能力及可持续发展能力，努力营造“全员育人、全方位育人、全过程育人”的素质教育格局。

四、建设内容

（一）学生综合素质评价标准

成立企业专家参与的素质教育领导小组。根据企业对人才的素质要求，校企共同制定《素质教育校企共建共管实施办法》等相关管理制度和考核评价办法，完善素质教育学分制度，建立健全学院、社会、企业、家庭多元参与的学生素质评价机制。制定《学生素质教育训练手册》，使学生综合素质的养成和评价具有导向性、针对性和可操作性。

1. 学生综合素质评定

根据学院的培养目标，结合现代铁路企业对大学生素质的要求，制定定量与定性合一、自评与他评相结合的学生综合素质评定办法，主要包括综合素质评价指标、测评办法、学生综合素质评价的具体评分办法、测评结果与评奖评优、评价工作组织实施等方面的内容，具体内容见表2。

制定学生个性发展考核评价标准，对在组织管理、艺术、体育、创新、创业、社会实践等方面具有突出能力和表现的个人和集体额外加分，完善特殊技能等级考评、表彰奖励等制度，鼓励学生全面发展、个性发展。

表2　学生综合素质评价标准分解表

内涵		指标构成	指标比例
综合素质	思想政治素质	树立正确的政治方向，掌握先进理论，自觉贯彻党的路线、方针、政策，树立科学发展观，树立正确的世界观、人生观、价值观，形成良好的道德品质，具有法制意识、实践精神和创新精神	25%
	科学文化素质	形成正确的科学文化观，有求知欲望，具备科学精神、科学思维，有文化修养；参加科技竞赛，撰写科技论文，参与科技研究和技术研发；担任学生干部，组织社团活动，发挥学生“自我教育、自我管理、自我服务”功能；参加学院及以上文化、体育、艺术比赛，成绩突出	25%
	专业技能素质	具备扎实的专业理论及相关知识，能熟练掌握和运用本专业技术，具备解决实际问题的技能和较出色地从事专业工作的品质，能进行专业研究和创新	25%
	身心健康素质	具有健康的体魄、积极的精神状态、坚强的意志品质、较强的抗挫折能力，能够进行自我心理调适，能积极融入群体	25%

2. 学生综合素质信息反馈系统

建立辅导员、班主任与学生及家长的沟通机制，对学生综合素质进行及时有效的信息反馈，让家长和教师明确施教方向，让学生了解自身优势、差距及努力方向。将综合素质考核计入学生档案，让用人单位全面了解毕业生在校素质状况，为毕业生的使用提供参考依据。

建立毕业生信息反馈机制。调研、总结毕业生在用人单位的工作表现，编写《优秀校友风采录》，印发全院各班级。广泛征求毕业生、用人单位对素质教育的意见和建议，不断改进素质教育工作。

3. 资金预算（见表3）

表3 学生综合素质评价标准资金投入预算表

单位：万元

建设内容		资金预算		
		2011 年度	2012 年度	2013 年度
学生综合素质评价标准	素质评价体系交流研讨	1.00	1.00	
	学生综合素质评定办法等相关制度制定	3.00	2.00	1.00
	学生综合素质信息反馈机制建设	2.00	2.00	1.00
小计		6.00	5.00	2.00
合计		13.00		

（二）素质教育载体建设

1. 职业素质拓展基地

（1）建设内容

模拟学生就业岗位和工作环境，结合专业实训基地建设，建设10 000平方米的大学生素质拓展基地。基地建设含高空项目、中低空项目和地面心智类项目3部分。高空项目包括桥墩攀爬、未合拢桥梁跨越等，中低空项目包括钢筋密集区域穿行、基坑翻越等训练，地面心智类项目包括隧道内自救逃生、围堰孤岛求生、大学生微创新创业指导工作室、安全知识训练以及操作技能训练等内容，见表4。

编制《素质拓展基地管理使用办法》《素质拓展训练手册》《素质拓展训练安全手册》《拓展基地紧急安全预案》《训练器材安全检测》等规章制度。每个项目都单独设有使用方法提示牌及警示牌，抽调专门人员外出参加培训，考取素质拓展职业培训师资格证书，保证基地师资需要。

表4 素质拓展基地建设任务一览表

项目名称	建设内容	备注
高空项目	桥墩攀爬	1套
	未合拢桥梁跨越	1套

续表

项目名称	建设内容	备注
中低空项目	“钢筋”密集区域穿行	2套
	基坑翻越	1套
地面心智类项目	隧道内自救逃生	隧道模型、逃生自救设备
	围堰孤岛求生	孤岛
	野外心理行为训练场	模拟荒山野岭、动物出没
	大学生微创新创业指导工作室	团体训练中心
	安全知识训练	消防、自救、地震等
	操作技能训练	涂鸦墙

（2）资金预算（见表5）

表5　素质拓展基地建设投入预算表

单位：万元

建设内容		资金预算		
		2011年度	2012年度	2013年度
素质拓展基地建设	调研、考察	3.00		
	高空项目		22.00	
	中低空项目		20.00	
	地面心智类项目		30.00	10.00
小计		3.00	72.00	10.00
合计		85.00		

2. 中国铁路建设发展史教育基地

赴中国铁道博物馆、老铁路旧址、铁路建设现场等地学习调研，积极与铁路企业合作，建设一个集宣传、教育功能于一体，具有图片、影像、模型、实物等可视化教育效果的中国铁路建设发展史教育基地，包括铁路建设发展史教育区、铁路文化教育区。

（1）铁路建设发展史教育区建设

对中国铁路建设100多年的历史进行总结、归纳，选取中国铁路建设发展史上具有重要意义的铁路历史节点制作成可视化的图片、模型或收集实物进行展示，建成铁路建设发展史教育区，对学生进行铁路建设发展史教育，引导学生热爱铁路建设事业，扎根铁路建设。

（2）铁路施工企业文化教育区建设

分析总结以“铁军精神”“青藏铁路精神”等为代表的工程企业文化，归纳提炼以詹天佑、窦铁成等为代表的工程建设杰出人物精神，在此基础上制作成可视化的图片、影像资料、雕塑，建成铁路施工企业文化教育区，积极开展铁路施工企业文化教育活动。

积极联系中国中铁、中国铁建等施工企业，外派教师、学生赴企业调研和文化交流，邀请企业人员来校指导、交流，收集中国铁路施工企业的管理文化、组织文化等企业文化资料，建成铁路文化教育区。邀请中国中铁、中国铁建等施工企业人员参与文化教育区建设。坚持送戏到工地，通过艺术展演等形式加强学院和施工企业的文化交流，打造学院艺术活动品牌，在活动中强化“吃苦奉献”教育。

（3）资金预算（见表6）

表6　中国铁路建设发展史教育基地建设投入预算表

单位：万元

建设内容		资金预算		
		2011 年度	2012 年度	2013 年度
中国铁路建设发展史教育基地	调研、考察	2.00	2.00	
	铁路建设发展史教育区		15.00	5.00
	铁路文化教育区		17.00	5.00
小计		2.00	34.00	10.00
合计		46.00		

3. 窦铁成先进事迹展览馆

发挥典型引领作用，利用全国劳模“金牌工人”、我院杰出校友窦铁成先进事迹教育学生、感染学生，引导他们向先进模范人物看齐，争做铁路建设英才。

（1）建设内容

建成占地300平方米的窦铁成先进事迹展览馆，展览馆由中心展区、环形展区两部分组成。

中心展区即窦铁成先进事迹展览区，主要展示窦铁成从普通工人到“工人教授”的不凡历程以及取得的成就和荣誉。主要包括个人简介、工作日记（复印件）、事迹回放；中央级、省级及企业领导接见窦铁成的照片；中央级媒体和省级媒体刊发的相关新闻及评论，社会各界开展的学习窦铁成系列活动；窦铁成获取的奖杯、荣誉证书等。

环形展区主要以图文并茂的形式展示其他优秀校友的成长经历、先进事迹及成就。

（2）资金预算（见表7）

表7 窦铁成展览馆建设投入预算表

单位：万元

建设内容		资金预算		
		2011 年度	2012 年度	2013 年度
窦铁成先进事迹展览馆	调研、考察		1.50	
	中心展区		3.00	2.00
	环形展区		2.00	1.50
小计			6.50	3.50
合计		10.00		

4. 大学生心理健康教育中心

为增强学生在未来艰苦行业就业所必备的心理素质，帮助学生解决学习、生活、情感、就业等方面的心理问题，建成一个符合工程类高职院校学生心理特征的心理健康教育中心。

（1）教育机构、基地建设

成立学生心理健康教育工作小组，建立心理健康教育专题网站，完善心理健康教育的相关制度，建立心理咨询室、团体心理辅导活动室、心理宣泄室等心理咨询与教育的工作场地，加强硬件和软件建设，为学生提供心理问题治疗、心理压力排解等指导与服务。

（2）建立学生心理健康干预预警机制

完善心理健康网络普查系统，密切关注学生的心理健康状况，每年对全院新生开展心理健康普查，开展隐患排查，建立心理档案；进一步完善“学院—系部—班级—宿舍”四级心理危机预警和干预机制，及时处理心理危机突发事件。发挥系部心理辅导员或班主任、学生骨干、心理委员、寝室长的作用，建立心理健康状况定期上报制度。重点关注失恋、生病、特困、学困及有心理疾患的学生，帮助他们健康成长，快乐生活。

（3）开展丰富多彩的心理健康教育活动

依托心理健康教育中心，面向全体学生开展职业素质测评，提供职业生涯规划及就业能力指导；定期开展“5·25”心理健康主题宣传教育周、新生入学心理健康教育及宣传、主题团体活动等系列活动，帮助学生树立正确的交友观、恋爱观、苦乐观。加强公寓心理健康文化建设。以党建、团建进公寓为基础，成立公寓心理辅导站，发挥学生党员等学生朋辈辅导优势，为有心理问题的学生解决问题，提高学生的心理保健意识。

（4）资金预算（见表8）

表8　大学生心理健康教育中心建设投入预算表

单位：万元

建设内容		资金预算		
		2011年度	2012年度	2013年度
大学生心理健康教育中心	调研考察	0.50	0.50	1.50
	心理健康教育与咨询中心办公室	1.80		1.00
	心理健康教育中心网站	1.00		
	个体咨询室	0.80	1.00	0.50
	团体心理辅导活动室	2.00	1.50	0.50
	音乐放松室	0.60		
	心理宣泄室	0.90	0.50	
	心理健康读物阅览室	0.90		0.50
	心理健康干预预警机制		1.00	0.50
	心理健康教育活动	0.50	1.00	1.00
小计		9.0	5.50	5.50
合计		20.00		

（三）素质教育队伍建设

强化“全员育人、全过程育人、全方位育人”的理念，3年内，打造一支全员参与，以骨干教师为主导，以全体班主任、辅导员为主体，以校外专家、模范人物等为补充的专兼结合素质教育队伍。

1. 骨干教师队伍培养

在专业教师之外，重点打造一批具有实践精神、投身学生素质教育工作、业务能力强的骨干素质教育队伍。有计划选派骨干教师进行业务进修，安排教师下现场与铁路施工及维护企业沟通交流。

素质教育骨干教师每年参加素质教育经验交流不少于2次；每年到国内外一流高职院校学习不少于10天。通过参加素质教育论坛、进行素质教育专题研究等，提高素质教育的理论水平和实践能力。

2. 专兼职教育团队建设

建立完善辅导员、班主任选聘机制；制定切实可行的培养规划，开展辅导员、班主任岗前培训和在岗培训，具体培训计划见表9；重视资深辅导员“传、帮、带”作用，为每名新进辅导员配备一名优秀辅导员进行“师带徒”；鼓励、资助辅导员对学生工作进行相关理论研究，提高理论研究水平，促进辅导员工作的规范化、职业化、专业化。加强与学生职业素质拓展、心理健康教育相配套的师资培训。

坚持“走出去，请进来”，一是组织相关教师利用节假日深入施工一线与企业进行沟通交流，了解铁路企业对毕业生的素质需求，征求企业对素质教育的意见和建议，形成《施工一线走访体会录》。二是积极引聘有教育经验和社会责任感的专家、先进模范人物、职业英才、技术能手等担任兼职辅导员，建立兼职教师参与育人机制，实现顶岗实习学生由学院辅导员、企业兼职辅导员共育共管。

表9　辅导员、班主任培训计划表

指导思想	培训内容	培训时间和方法	保障措施
以提高辅导员的思想道德素质、心理素质、工作责任心和教育管理能力为重点，通过专题辅导与研讨交流，对重点、难点问题“集中会诊”、座谈讨	1. 辅导员的职业道德素质与文化心理素质。 2. 班级管理与党团组织建设。 3. 学生思想工作经验交流会。 4. 学生紧急（突发）事件的应对与处理。 5. 校园伤害事故的成因、问题与对策。 6. 心理健康教育与危机干预。 7. 学生教育管理工作座谈会。 8. 高职学生职业生涯规划与设计。	1. 培训时间：充分利用寒暑假进行集中培训。全年集中培训时间不少于10天。平时通过以会代课、个别帮教等形式做好辅导员培养提高工作。	1. 有步骤、分类别、分层次地对本年度开展的培训情况进行一次质量评估。 2. 加强辅导员培训经费管理，不断提高经费的使用效益。

续表

指导思想	培训内容	培训时间和方法	保障措施
论等方法，提高辅导员的思想政治素质和业务素质，努力造就一支政治强、业务精、纪律严、作风正的辅导员队伍	9. 学籍、学历管理与电子注册。 10. 学生骨干队伍的选拔、培养与使用。 11. 学习兄弟院校辅导员队伍建设、学生教育管理工作经验。 12. 铁路施工企业文化交流。 13. 贫困学生的界定与资助体系建设，贫困生心理问题及解决策略。 14. 学生“二课”活动组织与管理	2. 方法步骤：主要采取院内辅导与请校外专家教授辅导相结合、工作经验交流与重点难点问题集体会诊相结合、院内培训与外出参观学习相结合、优秀辅导员“师带徒”的方法进行	3. 认真组织典型案例剖析和“集体会诊”活动，通过集思广益，达到互相学习、取长补短、共同提高的目的

3. 大学生骨干培养

加强学生干部和学生骨干的培养，提高学生自我教育、自我管理、自我服务能力。通过理论学习、社会实践、红色教育、能力训练、交流研讨等方法，培养一批学生素质教育活动的组织者、策划者和实践者，充分发挥大学生骨干在学生素质教育中的辐射带动作用，进而发挥学生在素质教育中的主体作用，培养班导生（从高年级中选聘出优秀学生担任低年级的导生），建立一套完善的班导生选聘、培养、考核及表彰制度。

4. 资金预算（见表10）

表10　素质教育队伍建设投入预算表

单位：万元

建设内容		资金预算		
		2011 年度	2012 年度	2013 年度
素质教育师资和学生骨干队伍建设	骨干教师培养	2.00	3.00	2.00
	专兼职素质教育团队建设	2.00	8.00	6.00
	学生骨干团队建设	1.00	1.00	1.00
小计		5.00	12.00	9.00
合计		26.00		

五、预期效果（见表11）

表11　突出“吃苦奉献”精神培养的素质教育平台建设预期标志性成果一览表

序号	标志性成果		成果数
1	学生综合素质评价标准建设	学生综合素质评价标准	1部
		考核评价人数	20 000人次/年
		优秀校友风采录	1部
2	职业素质拓展基地建设	高空项目训练区	1个
		中低空项目训练区	1个
		地面心智类项目训练区	1个
		培训师队伍建设	8人次
		素质拓展训练（含对外服务）	5 000人次
3	中国铁路建设发展史教育基地	铁路建设发展史教育区	1个
		铁路文化教育区	1个
		接待校内外参观学习人数	10 000人次/年
4	窦铁成先进事迹展览馆	中心展区	1个
		环形展区	1个
		接待校内外参观学习人数	10 000人次/年
5	大学生心理健康教育中心	心理咨询室	1个
		团体心理辅导活动室	1个
		心理宣泄室	1个
		专题网站	1个
		心理健康干预预警机制	1套
6	素质教育教师队伍建设	骨干教师培养	20人次
		院内素质教育教师培训	90人次
		大学生骨干培养	1000人次

六、建设进度与资金预算

（一）建设进度

本项目计划3年完成，2011年上半年主要进行各项目调研，深入铁路施工企业、兄弟院校、素质拓展和教育基地等单位交流学习，有计划地进行辅导员、班主任培训；下半年初步完成学生综合素质评价标准，完成方案论证。2012 年全面建设职业素质拓展基地、中国铁路建设发展史教育基地、窦铁成先进事迹展览馆、心理健康中心，有计划地安排素质教育教师队伍培训，推进兼职素质教育教师资源库建设。2013 年完善各项建设内容，保证各基地、中心的正常运行，总结建设经验，迎接检查验收。

（二）资金预算

本项目计划投资 200.00 万元。投资预算分配标准为：学生综合素质评价标准建设 13.00 万元；职业素质拓展基地建设 85.00 万元；中国铁路建设发展史教育基地 46.00 万元；窦铁成先进事迹展览馆 10.00 万元；大学生心理健康教育中心建设 20.00 万元；素质教育教师队伍建设 26.00 万元。

第七篇　校园文化

一、职业院校校园文化建设的思考

校园文化建设作为学校发展的一个层面，在学生成长成才、学校立德树人、社会文明进步等方面，发挥着重要作用。其功效体现在学校育人工作的各个环节，也延伸到对外宣传、社会反响、文化传播等方方面面。校园文化是一个由多方要素支撑的严密工程体系。校园文化建设与学校历史、办学方向、专业设置、教育理念、师德师风、学生素质、校园环境等密切相关，是一个系统工程。从操作层面而言，建设优秀校园文化需要重点处理好精神凝练、环境育人、师德师风、传承与创新等几个方面的问题。

（一）校园文化的哲学价值

作为一种包含精神价值和生活方式的生态共同体，文化通过积淀、影响，造就集体人格，塑造共同心理特征，实现以文化人的实践功能。立德树人是学校的根本任务，校园文化建设则是实现这一目标的重要途径。因为，校园文化建设体现了教育事业的价值追求与哲学社会科学的实践基础。校园文化通过逻辑类推、统筹归纳、体系架构的哲学方法，将教育理念中的“以人为本”思想和社会主义核心价值观落实、落细，优化学校创新发展的路线图，体现育人规律的求真之美，涵养学生的精神气质。

校园文化建设的核心是精神文化建设，包含学校精神、校训等的凝练和传承。学校精神和校训必须结合学校历史沿革、发展及展望，能够充分体现学校校风和师生的精神风貌与追求，既要有特色，更要符合实际。学校精神文化既是对学校发展历程的回顾，也是对现状的概况及对未来的希冀，是广大师生高度认同，可以产生共鸣，并且能够自觉践行，是能够转化为学习、工作动力的力量源泉。当前，在全国大力提倡创新创业教育、中国制造2025、供给侧改革、弘扬工匠精神等时代背景下，职业院校更应该务实求真，针对学校情况，凝练简洁易懂、富有时代气息、催人奋进、操作性强的校园文化内容，凸显校园精神文化的魅力。校园文化建设乃是大学生思想政治工作的重要载体，是高校德育工作的一部分，其最终的落脚点是学校立德树人根本任务的实现。职业院校应该通过建设优秀校园文化，“把对个人、社会的教化同对国家的治理结合起来，达到相辅相成、相互促进的目的”。

（二）职业院校校园文化中的环境建设

当前，在职业院校的育人工作中，“全员育人、全过程育人、全方位育人”的育人理念已深入人心。“三全”育人理念和校园文化建设并行不悖，且相融共生。各方面要素协同作用、互相促进，已成为教育界的共识。学校的硬件建设与软件建设、人文环境与自然环境、师德与学风、管理与服务，等等，均不可偏废。各职业院校，由于历史与现实的原因，校园文化的积淀差异较大。大部分职业院校由于升格、起步稍晚，加之行业背景的影响与专业设置的局限，历史的积淀不够、校园人文气息不浓、自然环境生硬，在环境建设方面不能充分体现“以人为本”理念与校园文化的核心，育人效果差强人意，学校发展裹足不前。

从人文环境来看，目前大多数职业院校专业设置以理工科为主，故教师的学科背景也主要以理工科居多，文史哲领域的教师对学生的影响程度受限。自然科学独有的严肃态度、严谨作风与实干精神，对学生正面的影响和教育极其深远，但人文科学富有的思辨精神、发散思维、浪漫情怀在校园文化中必不可缺。从我国高职教育的现状来看，学生普遍存在文化素质缺乏的现象。解决这一问题的办法，是通过学院精神、校训的凝练，传递浓郁的人文气息；通过校内文化广场、人文展馆、文化长廊等的建设营造浓厚的文化氛围；通过公共基础课、人文素质课、专题讲座、课外活动、各类比赛等教育引导学生学习人文知识，提高文化素养。在育人过程之中，尽管人文环境看似属于外部因素，但是在一定条件下可以转化为青年学生成长成才的内在动力。

从自然环境而言，受职业院校理实结合（理论教学与实习实训相结合）的教学模式影响，造就了部分职业院校密集的实验室、实训楼，和以行业、企业文化为内容的雕塑、标识及生硬的提示标语。在这些学校，职业文化、企业文化得到弘扬和宣传，对于学生的职业教育和尽早适应社会、融入企业文化有积极贡献。但是学校毕竟不是企业，冰冷的水泥森林、突出强调效益、经济价值的市场氛围，使学校缺乏温馨的感觉和优雅之美，校园成为企业的延伸部分。优美的景观设计、符合生态伦理的校园布局，鸟语花香、流水潺潺的自然风光，以及或古典或现代的各类陈设，都能使校园文化更具亲和力，从而发挥环境育人的作用。毕竟，优美的环境对于提高学生的心理健康、学习效率和培养其审美情趣均有帮助，对于师生的人生态度、人生追求以及生活水平、生命质量均有影响。

（三）教师队伍建设在校园文化中的作用

学高为师，身正为范。作为教育双主体之一，教师不仅是传道授业解惑者，更是文明的先行者与学生的引路人。习近平总书记要求广大教师要做“有理想信念、有道德情操、有扎实知识、有仁爱之心”的好老师，体现了思想育人、道德育人、知识育人、和谐育人的导向。这正是教师在校园文化建设中作用的充分体现。铁打的营盘，流水的兵。每一届学生从入校、学习到毕业，循环交替，他们身上呈现出来的特征随时间推移而变化，教师队伍身上承载着的文化元素却具有稳定性。学校教育的最大特点就在于把不同素质水平的学生培育成社会主义事业的合格建设者。广大教师既是校园文化的见证人，也是校园文化的缔造者，更是校园文化的承载者和传播者。

教师的文化素质决定学生的精神风貌、道德水平、综合素质及可持续发展能力。除了业务水平，教师的道德情操、言谈举止、兴趣爱好无不对学生产生着深远的影响。而这些素养，与教师的师德师风、职业素养、学科背景、研究领域等均有着密切关系。职业院校在教师队伍建设中，首先要保证教师数量。教师数量不足，超负荷工作，不可能有时间和精力关注教学以外的工作。而教师的工作不仅仅是教学，高情商的教师，举手投足、只言片语均可能影响一个学生一生。所以，校园文化更应该是由人承载和传承的活文化。其次，引进或招聘综合素质强的优秀人才充实教师队伍也是关键所在。在招聘过程中，从简历筛选，到笔试、面试，考察的角度应该更广一些。教师职业，不同于一般职业，除了专业素质优秀，综合素质也必不可缺。如道德水平、兴趣爱好、身心素质、人际关系、形象气质等都是必备的素质。最后，教师的入职培训、业务培训、学习进修、考核考评等也必须常抓不懈。快速发展的中国社会造就了学生特点的不断变化以及世情、国情在教育过程中重点内容与要求的变化。教师必须不断学习，提高和完善自己，才能适应不断变化的实际。

教师对校园文化的重视程度，决定着校园文化建设的质量。第一，教师对学生具有较强的影响力。教师的评价尺度和对学生的期望，影响着学生的成长与发展。所以，教师担任社团指导老师，参与学生的课外活动是提高育人质量的重要手段之一。第二，教师教育教学的内容与方式决定着学风、校风，进而影响着校园文化的形成与发展。第三，教师承担着建设校园文化的责任。教师要勇于担当、积极参与，为学校的改革、发展贡献聪明才智，为优秀校园文化的形成贡献力量。第四，教师队伍是宣传校园文化的直接窗口。教师与社会的接触，与学生的交流，展示的不仅是教师的个人风采，更是对学校教育理念、校风师风等信息的传递。因此，教师应积极传播校园文化、宣传校园文化、巩固校园文化。教师应该主动引导学生学习、继承校园文化，通过课堂教学、主题活动等，让校园文化无处不在。校园文化建设不是孤立的一个项目，教师队伍建设在校园文化建设工作中发挥着举足轻重的作用。因而，校园文化建设应当把加强教师队伍建设作为一个重要途径。从教师选聘、政治学习、业务培训、师德培养、业绩考核等诸多方面入手，为校园文化建设培养人力要素。

（四）校园文化建设中的传承与创新

稳定性是校园文化的特征之一。作为观念形态的文化，有着自身发展的延续性和兼容性。校园文化是每所学校长期形成和历史积淀的成果，不是凭空产生的，也不能无端复制。校园文化应当植根于学校历史传统的土壤之中，继承本校办学过程中优秀文化的基因。进入校园或接触师生，应使人能够立即感受到该校的特色，能够自觉接受感染和熏陶。对于大多数职业院校而言，近 10 年来是校园文化蓬勃发展的重要时期。经历 2003 年开始的高职高专院校的人才培养工作水平评估、2006 年开始的百所示范性高等职业院校建设工程、2010 年开始 100 所骨干高职院校建设、2015 年秋季学期开始的全国职业院校教学诊断与改进工作和 2016 年开始的部分高职院校承担高等职业教育创新发展行动计划（2015—2018 年）任务（项目）等，高职院校的教育教学水平有了显著提高。在快速发展的过程中，各具特色的校园文化逐渐形成。不过，10 年时间的文化积淀远远不够。尤其是高等职业教育在中国的发展还不到 20 年时间。许多经验尚在积累的过程之中。各类规章制度制定、修订、废止的频率过高，形成稳定的文化积淀的难度较大。与本科院校，尤其与百年名校相比，高职院校校园文化的稳定性较差，因而特色不鲜明，各职业院校之间风格相似、文化相近。

校园文化也需要与时俱进，开拓创新。学情在变，国情在变，世情在变，学校的教育理念、校园文化与社会发展的契合度都随时代发展而改变。因此，校园文化建设也应符合时代精神，不断创新，使其更加符合教育实际、更加符合时代需要、更能与师生产生共鸣。校园文化的形成应当既符合自身发展规律同时又要刻意促进其进程。根据需要，规章制度应及时修订，直到随着学校的发展和时间的推进沉淀为稳定的制度文化。当然，在制定或修订制度时，更应该学习借鉴历史悠久、业已成熟的高校的经验，使制度和工作具有前瞻性，降低修订的频率。总之，只有与时代同步、适应学生发展需求的优秀校园文化，才能被师生广泛接受，才能转化为师生刻苦学习、努力工作的动力，才能体现出校园文化应有的价值。

校园文化建设是一个长期的、系统的工程。尤其是职业院校的校园文化建设，需要在继承和借鉴的基础上，调动广大教师的积极性，加强校园环境建设，处理好传承与创新的关系，既体现职业教育、校企合作的个性特征，又不忘学校立德树人根本任务的共性要求，用优秀校园文化培育一代又一代青年学生，为中国的职业教育贡献力量。

二、职业院校校园文化建设的个性化问题

本科院校的办学历史大多比较悠久，有着百年积淀的高校在我国比比皆是。本科院校的文化气息更加浓厚，建筑风格、道路广场、雕塑景观、花草树木等无不展示着浓厚的人文精神。即便不是受教育者，任何一个进入校园散步的人，都会被高校这种独特的育人环境感染。文明礼貌、行为举止都会因环境而有所提升。本科院校的办学理念、校训与精神等更加稳定，并且深入“骨髓”。教师的严谨治学态度，学生的勤奋好学精神，给人无穷的力量，促人奋进。

然而，职业院校在以上这些方面与本科院校存在差别。高职院校在20世纪末由中等专业学校升格而来，办学历史超过100年的职业院校寥寥无几。并且职业院校围绕行业办专业，教育教学主要是技术技能的培养。因而，职业院校的人文气息相对欠缺。大部分职业院校的校园自然环境、建筑风格、运行管理等依然保留中专痕迹，与高等教育所需的校园文化氛围尚存在一定差距。诚然，经济发达地区的职业院校以及全国示范高职院校、骨干高职院校等在校园文化建设上也取得了一定的成绩，在全国职业

院校中处于靠前位置。但是职业院校的制度文化基础、教师队伍、生源状况等使得其校园文化建设难改职业院校的标签，与本科院校相比，职业院校的校园文化建设特色鲜明。

作为一所职业院校，能与其他职业院校相区别的最显著特征还是校园文化。为避免职业院校校园文化建设的同质化现象，各学校在发展、建设的过程中，一定既要改革创新，又要传承历史，还要与行业、专业、地域等因素紧密结合，建设特色鲜明的职业院校校园文化。

（一）校园文化建设中的行业因素

职业院校与企业的合作比较紧密，不论从行业发展、人才培养、教育教学，还是实习就业，职业院校的每一步发展，都离不开行业的支持。甚至可以说，职业院校的发展取决于行业的发展。在国家加大基础领域投入的背景下，社会对技术技能人才的需求较大。目前，大多数职业院校的招生就业形势均比较好。但是，个别学校，如以钢铁、煤炭等行业为依托的职业院校在招生、就业等方面出现了困难，生源状况不如以前，学校发展深受影响。还有部分中等职业学校受行业影响，要么变身技术培训学校，要么彻底停办。这一现实，作为教育部门和教育者必须看到。行业因素既是职业院校的生命线，同时也是职业院校的绞索绳。因此，个性化的校园文化建设离不开行业大背景，但又不能绝对完全地依赖于某一个行业。

（二）校园文化建设中的专业因素

同一行业背景下的诸多职业院校因为专业方向设置而呈现出不同的校园文化面貌。比如，同样是依托铁路办学的学校，有的偏重于运输方向，有的偏重于工程建设方向，校园文化也大相径庭。本科院校也有行业与专业的问题，行业、专业不是职业院校的“专利”。但是本科院校的学生有一部分会在毕业后走上社会，参加工作；有一部分会继续读硕士，乃至博士；而职业院校参加专升本并继续上学深造的只占全部学生的极少数，几乎可以忽略，绝大部分学生都只有就业这条唯一途径，这也是职业院校的特点。能否适应社会，是否满足企业需求，是学校专业建设及学生学习技能的直接动力。因而，校园文化建设中，必须突出专业因素，而且要突出专业的核心价值。

（三）校园文化建设中的地域因素

在文化发展中，历史与地理是两个相互交错、紧密相关的领域，校园文化建设中的地域因素不可或缺。要形成特色鲜明的校园文化，就需要把学校所在地区的传统文化、地域文化融入校园文化中来。如从名人、民俗中提取励志的精神养料，成为学校校训或学校精神的组成部分。大部分学校，多数生源都是本地区考生，文化认同在学生的校园生活适应中作用明显。用学生习惯或熟悉地方名人、语言教育学生，效果会更好，同时，也会使校园文化更具特色。

（四）校园文化建设中的历史因素

校园文化不能没有传承，没有历史的学校，很难有稳定的校园文化内涵，即便有“中专痕迹”，即便有与现代大学相左的理念、制度和做法，也必须尊重。因为能够存在，一定与现实有着一定的联系，或多或少。在当前民主与法制不断发展完善的进程中，与现实格格不入的成分，一定会被社会前进的车轮抛弃。所以，校园文化建设也是优胜劣汰的过程，好的东西值得坚持和保留。在校园文化建设中，个别学校的“人治现象”严重。每一届领导班子“推翻”前任的校园文化建设成果,“标新立异”“独树一帜”，都会令广大师生“目不暇接”、应付不过来。校园文化应该具有相对稳定性。当前时代主题是创新与发展，但这并不意味着事事、时时均要“创新”。因为好的做法，优秀的人类成果，永远都需要继承和延续。从这个意义上来说，继承也是美德。

（五）校园文化建设中的改革与创新

在改革与发展成为时代主题的今天，校园文化建设要想取得成果，必须有所发展、有所创新。职业院校必须时刻捕捉时代发展的气息，与世界、国家、社会、行业、企业发展变化与时俱进。当前的创新创业教育、供给侧改革、生态文明建设、国际化等都应当作为校园文化建设的题中应有之义。在表现形式上也应该不断创新，以更好地适应社会。

总之，职业院校应逐渐改变千篇一律的校园文化现象，而应该根据本校历史、以同一行业、学科背景、地域特色等发展个性化校园文化。不论是加强林园景观建设，还是突出人文氛围营造，或者对于学生科学精神的引领，又或者是中华民族传统文化的弘扬等，都是职业院校校园文化个性化发展的途径。高等职业教育作为高等教育的一部分，更应该在校园文化建设、人才培养机制等方面突出高等教育的思想、理念，而不能将高等职业院校作为技能培训学校或机构的“升级版”。

三、校园文化——象牙塔的灵与魂

文化既是历史的积淀，又是时代精神的体现。任何一所学校，都有其历史与现实。校园文化往往因校而异，但是几乎所有的学校，其校园文化的主流都是积极向上、散发着正能量。教育事业之所以蓬勃发展，就是因为在中国共产党和国家教育部门的领导下，各校能够发挥其主观能动性，在健康向上的校园文化背景下，砥砺前行，不断取得改革发展的成绩。校园文化，就是象牙塔的灵与魂。

置身在校园中，我们往往被其整洁优雅的环境所感染。有的学校，其校园湖光山色、生态宜人，在这种重视环境建设、营造优雅的自然环境的校园文化中，学生、教师及所有置身校园的人，对于生活的热爱之情都能够油然而生。这里鸟语花香、流水潺潺，充满了诗情画意，让人流连忘返。有的学校因地制宜，根据地势、资源等，建设景观，甚至借用文学作品中的地名，如“桃花岛”等，营造出更加浪漫、玄幻的文化气息。

在校园中徜徉，与历史人物的雕塑邂逅，不由得让人联想到那些历史人物所处的时代，仿佛穿越了时空，能够与古人对话，交流思想。一些学校在校园里的主题人物雕像，要么以哲学家为主题，要么以文学家为主题，要么以无产阶级革命导师、领袖为主题，要么以科学家、发明家为主题，使人极其容易与某一领域产生共鸣，使学习者尽快进入角色，从而提高学习的效率、效果。

每一所学校都有其校训和学校精神。校训和学校精神是学校前进的风帆，是一所学校宝贵的精神财富；是师生成长的动力。校训、学校精神是历史与时代共同造就的，是一所学校现行和预期状态的高度浓缩。在特定的校训、学校精神的引领下，形成了具有自身特点的师风、学风。教师的师德、敬业态度、业务能力、职业贡献、人生态度、生活方式等与学生的思想道德素质、学习风气、拼搏精神、竞争意识、协作能力等均是校园文化的体现。

在社会生活中，老百姓经常会评价各学校。比如，某所学校好，某所学校不好。好与不好，其实就是校园文化所传递的各种信息在人们比较之后得出的结论。而且人们往往关注更多的是学校的“软实力”，如师资力量、学风、校风等。这些就是校园文化的主要内容和现实体现。文化是抽象的概念，只有通过具体的文化载体才能被人感知和评判。所以，建设优秀校园文化，就相当于完善个人修养，就相当于净化人的心灵。

网络背景下的社会历史时期又被称为自媒体时代。当前，校园文化建设还与学校的新媒体运用能力密切相关。尤其是新生代，学习、生活所需的大部分的信息均来自网络。所以，现在的校园文化建设不能仅仅局限于校园当中，还应该扩展到虚拟的网络世界。毕竟，就当前来说，“校园”不仅指现实的校园，而且还有“线上”的校园。因为师生及社会人士参与校园活动，如教学、科研、学生活动等都需要通过网络来实现。

因此，校园文化建设是极其重要的工作。建设优秀的校园文化，既能够提升我国教育事业的整体水平，还可以提高学校的教育质量。同时，还可以为师生提供良好的精神文化环境。优秀的校园文化可以指导教师的教育、教学、科研等工作，改善教师的工作环境，提高教师的生命质量。优秀的校园文化，可以陶冶学生的情操，鼓舞学生刻苦学习、努力完善自己，为可持续发展奠定思想基础。

四、校园文化成果案例

案例 1：

彰显榜样力量 引领青年成长

——陕西铁路工程职业技术学院“青春榜样”评树活动纪实

榜样作为正人正己的一面镜子，一直发挥着重要的教育作用。随着形势的变化，榜样也正由“传统英雄”向“平民典型”转变。陕西铁路工程职业技术学院（以下简称“陕铁院”）契合新形势，通过突出“五类”寻榜样、抓住“三点”树榜样、搭建“三台”传榜样、倾注“四心”育榜样，全面评树大学生“五类十佳”青春榜样。活动自 2008 年开展以来，每年评树勤奋学习、孝老敬亲、自强自立、甘于奉献、助人为乐等“五类十佳”共 50 名青春榜样。青春榜样因推选对象的平民化、先进事迹的感染力以及可资效仿的普适性而受到广大师生的认可和欢迎。在榜样力量的带动下，校园内形成了学习榜样、赶超榜样的浓郁氛围，营造出了积极向上的校园文化，积极引导了青年学子健康成长，有效提升了学生的核心竞争力。该活动在为大学生确立生活和学习的参照系、引导青年树立正确的成才观和人生追求的同时，也健全丰富了大学文化育人模式。

1.“青春榜样”评树活动工作目标和思路

榜样是看得见的哲理，示范是最好的说服。大学生思想教育的方式虽然多种多样，但榜样教育因真实、生动、鲜活而备受推崇。在价值多元、观念易变的今天，“需要什么样的榜样?”“榜样在哪里?”是需要教育工作者深入思考的问题。事实证明，榜样正由“传统英雄”向“平民典型”转变。在学习全国模范、英雄人物的同时，评树来自青年学生身边的、鲜活的、触手可及的榜样，能带给大学生更多的亲和力和亲切感，其教育效果也更明显。

陕铁院秉承“德修身、技立业”的校训，始终坚持德育为先，厚德办学的理念，一直努力探索创新德育教育工作。“五类十佳”青春榜样评树活动就是通过挖掘学生身边的先进典型，树立学生可学、好学的榜样，引导和激励广大学生健康成长，把学生培养成为道德的模范、学习的标兵、技能的行家、爱心的使者，着力构建独具陕铁院特色的“五评五领五培育”榜样教育模式。即“评选勤奋学习榜样，引领优良学风，培育探索精神；评选孝老敬亲榜样，引领家庭美德，培育感恩精神；评选独立自强榜样，引领校园风尚，培育进取精神；评选甘于奉献榜样，引领职业道德，培育敬业精神；评选助人为乐榜样，引领社会公德，培育奉献精神”。

2.“青春榜样”评树活动实践方法与过程

(1) 突出“五类”寻榜样，挖掘典型

作为大学生，榜样无不都以认真学习、感恩孝顺、独立自强、团结奉献的实际行动，生动诠释锐意进取、自强不息的传统美德和时代主旋律。因此，学院在挖掘典型时，突出评树“勤奋学习”“孝老敬亲”“自强自立”“甘于奉献”“助人为乐”这5大类榜样。

青春榜样挖掘工作必须有科学的标准。榜样不求“高、大、全”，毕竟，平凡的工作、学习和生活才是社会的常态，也同样是孕育榜样的沃土。如勤奋学习的榜样，要求多次获得学院、省、国家奖学金并能积极辅导帮助同学进步；孝老敬亲的榜样，要求孝敬父母和亲人、勤干家务、生活俭朴、学习认真；自强自立的榜样，要求勇挑家庭重担，积极勤工助学，面对压力、挫折和磨难表现坚强；甘于奉献的榜样，要求积极参加学院各项活动，服务同学，表现突出；助人为乐的榜样，要求关爱他人，长期坚持志愿服务。

(2) 抓住“三点”树榜样，引领风尚

青春榜样的评选分为个人自荐、班级推荐、系部初评、学院复评4个阶段，在评树过程中做到搭好支撑点、抓准结合点、挖掘闪光点。

搭好支撑点。学院党委把“青春榜样”评树活动作为校园文化建设的重要品牌列入每年工作的要点，划拨专项经费予以支持，专门制定翔实的实施办法，为活动良性运行提供了有力支撑。

抓准结合点。坚持将评树活动与学院创先争优、学习雷锋、创新创业、技能大赛、奖学金评定等活动相结合，通过顶岗实习、技能大赛、志愿服务、社会实践等活动不断挖掘标兵、树立典型。

挖掘闪光点。学院通过收集线索、人物采访、撰写事迹等途径形成了有效的联动发现工作机制。在此过程中，从采访、拍摄、撰稿，到颁奖现场的主持词、颁奖词都是由学生全程参与完成。

(3) 搭建“三台”学榜样，弘扬先进

学院搭建“展示推介、教育宣讲、思想交流”三个平台，广造声势，真正使榜样在纸上有名、网上有影、会上有声，引导青年学子定位青春坐标。

展示推介平台。一是编辑出版《青春榜样风采录》，榜样相片、自励名言、先进事迹跃然纸上，作为“精神食粮”分发给各班级。二是网络宣传，学院、学工部、系部网页和微博，都将青春榜样的先进事迹全部搬到网上。三是制作专题宣传栏，以图文并茂的形式展示榜样风采。

教育宣讲平台。一是进课堂，在党校入党积极分子培训时专开一讲党课——“向青春榜样学习，以实际行动入党”，思政课教师也把榜样的事迹写入教学内容，编进教学课件。二是举办宣讲会，每年由50名青春榜样分批做报告，到各班级宣讲成长经历和感悟。三是各班级召开学习青春榜样主题班会，畅谈学习心得。

交流指导平台。青春榜样每人对接联系一个新生班级，担任“班导生”，协助做好班级管理工作。由于青春榜样源于学生，又是先进，他们交流无代沟，指导很具体，教育更亲切。学院定期召开青春榜样交流促进会，榜样们汇报学习生活情况，交流班导生的经验和心得，互相促进提高。

(4) 倾注“四心”育榜样，传递力量

榜样是培育出来的，也需要在培育中成长。为确保评选出的榜样能长期保持先进性，学院从生活、政策、思想等方面入手，锻炼和培育青春榜样，引导其成长成才。同时，对于其他学生，学院在号召他们向榜样看齐的同时，也积极培育他们成为榜样，使榜样的力量得到有效传递。

一是生活上关心。积极创造条件，及时对青春榜样进行精神、物质方面的表彰和奖励。在学生教育管理过程中，及时发现榜样苗子，有针对性地进行锻炼和培养。

二是政策上暖心。学院在贫困补助、评优评先、就业推荐等方面对青春榜样给予政策倾斜，照顾先进，激发后进。

三是教育上公心。作为榜样，承受的压力较大，要公正、平等地培养和保护榜样，对榜样不提过高的要求，而是严格要求榜样的言行举止。

四是毕业后连心。建立沟通联络机制，对毕业离校的青春榜样和优秀校友进行定期回访，沟通谈心，了解他们的所思、所感、所盼，鼓励他们永葆纯朴本色，继续为母校增光添彩。

3.“青春榜样”评树活动成效及经验

（1）活动成效

生活因榜样而精彩，校园因感动而美丽。通过实施“青春榜样”评树活动，榜样示范效应得到有力彰显，校风、学风得到明显改善，同时，也增强了青年学生对社会主义核心价值观的心理认同和情感共鸣，并转化成了自觉的行动。学院也先后获评国家级、省级“精神文明建设先进单位”和“陕西省文明校园”，毕业生连续 10 年就业率保持在 96% 以上，并因“专业技能过硬、综合素质高”而深受用人单位好评。

促进了青春榜样的成长。由于评选的是单方面的青春榜样，且标准是针对学院实情制定的，青春榜样本身还有巨大的提升空间，被评上既是一种高度认可，也是一种有力鞭策。青春榜样们在同学们的关注下，无一例外都是化荣誉为动力，在各方面追求更好。从毕业的 150 名青春榜样回访来看，榜样们出色地完成了本职工作，用人单位高度肯定。作为陕西高校大学生建功立业先进事迹报告团中唯一一名高职学生、工作 3 年即担任铁一局桥梁公司兰渝项目部支部书记和工会主席、自强自立榜样段军勇谦虚地说：“本来没觉得自己干了什么了不起的事，没想到被评上青春榜样，这种被肯定一直激励着我更加进取。”

彰显了榜样的力量。青春榜样评树活动激活了文化育人的感召力，弘扬了正气，优化了校风，已成为学院一个响当当的校园文化品牌。青春榜样用普通却又不平凡的故事让整个校园洋溢着温情，在不知不觉中成为青年学子心目中的“偶像”和“明星”。孝老敬亲榜样王鹏从高中开始就坚持利用寒暑假，帮助在西安做保洁员工作的父母打扫卫生，此事经过《中国教育报》、《陕西日报》、光明网、人民网等媒体专题报道后，更是产生了强烈的社会反响。

提升了校风、学风。身边的榜样催生了感动，也带动了行动。在校园青春榜样的引领和感召下，学院广大学生通过“送爱心、送服务、送温暖”等途径，掀起了一阵阵“学习榜样，传递感动”的热潮。建工系2011级学生王甲突发脑溢血住院治疗，许多系部、许多班级自发组织捐款。经向王甲家长了解，仅两天时间，有5批共22 427.5元善款送到了他的手中。近4年，学院学风有了明显的好转，获得学院奖学金的学生人数每年都有3%到7%不等比例的提高。先后有65名学生获得国家奖学金，1 306名学生获得国家励志奖学金，14名学生获得社会奖学金。

（2）基本经验

榜样教育要注重构建完善的工作体系。学院党委要高度重视并将其列入每年的工作要点，制定翔实的实施办法和评选标准，划拨专项经费支持，着力构建党委重视，主管领导牵头，学工部（处）负责，各系部实施，辅导员、班主任参与的工作体系。

榜样教育要注重评选的公正权威性。榜样的树立要切实做到可亲、可敬、可信、可学，陕铁院更是将评选结果上报党委会审定并发文表彰，颁发盖有党政公章的荣誉证书。

榜样教育要注重评树过程。全院学生都要参与评树工作，积极推荐和评议，扩大青春榜样的影响力。榜样挖掘、树立、宣传和培育工作都要细化流程，做到科学规范、人人参与，评树工作的全过程也是对大学生教育的过程。

案例2：

搭建特色班会平台，培养铁路建设需要的技术技能型人才

——陕铁院搭建特色班会平台的探索与实践

陕西铁路工程职业技术学院（以下简称“陕铁院”）把特色班会作为进行大学生思想政治教育和开展学生素质教育活动的重要平台。根据铁路建设行业的背景，针对高职学生对象的特殊性，从班会设计的系统化、班

会模式的科学化、实施方法的现代化、实施措施的规范化等四个维度，既注重传统班会常用的思想教育方式，又彰显铁路工程特色的择业与就业教育，把传统教育和行业要求，作为特色班会的着力点，提高特色班会的针对性和实效性，有力地促进了学生思想道德素质、科学文化素质和职业技能等综合素质的明显提升。

1. 目标与思路

《国家中长期教育改革和发展规划纲要》中明确指出，高校教育战略主题就是要坚持德育为先，能力为重，全面发展。坚持文化知识学习与思想品德修养的统一、理论学习与社会实践的统一、全面发展与个性发展的统一。特色班会是我院实现这一使命的重要途径，通过特色班会平台的搭建，促进班会育人的系统化、科学化、现代化、规范化，使之更加有效地在服务、教育和管理方面起到桥梁和纽带作用。

在特色班会平台的搭建中，体现以人为本精神，体现学生成长需求，自觉遵循学生的成长规律，根据学生的自身特点和未来岗位需求以及时空变化，针对性开展特色班会教育活动，夯实基础，创新形式，突出特色，充分发挥学生创造性和主观能动性。

2. 方法与过程

（1）特色班会设计系统化

特色班会与传统意义上的班会的不确定性相比，是一个系统工程。它以系统化设计为突破口，以培养高素质铁路建设人才为出发点，以学生教育管理八大工程为着力点，从计划的制订、主题的选定、班会的组织实施等方面都进行了充分系统化设计，力求体现专业性、系统性、创新性，并保持一定前瞻性。

从入校开始，到学生毕业，班会设计都要遵循学生成长规律，坚持体系完整性，内容递进性。例如，9 月份对新生开展入学教育班会，首先，学院先做好班会的顶层设计，主要就班会的组织、班会的内容、班会的实施、班会的形式等内容做详细的规划。其次，班会设计的原则须坚持循循善诱、逐步递进。内容的设计主要包含环境适应、校史校情、校纪校规等。第三，班会形式主要设计为自我展示、主题教育、迎新晚会等形式，达到了班会育人的良好效果。

特色班会的系统化主要体现在：就组织而言，辅导员、班主任负责组织特色班会活动，还要根据各系学生的思想教育、身心发展、职业能力发展等各方面特点制订指导全院班会活动的学期计划；就内容而言，由学生处，相关系、部门共同参与，结合学生思想教育、专业教育、社会环境、时事政治以及学院发展特色确定学期班会计划的主题。主题是班会活动策划的着眼点，是决定班会活动成功与否的关键点。关注学生思想动态，了解学生近期的困惑、疑虑，从学生关心的问题出发，寻找师生契合点，结合时事确定主题。将主题班会教育形成一种培养体系和规范并纳入课程计划，促进了学校对特色班会教育活动的规划和管理；就实施效果而言，学院制定了严格的班会监控体系，要求班会的实施者严格按照《学期班会活动计划》进行，不得随意更改班会主题，但可以创新班会形式并增加现实性的班会素材。通过举办说班会比赛等活动及时挖掘开展班会活动的先进典型，做到班会创新有空间，工作有平台。

（2）特色班会模式科学化

班会模式是实现班会既定目标的重要渠道，是把抽象的班会进行具体化的描述。经过多年的探索，陕铁院逐步形成了主题教育式、社会实践式、学生研讨式等典型班会模式。

确定主题是开展班会活动的基础，主题班会的最终着眼点是为了使学生达到主动地、创新地进行自我教育的目的，从而实现其自我发展、自我提高的愿望。陕铁院特色班会主题的选定既坚持常规，又推陈出新，主要根据基础文明行为、学风建设、时事教育、校企合作等方面确定班会模式。主题教育式班会主要针对某一问题进行宣传教育，比如，“中国梦”教育活动、三月学雷锋活动、文明礼仪教育、考风考纪教育等活动。就考风考纪来说，在确定班会主题时，要讲技巧，讲策略，体现教育导向功能和人文精神。在考风考纪教育中选择“诚实应考，诚信做人”“诚实守信一诺千金”就要比“考风考纪教育”更富于警示作用，这样的主题确定更能被学生接受，从而达到预期的教育效果。

社会实践式班会的主要场所在校外，特点是突出实践性，展示仿真性，体现针对性。一般是历史遗迹、敬老院等福利单位、实习企业，主要通过把班会课堂推向社会，推向真实的工作环境中，让学生提前感知社会，认识企业，增强对社会的责任感。近几年，陕铁院先后与金秋苑敬老院、杨虎城纪念馆等多家单位结成共建合作单位。另外，与学生专业结合，开展了富有特色的工地＋班会的“高铁工地党旗红”活动。这一特色班会活动的开展，其特色主要表现在“三个创新”：一是活动形式的创新，突出了实习实践的形式。二是活动内容的创新。以“三个三”（打出旗子，亮出牌子，做出样子；完成学业，融入企业，交一份“三满意”的作业；实现学院满意，企业满意，家长满意）系列活动为主要内容，同时把支部建在工地，第一次把班会课堂带入了工地，开展了“师带徒”活动。三是环境创新。实现了班会空间的变化，把班会搬到了校外，带入了工地。第三种形式就是学生研讨式，这是自2007年学院评估后，引入的一种崭新的班会形式。这一形式的班会发展6年来，已经成为学院班会创新的重要形式，主要由班会实施者确定研讨主题，鼓励学生大胆评论事物，说出自己的想法和看法。同时，通过学生的主动参与促进他们的团队合作和自强自信意识，锻炼学生的组织、演讲和思辨能力。这种形式的班会应该是同学之间就共同关心的话题进行频繁交流、双向互动的结晶。

（3）实施方法现代化

班会的实施方法是实现班会目的的重要途径，现代化的方法和手段是特色班会的主要因素。陕铁院从常规入手，不断改善育人环境，要求有条件的教师在必要的情况下，实施班会方法升级，一是利用网络和多媒体开展班会教学活动。当前，陕铁院大学生群体多为“90”后，他们思想活跃，能够较快地接受新事物，但是他们的精神食粮匮乏，大多数人都有“留守儿童”“痴迷游戏”的经历。班会的实施方法已经不仅限于课堂和教室，还必须借助于网络等多媒体手段。据调查，学院两校区大部分教室都安装了多媒体设备，相当数量的班建立了自己的QQ群，班级微博、个人QQ和微博，这些现代化方法成为他们交流的主要媒介。这就要求辅导员、班主任利用PPT、视频影像等现代化的方法实施班会活动；必须提前一周准备好班会课件和教案；在利用网络教育的过程中，应本着消极的话不说，不好的事不做的原则，在学生中广泛传播正能量。二是交流互动的民主化。传统班会多流于班会实施者的“一言堂”、满堂灌。在班会中，要突出“平等和自由”，主要是指师生间和学生之间的平等，体现知无不言、言无不尽的胸怀和气度。鼓励学生敢讲话、讲真话，给每个学生展示自我的平等机会。

（4）实施措施的规范化

措施主要是保证开展特色班会的质量。陕铁院在班会建设中积极出实招，强化班会效能。一是常态促进。举办年度说班会比赛、学生工作案例评比和班会业务交流研讨会等，借以提高辅导员、班主任老师开展班会活动的水平和能力，促使班会预期效果的实现。二是常规开展。从班会的筹备、实施到监控都要常规化。依照教学检查环节，开展班会课堂检查活动，保证班会筹备充分，实施扎实，监控有力。三是示范引领。坚持院领导带头开班会制度，形势与政策主讲制度，学院党委高度重视班会工作，把院领导联系班级、召开班级班会作为联系基层的重要内容之一；坚持骨干带动，组织学院在说班会等重大活动中获奖的教师进行公开展示，将骨干教师在学生日常教育管理中的研究成果进行展示和分享；坚持“一对一”业务帮扶。鉴于陕铁院青年辅导员、兼职班主任较多的现状，为保证班会质量，在辅导员、班主任中开展“师带徒”一对一业务帮扶活动，师傅一般由富有学工经验的老师担任，主要对受扶对象就班会的设计、选题、实施进行分类指导，整体促进。

3. 工作成效和基本经验

(1) 工作成效

特色主题班会的开展，走出了一条独具特色的学生工作之路，它体现了对常规教育的坚持，丰富了专业教育的内涵，展示了社会教育的责任。有力地促进动了班级文化建设，推动了校园文化建设。全校富有向心力、凝聚力、感召力的班级文化日渐浓厚，消除了同学间的生疏感和距离感，增进了学生对班级的认同感、归属感。

推动了校风、学风的进一步好转。校园中文明行为多了，陋习粗口少了；去实验室实习的多了，上网玩游戏的少了；同学间比学习成绩的多了，比吃喝穿用的少了；学生的基础文明素质有了明显改善，学习风气明显浓厚。

形成了陕铁院独特的班会育人体系。这一体系从班会的顶层设计、班会内容的确定、班会过程的实施、班会效果的监控和跟踪，既体现了价值观的主体性，又体现了土建类院校的专业性；既体现了内容的真实性，又体现了趣味性；既体现了育人的普遍性，又体现了育人的针对性。

促进了辅导员、班主任队伍建设。辅导员、班主任在组织、指导特色主题班会中提高了素质和能力，涌现出一批学生教育管理的骨干和中坚力量。近几年，有多位辅导员获得省级优秀辅导员荣誉称号，多位辅导员在说班会比赛、学生工作案例评比中获奖，9 位辅导员走上处、科级管理岗位。

（2）基本经验

搭建特色班会平台，既要坚持常规，又要抓好特色，就必须以“四化建设”为途径，坚持设计的系统化、班会模式的科学化、实施方法的现代化、实施措施的规范化。

搭建特色班会平台，必须在传承中坚持创新。既要加强特色培育，又要加强形式创新。特色班会不仅仅是一门课程，更是一种艺术，要做好特色班会的“保鲜”，就必须与时俱进，坚持形式的新颖和内容的吸引力。

搭建特色班会平台，要发挥学生的主体作用。要始终以学生为中心，关注学生内心深层次需求，注重文化氛围营造、思想道德引导和职业生涯指导，积极调动学生参与的积极性。

搭建特色主题班会平台，必须重视辅导员、班主任队伍建设。辅导员、班主任是特色班会的组织者和实施者，必须以战略的眼光，加强对辅导员、班主任业务水平和业务能力的培训和教育。

案例3：

坚持半军事化管理 凸显公寓文化育人功能

陕铁院始终把公寓文化育人摆在突出的地位，在公寓文化建设中，秉承铁路优良传统，彰显铁路工程特色，坚持半军事化管理，紧紧以制度管理精细化、内务整理标准化、氛围营造企业化、思想教育常态化、活动开展主题化、服务学生亲情化的“六化建设”为载体。在平时教育中渗透铁路精神，在日常管理中彰显铁军风采，形成了既喜闻乐见又特色彰显、既从严管理又以人为本的具有半军事化传统的公寓文化。公寓文化育人全过程的沁润，使学生形成了严谨的组织纪律、规律的生活习惯、良好的人际关系，有力地提升了学生的综合素质和核心竞争力，毕业生深受用人单位欢迎。

1. 目标与思路

在高校后勤社会化改革进程中，学生公寓已由原来简单的居住功能发展成为集生活起居、学习交流、文化娱乐等多重功用为一体的内涵丰富的新型学生生活区，公寓文化对学生成长的重要影响日益显现。胡锦涛指出“传承文化是高等教育的一个重要功能”，由此可见，公寓文化建设对提高大学生思想道德修养，强化大学生综合素质，规范大学生日常行为具有举足轻重的作用。

陕铁院因铁路而生、倚铁路而长、随铁路的延伸而不断发展，其毕业生岗位根植铁路施工一线，而铁路施工企业一直延续半军事化管理，遵循“严字当头，铁的纪律”的工作作风。因此，陕铁院在公寓文化建设中，秉承铁路优良传统，彰显铁路工程特色，始终坚持半军事化管理，大力实施“六化建设”，使学校育人在空间上全覆盖，时间上不间断，形成了健康、文明、整洁、和谐的公寓文化。

2. 实施方法与过程

（1）制度管理精细化，优化公寓育人机制

学院在学生处设立学生公寓管理中心，直接管理公寓。这与由后勤部门管理相比，既避免了学生管理工作中的空当和扯皮，又杜绝了后勤因社会化而趋于功利的问题，提高了学生教育管理工作的效率，增强了教育管理学生的针对性。学院对公寓管理始终以半军事化为原则，以精细化为标准，将公寓文化建设制度化、规范化、长期化。

一是制度严格具体。以半军事化的理念制定了《辅导员进公寓实施办法》《一日生活制度》《公寓内务基本标准》等16项规章制度。内容涉及学生日常生活、工作人员教育管理等公寓管理的各个方面，特别是对学生每天作息、内务、早操等行为都提出了具体要求。同时，所有工作情况、检查记录都认真登记，建立了“夜不归宿检查登记、课间学生进出登记、来客登记”等8项登记记录簿。

二是实施“三级巡视制”和“三查一点名”。即“院领导每周巡视、学生处定期巡查、系（部）日常检查的立体巡查制度”和“查夜不归宿、查内务整理、查公寓安全、每晚点名”。院领导带领两名处科级干部每周至少巡视公寓1次，重点检查公寓安全、日常管理等，并形成巡视意见，督办责任部门；公寓管理中心连同学生会干部、公寓楼长（层长、舍长）定期巡查公寓两次；系总支书记连同辅导员、班主任、学生党员、入党积极分子、班级干部实施日常检查。每天通报检查结果，每周一汇总，每月一小结，并将检查结果作为评定先进集体与个人的主要依据之一。系（部）根据每个学生的具体问题进行“一对一”的教育，此举大大提高了学生思想工作的针对性，在日常管理中形成“严字当头，铁的纪律”的工作作风。

三是加强公寓管理员队伍建设。按照“热情服务、科学管理、讲求和谐、保持稳定”的工作思路，在保证每栋楼3名正式职工的基础上，聘请了一批责任心强、工作认真的外聘公寓管理员，管理员队伍专兼结合、稳定可靠，形成了“勤说、勤转、勤看、勤干”的“四勤”工作作风，为学生安心学习、快乐成长提供了保障。

（2）内务整理标准化，坚持铁军优良传统

铁路工程是百年大计，工程质量取决于施工标准的贯彻。学院按照“习惯符合标准，结果达到标准，标准成为习惯”的理念，制定了《公寓内务基本标准》，从日常生活入手，培养学生良好的生活习惯，进而形成良好的工作习惯。新生入校军训的一项重要内容就是内务整理，并将整理标准一直延续到学生毕业。要求学生公寓每天必须达到地面清扫干净整洁、被褥叠放整齐划一、物品摆放井然有序的效果。公寓管理员每天对公寓进行内务检查并打分评比，每周公布一次，打分结果作为文明宿舍评比的重要依据。

（3）氛围营造企业化，拓宽文化融通渠道

在公寓环境布置中，以校企文化融通为主线，全面引入铁路元素和施工企业管理理念、企业精神、价值观念等内容，通过文化融合，培育学生的职业素养。

公寓内门牌、标语、信息公告栏等标示内容均按照校园形象设计标准，将具有铁路特色、富含铁路元素的校徽、校训、校歌、学院精神融入其中。楼道图片布置系列化，张贴了以下系列的图片：专业知识系列，如反映技术先进、施工复杂的桥隧施工图片；企业文化系列，如各铁路工程局的管理理念和人才标准；优秀校友风采系列图片；先贤榜样系列，如鲁班、詹天佑、茅以升、林徽因等大师的相片和生平成就。通过企业氛围的营造，让学生尽早在潜移默化中感悟大师风范、认知工作环境，通过先贤感召、榜样示范达到润物无声的目的。

积极开展专业社团进公寓活动。电子产品维修服务队定期开展在公寓为学生维修电脑、手机、收音机等活动；制图学社、城轨等专业学社在公寓设立专门场所，组织开展有益学生专业水平提高的各项活动。

（4）思想教育常态化，占领每寸育人阵地

学生思想政治工作进公寓是高等教育内涵发展的时代要求，是新时期高校学生思想政治工作的战略抉择。长期以来，学院坚守公寓思想育人的重要阵地，通过常态化的方法积极开展公寓思想教育工作。

一是充分利用每栋楼下的宣传栏发布天气预报、健康知识、温馨提示以及最新通知。二是充分发挥楼管会的文化宣传作用，如消防安全知识、卫生知识，公寓管理知识、公寓文化活动、节约用水用电等。三是开展好公寓文化建设活动，每学年开展文明宿舍、新生优秀宿舍和青春榜样等评比活动；在学生党员中间开展“亮身份、讲奉献”“我是党员，向我看齐”“党员宿舍做表率”等活动。通过这些活动，树立公寓学习生活的先进个人和典型宿舍，通过榜样的力量引导学生。

（5）公寓活动主题化，构建文化育人平台

丰富多彩的文化活动是公寓文化建设的重要载体。通过主题鲜明的文化活动，给学生提供展示自我的平台，这既是张扬学生青春风采的舞台，也是学校文化育人的阵地。

学院将零散的活动有机组织起来，充分整合，并赋予鲜明的主题，从而实现活动的品牌化，提升活动的影响力和号召力。将宿舍美化大赛、新生叠军被大赛、文明宿舍创建、卫生检查评比、学生党员示范宿舍评比等一系列活动在时间上有机联系，形式上充分整合，形成清洁和文明的卫生月；将 119 消防日、公寓防盗、防意外事件安全教育等整合成警示主题的安全月；将养成良好生活习惯、节约用水用电活动、反对奢侈浪费活动整合成以勤俭节约为主题的节约月。

每年五月还举办公寓文化节。文化节以“怎么过公寓生活，过怎样的公寓生活”为主题围绕“五个一活动”来进行。读一本好书，写出心得体会，公开演讲；做一个好手工制品，创意无限；写一手好字、绘一幅好画、拍一张好照片，选择优秀作品举行书画摄影作品展，吸引全院学生驻足欣赏。

每一栋公寓都设立了学生党建和学生会办公室，充分发挥学生骨干的作用，实施“三帮一保一服务”活动。“三帮”即：一帮思想，带动周围同学积极上进，通过学生骨干宣传党的理论和政策。二帮学习，带动全宿舍同学提高学习成绩。三帮生活，带动困难学生树立信心完成学业。“一保”即保稳定安全，协助公寓管理员进行日常管理，开展宿舍安全知识教育，并形成学生信息反馈网络，提高应对突发性事件的能力，确保公寓安全稳定。“一服务”是指在每栋公寓设立心理健康工作站，及时解决学生心理救助、对学生进行心理引导。

（6）公寓服务亲情化，营造和谐公寓氛围

学生公寓做到环境设施突出人性、服务工作突出周到、教育学生突出亲为，让学生在平淡中受教育，在细微中见亲情。

环境设施突出人性。公寓门口每天公布天气预报，温馨提示添减衣服；值班室配有免费的针线盒，每层楼道内配有全自动洗衣机，方便学生所需；每栋楼内设立生活服务社，以保本为原则，交由学生经营，学生足不出户就可以购买到便宜的日常用品，使学生们住在公寓也能感到“家”的温馨。

服务工作突出周到。实行全员挂牌上岗制，将每个楼长、公寓管理员的照片和工号上墙公布，自觉接受学生监督；要求员工在工作中必须使用文明用语，杜绝服务忌语；实行了日常维修不超过8小时的承诺；要求管理员每天走访学生宿舍，进一步拉近学生和管理服务人员之间的距离。同时，管理与服务过程中，对内加大监控检查力度，对外定期进行师生满意度调查和召开学生座谈会，坚持每周三学生接待日等活动，直接听取学生意见，不断改进管理方法，提高服务质量。

教育学生突出亲为。工作中大力倡导“引导、沟通”为主的工作方法。公寓管理员关心有困难的学生，为生病学生烧饭送饭、为自理能力较差的学生缝补衣服已经成为常有的事。为了让学生感觉到家的温暖，公寓管理中心连续几年都坚持在中秋节慰问特困生，和餐饮中心一起在除夕与留校学生共进年夜饭。老师们用自己细致入微的举动，体现了对学生的亲情。

3. 工作成效和基本经验

（1）工作成效

人才培养水平不断提高。学院通过持之以恒地抓公寓文化建设，坚持半军事化管理，使学生们深刻理解和感受到铁路施工企业对人才的需求标准，充分认识并切实重视培养良好的生活习惯和铁军作风，进而在学习时能刻苦不懈，实践中能自觉磨炼，使学生的职业素养得到了全面提升、核心竞争力不断增强。近年来，学院先后获得“全国精神文明建设工作先进单位”和“陕西省文明校园”称号，被确定为首批省级示范性高职院校和国家骨干高职院校建设单位。学院的招生和学生的就业呈现出“两旺”态势，毕业生深受企业欢迎和厚爱。

建立了科学的公寓管理机制。通过明确学生在公寓的日常行为标准，细化学生管理工作人员在公寓检查、教育、服务方面的职责，精心策划组织寓教于乐的文化活动，构建了既从严管理又以人为本的公寓管理体制，促进了公寓文化的发展。

养成了学生的良好生活习惯。公寓始终保持环境卫生干净整洁，宿舍内务整理标准划一，学生良好生活习惯养成，树立了公寓的窗口形象，公寓文化氛围明显增强。

促进了学风建设。由于半军事化的管理，学生学习生活井然有序，学生相处和睦团结，公寓从未发生一起打架斗殴和人身安全事故，学生的迟到早退现象明显减少，学风浓郁，考风端正，课余时间在公寓学习已经成为学生的自觉行为。

培育了过硬的铁军作风。通过企业文化融入公寓文化，“严字当头、铁的纪律”铁军作风深入人心，学生对铁路建设的艰辛和荣耀有了清楚的认识，毕业后能够很快适应工作岗位。以中铁五局兰新二线二期铁路项目而言，在戈壁滩修路，生活条件十分艰苦，近3年引进大学生63名，在其他学校的毕业生违约流失大半的情况下，陕铁院25名毕业生一直坚守岗位。其项目经理徐配轮动情地评价：“陕铁院的学生救了我们的急，他们工作踏实，纪律性强，作风严谨，我们用得放心。”

学院的公寓文化建设正是紧紧依托铁路行业，处处体现铁路特色，塑造了独具特色的公寓文化。近年来，先后有5个国家、34所高职院校的同行来公寓参观考察，赢得八方来宾的一致称赞和好评，公寓已经成为学院一道亮丽的风景。

（2）基本经验

必须发挥学生的主体性作用，增强学生自我管理的素质和能力。学生是公寓的真正主人，让学生和学生组织参与公寓管理更能增强各项工作的针对性，同时给予一定的政策和生活补贴，以提高他们工作的积极性和实效。

必须对接行业企业对人才的需求，增强环境育人的针对性和实效性。学院坚持秉承铁路优良传统，坚持半军事化管理，弘扬“严字当头，铁的纪律”的铁军作风，实现了人才培养与企业用人需求零距离接轨。

必须坚持以人为本、宽严相济，增强服务育人的亲和力和感染力。以优质的服务为学生创造良好的学习、生活环境，以严格管理督促学生养成良好的生活习惯，从而达到培养高素质技能型人才的目的。

必须抓好公寓文化活动，提高文化育人的品位和功效。从文化活动的开展到学生精神家园的构建，要通过精心设计，开展并打造一些学生喜闻乐见且别具一格的品牌活动。必须坚持全员参与、齐抓共管，增强整体育人的活力和合力。公寓文化是一项长期系统工程，学校要加强顶层设计和系统规划，人、财、物要配备到位，在全校上下形成各部门协同给力、人人共同参与的强大育人合力。

参 考 文 献

[1] 中共中央宣传部. 社会主义核心价值体系学习读本 [G]. 北京: 学习出版社, 2009.

[2] 陈方, 刘田辉. 论马克思主义大众化 [J]. 云南社会科学, 2008(2) .

[3] 李春耕. 马克思主义中国化与大众化的关系 [N]. 光明日报, 2009-06-16.

[4] 叶德明. 从几对关系中辩证地把握马克思主义大众化 [J]. 经济与社会发展, 2009 (2) .

[5] 刘书林. 当代中国马克思主义大众化与思想政治工作新任务 [J]. 思想政治工作研究, 2008 (1) .

[6] 石云霞. "两课" 教学法研究 [M]. 武汉: 武汉大学出版社, 2003.

[7] 陈秉公. 思想政治教育学原理 [M]. 沈阳: 辽宁人民出版社, 2001.

[8] 罗会德. 马克思主义大众化的时代诉求与路径选择 [J]. 中共天津市委党校学报, 2009 (2) .

[9] 西北大学课题组. "毛泽东思想、邓小平理论和'三个代表'重要思想概论" 交互式立体化教学方案设计 [C] //秋实. 陕西省高等学校思想政治教育理论研究成果汇编. 西安: 西北大学出版社, 2008.

[10] 赵麟斌. "马克思主义中国化" 解读 [M]. 上海: 同济大学出版社, 2008.

[11] 陈万柏, 张耀灿. 思想政治教育学原理 [M]. 北京: 高等教育出版社, 2007.

[12] 李资源, 李腊生. 高校思想政治课教学与改革研究 [M]. 武汉: 湖北人民出版社, 2005.

[13] 李玉环. 普通高等学校 "两课" 教学实效研究 [M]. 天津: 天

津人民出版社，2005.

[14] 张博颖．关于当代中国马克思主义大众化的若干思考［J］．上海师范大学学报，2008，37（3）．

[15] 熊申英，罗南石．从隐性教育的视角探索马克思主义大众化的途径［J］．东华理工大学学报，2006，25（4）．

[16] 李静静，汤子琼．高校推动马克思主义大众化的现状分析及对策思考［J］．经济师，2009（1）．

[17] 谈家水．浅谈高校推动当代中国马克思主义大众化的途径［J］．新西部，2008（12）下半月．

[18] 陈希．民族复兴之路与马克思主义的中国化［M］．北京：清华大学出版社，2007.

[19] 吴柏青．大学生思想政治教育研究［M］．成都：西南交通大学出版社，2007.

[20] 程刚．学生思想政治教育的实践与创新［M］．浙江大学出版社，2008 年 9 月 18 日．

[21] 李抒望．推动当代中国马克思主义大众化［N］．宁波日报，2009 -04 -06（11）．

[22] 黄秋生，张多来．论中国马克思主义大众化［J］．华南大学学报（社科版），2007，8（6）．

[23] 宋一．略论马克思主义大众化［J］．南阳师范学院学报，2009（1）．

[24] 刘森．马克思主义哲学中国化刍议［M］．中共中央党校出版社，2008.

[25] 徐雅颖．加强和改进大学生入党积极分子培养工作的对策研究［J］．时代教育（教育教学），2010（4）．

[26] 姚祥燕．试论社会实践活动在高校立德树人中的重要价值［J］．教育教学论坛，2014（9）．

[27] 赵琪，张罡．“微信”对大学生党员组织生活作用的探索［J］．湖北函授大学学报，2015（3）．

[28] 龚克．素质教育的知与行［J.］中国高教研究，2015（5）．

[29] 周建松．课程建设与素质教育［C］．浙江工商大学出版社，2016：224.

［30］龚家慧，吴希博，丁杨．关于高职院校大学生素质教育的思考［J］．河南教育（高教），2014（8）．

［31］任初明，付清香．教育与人生［M］．北京：科学出版社，2015：96.

［32］全守杰，尹子龙．教学反思与教师发展的探索［M］．北京：光明日报出版社，2015：146.

［33］顾钰民．高校思想政治理论课改革“慕课热”以后的“冷思考”［J］．思想理论教育导刊，2016（1）．

［34］高飞，李英平．高职院校实践育人工作机制研究［J］．中共太原市委党校学报，2016（3）．

［35］龚克．素质教育的知与行［J］．中国高教研究，2015（5）．

［36］芮红磊．新媒体思想政治教育：概念与理念［J］．传播与版权，2016（1）．

［37］关颖，吴昕明，张国霞．高职院校学生培养方向探究［J］．内蒙古师范大学学报，2016（4）．

［38］姚灶华．学校顶层设计的思考点——“管理模块”［J］．浙江教育科学，2013（1）．

［39］徐鹏，赵晓琳．高校辅导员队伍建设存在的问题及对策思考［J］．沈阳工程学院学报，2016（1）．

［40］龚克．素质教育的知与行［J］．中国高教研究，2015（5）．

［41］高飞，李英平．高职院校实践育人工作机制研究［J］．中共太原市委党校学报，2016（3）．

［42］李德顺．价值观的人文本性［J］．湖南师范大学社会科学学报，2002（6）．

［43］尤建国．探讨高职学生充分就业与和谐社会的构建．教育与职业［J］．2007（9）：42.

［44］梁桂麟，徐海波．当代高校公共理论课教育教学研究［M］．中国社会科学出版社，2004：432－435.

［45］吴晶．70 余所高校共同探讨思想政治理论课实践教学。［EB/OL］．（2011－12－22）［2012－11－26］．http：//news. ustb. edu. cn/.

［46］袁溧．高职院校思想政治理论课校内实践教学基地的建设［J］．宿州学院学报，2011（11）．

［47］王小元，孙国平，黄凡．论思想政治理论课实践教学基地的建设原则［J］．井冈山医专学报，2007（9）．

［48］李辉．浅议加强和改进大学生思想政治教育的紧迫性［J］．北京教育（高教版），2005（5）．

［49］姚祥燕．试论社会实践活动在高校立德树人中的重要价值［J］．教育教学论坛，2014（9）．

［50］胡乔木，周瑞云．试论立德树人视野下高校校园文化建设［J］．当代继续教育，2015（1）．

［51］闫荣花，张岩，王丹．高校后勤服务育人工作初探［J］．佳木斯大学社会科学学报，2013，31（2）．

［52］陈诗慧．新常态下高职创新创业教育的路向选择［J］．高等职业教育探索，2016（12）．

［53］丁俊苗．以创新创业教育引领高等教育改革与发展［J］．创新与创业教育，2016（2）．

［54］杨帆．高职院校专业教师参与创新创业教育策略探索［C］．辽宁省高等教育学会2015年学术年会暨第六届中青年学者论坛论文集三等奖摘要集，2015（12）．

［55］闫冬冬．创新创业教育视阈下高职学生实践能力培养研究［J］．当代教育实践与教学研究，2016（12）．

［56］任海华，陆小峰．项目化学生社团推动高职院校创新创业教育［J］．温州职业技术学院学报，2016（11）．

［57］王继华，徐超．学校文化建设标准的哲学思考［J］．贵州大学学报（社会科学版），2014（1）．

［58］习近平．出席纪念孔子诞辰研讨会并讲话［N］．人民日报，2014-09-25（2）．

［59］陈蕾，杜媛，李影．高职文化素质教育与专业素质教育融合的探索与实践［C］//2015年高职素质教育学术论坛优秀论文集：课程建设与素质教育．浙江工商大学出版社，2016：260.

［60］徐革红．营造研究所良好人文环境为青年人才培养铺路［J］．教育教学，2016（7）：225.

［61］贾明建．关于当代和谐文化建设的若干思考［C］//当代高职高专内涵式发展路径研究．经济科学出版社，2016：29.